**20
23**

Jorge Rachid **Haber Neto**

PACTO ANTENUPCIAL

2023 © Editora Foco
Autor: Jorge Rachid Haber Neto
Diretor Acadêmico: Leonardo Pereira
Editor: Roberta Densa
Assistente Editorial: Paula Morishita
Revisora Sênior: Georgia Renata Dias
Capa Criação: Leonardo Hermano
Diagramação: Ladislau Lima e Aparecida Lima
Impressão miolo e capa: FORMA CERTA

Dados Internacionais de Catalogação na Publicação (CIP) de acordo com ISBD

H114p   Haber Neto, Jorge Rachid
Pacto antenupcial / Jorge Rachid Haber Neto. - Indaiatuba, SP : Editora Foco, 2023.
200 p. ; 16cm x 23cm.
Inclui bibliografia e índice.
ISBN: 978-65-5515-732-1
1. Direito. 2. Direito de família. 3. Pacto antenupcial. I. Título.
2023-287   CDD 342.16   CDU 342.16

Elaborado por Vagner Rodolfo da Silva - CRB-8/9410
Índices para Catálogo Sistemático:
1. Direito de família 342.16
2. Direito de família 347.61

DIREITOS AUTORAIS: É proibida a reprodução parcial ou total desta publicação, por qualquer forma ou meio, sem a prévia autorização da Editora FOCO, com exceção do teor das questões de concursos públicos que, por serem atos oficiais, não são protegidas como Direitos Autorais, na forma do Artigo 8º, IV, da Lei 9.610/1998. Referida vedação se estende às características gráficas da obra e sua editoração. A punição para a violação dos Direitos Autorais é crime previsto no Artigo 184 do Código Penal e as sanções civis às violações dos Direitos Autorais estão previstas nos Artigos 101 a 110 da Lei 9.610/1998. Os comentários das questões são de responsabilidade dos autores.

NOTAS DA EDITORA:

Atualizações e erratas: A presente obra é vendida como está, atualizada até a data do seu fechamento, informação que consta na página II do livro. Havendo a publicação de legislação de suma relevância, a editora, de forma discricionária, se empenhará em disponibilizar atualização futura.

Erratas: A Editora se compromete a disponibilizar no site www.editorafoco.com.br, na seção Atualizações, eventuais erratas por razões de erros técnicos ou de conteúdo. Solicitamos, outrossim, que o leitor faça a gentileza de colaborar com a perfeição da obra, comunicando eventual erro encontrado por meio de mensagem para contato@editorafoco.com.br. O acesso será disponibilizado durante a vigência da edição da obra.

Impresso no Brasil (02.2023) – Data de Fechamento (02.2023)

2023
Todos os direitos reservados à
Editora Foco Jurídico Ltda.
Avenida Itororó, 348 – Sala 05 – Cidade Nova
CEP 13334-050 – Indaiatuba – SP

E-mail: contato@editorafoco.com.br
www.editorafoco.com.br

*Com amor, dedico esta pesquisa à
minha mãe Carmen Elizabeth, pela oportunidade,
incentivos e fé depositada em mim.
À minha madrinha, Nazaré Addario, pelas conversas
e aprendizados frequentes.
À minha esposa, Vanessa Ceber Mello Haber, pela companhia,
estímulo e apoio cotidiano.*

AGRADECIMENTOS

À Deus, pelo dom da vida que me permitiu ter saúde, discernimento e força de vontade para a conclusão desta incrível jornada. Que o direito sirva de meio para me tornar cada vez mais teu instrumento de felicidade e justiça material neste mundo.

À Vanessa Ceber Mello Haber, minha esposa, eterna companheira e uma das principais incentivadoras. Te amo.

Pelo meu primeiro filho que chegou, este ano, ao mundo, o Dom Ceber Haber.

À toda a minha família, que sempre esteve ao meu lado com muito amor, paciência e alegria nos momentos mais difíceis, principalmente meus pais Carmen Elizabeth Aragão Addário Haber e Jorge Rachid Haber Júnior, pela educação e contribuições particulares. Muito obrigado por me apoiarem, de forma incondicional, em todos os inúmeros projetos e sonhos que almejo. Tudo que sou devo a vocês.

Ao meu irmão João Alves Addário Neto e ao meu grande amigo Marinho Dembinski Kern por me incentivarem incansavelmente em meus objetivos.

A todos os Professores, Mestres e Doutores da Faculdade Autônoma de Direito, em especial ao professor Pós-Doutor Ricardo dos Santos Castilho.

Agradeço ainda a todos ainda que não mencionados expressamente que contribuíram para a elaboração desta pesquisa.

LISTA DE ABREVIATURAS

CC/16 – Código Civil de 1916
CC/02 – Código Civil de 2002
CSM – Conselho Superior da Magistratura
CGJ – Corregedoria Geral da Justiça
CF/88 – Constituição Federal de 1988
CNJ – Conselho Nacional de Justiça
CPC/15 – Código de Processo Civil de 2015
CTN – Código Tributário Nacional
EPD – Estatuto da Pessoa com Deficiência
NSCGJ – Normas de Serviço da Corregedoria Geral da Justiça
STF – Supremo Tribunal Federal
STJ – Superior Tribunal de Justiça

PREFÁCIO

O filósofo pessimista Artur Schopenhauer costumava dizer que "casar-se significa duplicar as suas obrigações e reduzir a metade dos seus direitos". Uma posição cínica, de quem viveu entre os séculos 18 e 19. Teria alguma razão o alemão nascido em Gdansk, Polônia, que à época pertencia ao reino germânico? Vejamos.

Homens "de estirpe" não deveriam se casar com mulheres de classe mais baixa – e o contrário também valia. Quem desrespeitasse essa regra de costume estava sujeito à marginalização. Mulheres que ficavam solteiras depois de determinada idade (14 ou 15 anos) eram discriminadas, por isso deviam aceitar a primeira oferta de casamento que aparecesse. Eram raras as exceções. E o pai ainda tinha que dar um dote para o pretendente, um bem que pertenceria ao marido, como uma espécie de "recompensa". Aliás, até o corpo da mulher era possessão do marido. O homem era o "cabeça do casal" e dono da última palavra – mesmo que não trabalhasse nem fosse o responsável pelo sustento da casa.

As grandes queixas dos nossos bisavós vinculavam-se constantemente ao fato de as mulheres falarem muito, usarem maquiagem e impedissem que os maridos saíssem de casa à noite para encontrar amigos, frequentar bares e até prostíbulos. Mas, mesmo com muitas contrariedades, não era socialmente aceitável a separação, e casamentos duravam muitas décadas. E, não raramente, a mulher era considerada, senão incapaz, inábil para a administração dos bens do casal, e o marido era o responsável inclusive pela partilha, em caso de separação. Até aqui, a lamúria de Schopenhauer não faz muito sentido.

Saltemos para os dias de hoje.

No Brasil, 49% dos divórcios ocorrem em casamentos que duram menos de 10 anos. Ou seja, quase a metade das uniões familiares, neste país, não ultrapassa a barreira da primeira década. É uma crença popular, principalmente em terras do interior, como aquela de onde eu venho, que todo casamento enfrenta uma crise aos sete anos. Os dados que acabo de relatar, baseados em estatísticas do Registro Civil e IBGE, parecem dar substância a essa crença popular. E o que explica esse grande volume de dissolução de uniões em tempos recentes?

Pensemos. Os tempos mudam, mudam os costumes, e também as expectativas e as circunstâncias. E, em decorrência, mudam as leis, posto que as normas devem refletir o que seja bom e justo para a sociedade, em determinado tempo. Como, sabiamente, diziam os latinos, *verba volant, scripta manent*, as leis são redigidas para que perdurem. Entretanto, nas asas do mundo atual, a sociedade mais cambiante se modifica antes que o legislador se dê conta de que as normas estejam, eventualmente, ultrapassadas.

No que tange a relacionamentos conjugais, é bastante recente o reconhecimento de namoro como forma de associação que admite pacto ou escritura pública, embora não configure família (mesmo no namoro qualificado), portanto inexistindo regime de bens ou direito a sucessão, mas pode, nas palavras do autor deste trabalho, Jorge Rachid Haber Neto, "existir a formalização da vontade para maior proteção jurídica quanto à incomunicabilidade de bens, o que não ocorre na união estável e dela se diferencia completamente".

Da mesma forma, é razoavelmente recente o hábito de pessoas decidirem morar juntas, sem formalização solene ou mesmo informal de união. O costume, típico de países dito avançados, como Estados Unidos e vários da Europa, disseminou-se no Brasil há mais ou menos 30 anos, e é cada vez mais comum entre os jovens brasileiros. Não que fosse novidade, porque via-se acontecer até com certa regularidade em nosso país, mas é costume que podemos chamar, atualmente, de trivial. Conheço um advogado, homem de ideias conservadoras, que criou, com o suor do seu trabalho, três filhos que conseguiu formar em Medicina. Casou a filha mais velha, dentro do mais tradicional modelo aceito pela sociedade, com véu, grinalda, igreja e festa. Porém, vejo-o neste momento quase decepcionado porque o filho do meio resolveu morar com a namorada, sem obedecer aos anseios dos pais, que contavam com a formal apresentação do casal ao testemunho da sociedade. Pode-se dizer que seja um homem ultrapassado? Creio que não. E a lei concorda comigo.

É, em suma, de que se trata o trabalho de Jorge Rachid Haber Neto, que me dá a honra de opinar sobre as questões que levanta. São as diversas formas de composições familiares que a lei reconhece e a sociedade considera, cada uma com especificidades e particularidades, que permeiam os direitos da personalidade.

União conjugal é pacto entre partes, portanto não se admite declaração unilateral de uma das partes. Seja ela solene (casamento) ou informal (união estável), estão sujeitas às regras relativas aos efeitos patrimoniais do regime de bens escolhido pelas partes. O fulcro deste minucioso trabalho do autor é o debate acerca da imposição do regime pelo legislador, respeitada a autonomia privada das partes e obedecidos os preceitos constitucionais e legais de ordem pública, da cultura e dos bons costumes. É a necessária intervenção do Estado no ambiente familiar, para proteção da parte mais fraca e de eventuais herdeiros, no caso de haver bens a partilhar.

A primeira consideração deste trabalho decorre da máxima popular de que não podemos escolher a família onde nascemos, mas podemos e devemos escolher a família que queremos formar por meio da união conjugal. O Código Civil respeita essa concepção e dá aos cônjuges a liberdade de escolher o regime patrimonial que lhes aprouver – embora haja casos em que o Estado, por necessidade de proteção a uma das partes, determina o regime de bens. O detalhamento dessas contingências condicionantes está muito bem esmiuçado neste trabalho, com base não apenas no Código Civil e no Código de Processo Civil, mas também em acórdãos e súmulas, Estatuto do Idoso e Estatuto da Pessoa com Deficiência e provimentos do Conselho Nacional de Justiça, a celebrar a modernidade com que a Justiça encara a união entre pessoas. Entre os casos excepcionais estão a legitimação e a incapacidade (absoluta ou relativa).

Como um verdadeiro manual de procedimentos para operadores do Direito, este trabalho aborda questões importantes como a mutabilidade justificada do regime de bens, sempre mostrando os procedimentos protetivos de direitos.

Da mesma forma, o autor detalha os princípios notariais e registrais relacionados ao regime de bens, quais sejam: conservação, segurança jurídica, publicidade, eficácia e autenticidade. Mas os do povo se queixam, seguidamente, dos excessos de burocracia exigida pelos cartórios.

Talvez, por isso mesmo, a grande contribuição trazida por Jorge Rachid Haber Neto, nesta obra, tenha sido a discussão acerca da desjudicialização de procedimentos para os cartórios extrajudiciais. É máxima corrente que o Brasil é um Estado cartorial. A expressão foi cunhada pelo advogado, sociólogo e escritor Hélio Jaguaribe, que sucedeu a Celso Furtado na Academia Brasileira de Letras. Ele escreveu um artigo no Jornal do Comércio, publicado em 14 de maio de 1950, sob o título de "Política ideológica e política de clientela". Segundo ele, Estado cartorial se caracteriza pelo fato de que as funções públicas, embora devessem prestar determinados serviços à coletividade, acabam sendo utilizadas para garantir empregos e vantagens a determinadas pessoas e grupos. Não foi por acaso que outro Hélio (Beltrão), foi convidado pelo então presidente João Batista Figueiredo a inaugurar o Ministério da Desburocratização, para pretender eliminar exigências consideradas desnecessárias e excesso de formalismo para a prestação de serviços públicos, o que incluía a dispensa de providências notariais e registrais. Disse Jaguaribe, no artigo citado, que "o termo Estado cartorial foi empregado por derivação da instituição judiciária dos cartórios e das atividades por estes exercidas no Brasil desde a Colônia e nos demais países de tradição luso-hispânica. O cartório é concebido, formalmente, como uma atividade auxiliar do sistema judiciário, destinada a assegurar a guarda e a boa tramitação de processos e respectiva documentação, a verificação de determinadas verdades factuais, como a autenticidade de assinaturas, e a prática de providências semelhantes. Na verdade, entretanto, ele constitui uma imposição, de baixa ou nula utilidade funcional, frequentemente, inclusive, constituindo um inútil ônus adicional sobre as transações correntes, destinada, efetivamente, a assegurar proveitos prebendatários ao respectivo titular".

Jorge certamente tem ciência desse debate, mas esclarece, vindo em socorro dos cartórios, para dizer que eles "surgem como alternativa adequada de acesso à justiça para o melhor desenvolvimento de eventual relação jurídica notarial-registral-civil-constitucional, somando-se à crise do Poder Judiciário – em razão das demandas que aumentam anualmente. A construção desse ramo da ciência (direito notarial e registral) seguiu à margem de sua autonomia em relação ao Poder Judiciário". E traz à razão a observação de que é necessária, senão urgente, "reaproximar tanto o direito material dos cartórios, quanto os cartórios do Poder Judiciário. Existe uma relação de complementaridade entre eles. Para que os notários sejam úteis, faz-se necessário efetivar-se o direito substancial e a maior eficácia dos atos por eles praticados". Lembra que existem duas formas alternativas extrajudiciais (fiscalizadas pelo Poder Judiciário) adequadas de resolução de conflitos, no notariado latino e no sistema da *common law*: a mediação e a conciliação, que em suma têm o propósito de buscar o acordo entre as partes, mas que não podem ser pactuadas pelos próprios cartórios. Jorge afirma – assim mesmo, com letras iniciais maiúsculas – que "os Tabeliães e os Registradores são uns dos agentes públicos mais capacitados e adequados para a administração de interesses privados, e podem contribuir muito mais com a diminuição de processos judiciais". Para ele, "aumentar as atribuições legais e normativas de notários e registradores é prestigiar o próprio Poder Judiciário que, através dessa rígida estrutura legal e constitucional, fiscaliza, por dever constitucional, os notários e registradores regularmente, bem como o Ministério Público, por essa mútua fiscalização – por exemplo, vista o livro de visitas e correições – que já recebe repasses dos "cartórios" parcela de emolumentos notariais e registrais de todo o Estado de São Paulo. Se o Ministério Público tem o bônus da arrecadação (des) extrajudicial, também deverá ter o ônus de sua maior responsabilidade nessa esfera de atuação na fiscalização de um número maior de atos desjudiciais".

Vamos lembrar que os serviços notariais e de registro são exercidos em caráter privado, por delegação do Poder Público, e têm, como princípios, a confidencialidade, a imparcialidade, a fé pública e a segurança jurídica, além dos demais princípios aplicáveis à administração pública, conforme o artigo 37 da Constituição Federal de 1988.

O autor deste trabalho nos remete à proposta legislativa em curso (Projeto de Lei do Senado 19) para alteração de regime de bens por escritura pública, em atendimento à Lei da Desburocratização, para aumentar a liberdade individual de cônjuges e companheiros e garantir a mínima intervenção estatal no planejamento familiar, inclusive, como defende o autor, aos bens jurídicos essenciais e básicos, "de modo a atingir aspectos materiais e imateriais, para que essa liberdade individual ou familiar alcance a plenitude do poder de escolha do casal, possa prevenir litígios, efetivar direitos e materializar a dignidade humana".

Não desejo detalhar o conteúdo do que o autor apresenta neste robusto trabalho, mas antecipo que há bastantes mais informações e discussões acerca da ampliação dos limites objetivos do pacto antenupcial, de enorme utilidade para todos quantos se interessem ou se ocupem dessa questão. Destaco a análise das possibilidades de pactuação de cláusulas existenciais em pactos antenupciais e as discussões acerca dos avanços do Código Civil de 2002 no campo sucessório.

Rachid, como me referencio ao querido autor, foi meu aluno e orientando no Doutorado da FADISP, sempre brilhante, com dedicação e zelo pelos trabalhos, seminários e as aulas, se tornou um amigo e genuinamente alguém que fez e fara diferença nos estudos do Direito Civil, tive o privilégio de ter aqui citação a estudos de minha autoria, como referências utilizadas por Jorge Rachid para este trabalho, é motivo de enorme orgulho para a minha modesta contribuição, pela via dos livros, ao Direito brasileiro. Principalmente porque trata-se, aqui, de potencializar a felicidade objetiva, tema que me é pessoalmente caro.

Agradeço, pois, o convite para escrever este prefácio, e enseja meus augúrios de que a aceitação deste livro seja um incentivo para que Jorge Rachid Haber Neto volte a nos presenciar com futuras contribuições para o estudo do Direito.

Ricardo Castilho

Pós-Doutor em Direito pela Faculdade de Direito do Largo São Francisco – USP. Pós-Doutor em Direito e Filosofia pela Universidade Federal de Santa Catarina – UFSC. Doutor em Direito das Relações Sociais pela PUC/SP. Professor Titular de Filosofia e Direitos Humanos da FADISP. Fundador e Diretor da Escola Paulista de Direito – EPD. CEO da Law Concept Academy – LCA. Autor da Saraiva. Conferencista no Brasil e no exterior.

SUMÁRIO

AGRADECIMENTOS V

LISTA DE ABREVIATURAS VII

PREFÁCIO IX

1. INTRODUÇÃO 1

2. PRINCÍPIOS CIVILISTAS DO REGIME DE BENS 5
   2.1 Da autonomia privada 5
   2.2 Da indivisibilidade do regime de bens 16
   2.3 Da mutabilidade justificada do regime de bens 18
   2.4 Variedade do regime de bens 20

3. PRINCÍPIOS NOTARIAIS E REGISTRAIS RELACIONADOS AO REGIME DE BENS 23
   3.1 Da conservação 23
   3.2 Da segurança jurídica 25
   3.3 Da publicidade 28
   3.4 Da eficácia 31
   3.5 Da autenticidade 34

4. DAS ESPÉCIES DE REGIME DE BENS 37
   4.1 Da comunhão parcial de bens 37
   4.2 Da comunhão universal de bens 43
   4.3 Da separação convencional de bens 44
   4.4 Da separação obrigatória de bens 46
   4.5 Da participação final nos aquestos 50
   4.6 Regimes híbridos 53

5. DESJUDICIALIZAÇÃO DE PROCEDIMENTOS PARA OS CARTÓRIOS EXTRAJUDICIAIS 55

5.1 A diferença entre desjudicialização e extrajudicialização de conflitos...... 55

5.2 O princípio da operabilidade no direito civil contemporâneo 64

5.3 A desjudicialização e o acesso à justiça pelos cartórios na modernidade líquida 65

5.4 O substantivo conteúdo do Código de Processo Civil favorável à atividade notarial e registral 68

5.5 Da proposta legislativa de alteração de regime de bens por escritura pública 73

5.6 Da conversão substancial de pactos antenupciais em outros negócios jurídicos e efeitos sucessórios 75

5.7 Da necessidade de distrato do pacto antenupcial em face do precedente do REsp 1.483.863 SP para que não se aplique o regime de bens em união estável do casal.. 83

5.8 O pacto antenupcial e o Estatuto da Pessoa com Deficiência.................... 83

5.9 Cláusulas existenciais em pactos antenupciais 97

5.10 A desconsideração do regime de bens e a dispensa de outorga de conjugal para aquisição imobiliária nos casos do programa casa verde e amarela... 101

5.11 Casamento como instituto eclético: cláusulas institucionais vedadas e cláusulas contratuais permitidas 103

6. JULGADOS RELEVANTES RELACIONADOS AO REGIME DE BENS NA ESFERA EXTRAJUDICIAL 105

6.1 Impossibilidade de alteração de regime de bens através de alvará judicial expedido na esfera administrativa 105

6.2 Compra e venda sob o regime da comunhão parcial de bens com posterior aditamento de escritura após a indisponibilidade de bens e impossibilidade de mudança da natureza de comunhão para bem particular...... 106

6.3 Possibilidade de qualificação registral no registro de título judicial como sucessão e partilha e a necessidade de especialização de meação e da herança de modo a abranger a totalidade dos bens.. 109

6.4 Compra e venda. Divórcio. Partilha. Mancomunhão. Dever de obediência ao princípio da continuidade... 111

6.5 Compra e venda. Estado civil. Divórcio. Separação de fato. Aquestos....... 112

6.6 Adjudicação e violação do princípio da continuidade. Falta de partilha e registro prévio de inventário de cônjuge pré-morto. Exigências com impugnação parcial e título judicial que se submete a qualificação registrária formal.. 113

6.7 Arrematação como modo derivado de aquisição de propriedade. Princípio da continuidade registral e necessidade de partilha e registro prévio de transmissão para o cônjuge pré-morto. Título judicial que se submete a qualificação registrária formal... 115

6.8 União estável com posterior dissolução. Regime de bens da comunhão parcial. Mancomunhão. Continuidade registral e necessidade de partilha de bens.. 116

6.9 União estável. Declaração por escritura pública. Modificação do regime de bens. Alteração extrajudicial. Direito de terceiros. Necessidade de intervenção jurisdicional em analogia ao artigo 1.639, § 2º, do Código Civil. Erro material. Erro substancial. Ainda que imposto o regime legal de bens, as partes podem escolher o regime convencional de bens, por ser mais gravoso. Pedido indeferido... 118

7. JULGADOS RELEVANTES RELACIONADOS AO REGIME DE BENS NA ESFERA JURISDICIONAL. 123

7.1 Recurso especial. Direito das sucessões. Inventário e partilha. Regime de bens. Separação convencional. Pacto antenupcial por escritura pública. Cônjuge sobrevivente. Concorrência na sucessão hereditária com descendentes. Condição de herdeiro. Reconhecimento. Exegese do art. 1.829, I, do CC/02. Avanço no campo sucessório do Código Civil de 2002............... 123

7.2 União estável – Ação de reconhecimento e dissolução cumulada com partilha de bens – Divergência das partes restrita à partilha de bens – Imóvel adquirido pelo autor antes do início da união estável – Pagamento parcelado do preço – Cabimento da partilha do valor do bem pago na constância da união – Presunção de esforço comum do casal – Art. 5º, da Lei 9.278/96 – Valores depositados em conta bancária na data da dissolução da união – Partilha cabível – Verbas trabalhistas depositadas na conta......................... 124

7.3 Partilha de bens – Divórcio – Imóvel adquirido com o produto da cessão de bem de exclusiva propriedade da requerida – Reconhecimento do direito do autor à 50% (cinquenta por cento) das parcelas pagas durante a constância do matrimônio, tanto do imóvel cedido quanto do posteriormente adquirido – Automóvel comprado mediante consórcio – Divisão das parcelas pagas até a data da separação de fato do casal – Partilha dos demais bens e dívidas na proporção de 50% (cinquenta por cento) para cada uma das partes.. 125

7.4 Ação de divórcio e partilha de bens – Insurgência com relação às benfeitorias em bem de propriedade de terceiro – Eventual indenização que deve seguir a via própria – Inteligência do artigo 1255 do Código Civil ... 127

7.5 Inventário – Plano de partilha – Homologação – Insurgência de herdeira quanto à meação de bem sobre o qual pesa cláusula restritiva de inalienabilidade – Falecido casado sob o regime da comunhão universal de bens, com pacto antenupcial – Aquisição anterior de imóvel pelo *de cujus* e seus três irmãos, impondo cláusula de inalienabilidade, bem como usufruto vitalício em prol da genitora comum – Meação afastada – Necessidade – Propriedade que não se comunica, ainda que falecido o cônjuge – Meação que não se confunde com a herança – Retificação do plano de partilha para constar a divisão da nua propriedade – Admissibilidade – Existência de usufruto vitalício em prol de terceiro – Partilha somente da nua propriedade – Filhos como herdeiros exclusivos deste bem ... 129

7.6 Valorização de cotas de empresa adquirida antes da união estável não entra na partilha de bens ... 131

7.7 Separação de bens não é obrigatória para idosos quando o casamento é precedido de união estável ... 133

7.8 O regime de bens escolhido em escritura pública de união estável não retroage. Aplica-se o regime da comunhão parcial de bens enquanto não houver contrato escrito que diga ser a união estável disciplinada por regime distinto ... 134

7.9 Casamento. Regime de bens. Modificação. Negativa de prestação jurisdicional. Não ocorrência. Controvérsia acerca da interpretação do artigo 1.639, § 2º, do Código Civil. Exigência da apresentação de relação discriminada dos bens dos cônjuges. Incompatibilidade. Ausência de verificação de indícios de prejuízo aos consortes ou a terceiros. Preservação da intimidade e da vida privada ... 135

7.10 Partilha. Exclusão da viúva. Regime de separação obrigatória. Súmula 377/STF. Necessidade de prova do esforço comum. Aplicação da atual jurisprudência do superior tribunal de justiça e comentários a Súmula 655 ... 136

7.11 A união civil e a convivência de fato civil. Partilha de bens. causa suspensiva do casamento prevista no inciso III do art. 1.523 do CC/02. Aplicação à união estável. Possibilidade. Regime da separação legal de bens. Necessidade de prova do esforço comum. Pressuposto para a partilha. Precedente da segunda seção ... 138

CONCLUSÃO ... 139

REFERÊNCIAS ... 143

Livros e revistas 143

Internet 149

Referências normativas 150

MODELOS 153

    Modelo 1 – Alteração de pacto antes do casamento 155

    Modelo 2 – Comunhão universal de bens 156

    Modelo 3 – Separação convencional de bens 158

    Modelo 4 – Regime da separação convencional de bens com comunicabilidade de prêmio de loteria, jogo e apostas 160

    Modelo 5 – Escritura pública de declaração de união estável sob o regime da separação convencional de bens e cláusula de conversão substancial em pacto antenupcial em caso de conversão de união estável em casamento 163

    Modelo 6 – Testamento público com renúncia de herança do companheiro 166

    Modelo 7 – Testamento público de ato extrapatrimonial de pessoa com deficiência (reconhecimento de filho) e disposição do corpo em caso de morte com a causa Covid-19 170

    Modelo 8 – Escritura pública de namoro com cláusula de conversão substancial no regime da separação convencional de bens em caso de reconhecimento judicial de união estável 174

    Modelo 9 – Procuração pública para recebimento de herança judicial ou extrajudicialmente com cláusula de independência jurídica do notário em conjunto com as partes no que se refere ao regime da comunhão universal de bens após a Lei 6515/77 (retificação de assento para comunhão parcial de bens com incomunicabilidade de herança por não haver pacto antenupcial ou manutenção do regime da comunhão universal de bens mesmo sem pacto antenupcial tendo em vista a segurança jurídica, higidez dos registros públicos e boa-fé do casal com comunicabilidade de herança) 177

1
INTRODUÇÃO

A família é a base da sociedade e permeia os direitos da personalidade. Existem diversas formas de famílias, cada uma com suas especificidades, particularidades e suas diversas composições.

O Código Civil brasileiro dispõe que em decorrência da realização do casamento ou da constituição de união estável aplicam-se quanto aos efeitos patrimoniais as regras do regime de bens escolhido pelas partes. Não se admite união estável através de declaração unilateral de uma das partes, inclusive na declaração de óbito (DO) quando do registro do óbito no registro civil das pessoas naturais.

Pode-se conceituar o pacto antenupcial como o negócio jurídico solene e acessório, elaborado, com exclusividade, pelo Tabelião de Notas da confiança das partes, seja na forma física ou digital, por escritura pública, que visa estabelecer não só o regramento familiar patrimonial, mas com possibilidade de ampliação objetiva também em aspectos extrapatrimoniais, de acordo com a autonomia privada das partes, obedecidos preceitos constitucionais e legais de ordem pública, cultura e bons costumes.

Caso as partes não escolham o regime de bens que desejarem, o legislador determinará. Além disso, existem casos em que mesmo que as partes queiram escolher o legislador não permite, no intuito de melhor proteger as próprias partes, terceiros ou a própria família, como ocorre nos casos de imposição do regime da separação obrigatória de bens.

Havendo união solene (casamento) ou informal (união estável) haverá algum regime de bens que irá regulamentar toda relação familiar, mesmo que as partes não prevejam, pois se as partes não escolherem será determinado pelo Código Civil em caráter subsidiário. É a imperatividade e intervenção do Estado no ambiente familiar.

Não existe nenhum casamento ou união estável no Brasil sem algum regime de bens e nem as partes podem optar por excluí-lo por pacto antenupcial (casamento) ou por escritura pública ou instrumento particular (união estável) por ser norma cogente, de ordem pública e, portanto, obrigatória. Se eventualmente houver cláusula nesse sentido ela seria nula de pleno direito.

O que é possível é o casal escolher o regime de bens que lhes aprover, inclusive híbrido ou misto, mas sempre haverá algum regime, seja no casamento ou na união estável. No namoro não existe família, regime de bens e nem direito à sucessão.

Na omissão das partes, o Estado irá regulamentar aquela relação, ou seja, no divórcio, na separação (judicial ou extrajudicial), ou na dissolução de união estável (que atualmente depende da presença de advogado) sempre haverá algum regime de bens e haverá partilha de bens (se o casal construiu algo junto no decorrer da relação ou se houve comunicabilidade do bem em virtude do regime estipulado ou de alguma cláusula pactuada de acordo com a vontade das partes).

Obviamente, no divórcio ou na separação, se bens não houver, partilha não haverá de ser feita. Por sua vez, caso haja bens partilháveis, poderá haver o divórcio ou a separação independentemente do acordo quanto à partilha de bens. Dessa forma, poderá haver a dissolução de vínculo, com possibilidade de concomitante ou posterior partilha e ainda a dissolução de vínculo com partilha de alguns bens e posterior sobrepartilha de alguns outros bens em que não houve naquele primeiro momento consensualidade ou conhecimento.

Não existe regime de bens nas relações de namoro, logo, isso permite observar que no namoro ainda não há proteção civil-constitucional da família, mesmo no namoro chamado qualificado (em que há planos para constituição de família no futuro). Assim, no rompimento do namoro não há divisão patrimonial ou partilha de bens comuns. Tal qual a união estável, o namoro não modifica o estado civil da pessoa. Na união estável, contudo, o ex-companheiro tem direito à alimentos se houver necessidade e possibilidade, modificação de sobrenome seja na forma judicial ou caso faça por escritura pública, de acordo com o Provimento 37, do Conselho Nacional de Justiça – CNJ, porém no namoro não há alimentos pós-rompimento nem possibilidade de modificação de sobrenome ou sucessão patrimonial.

A escolha do regime de bens na união estável é informal, pode ser alterada sem maiores formalidades, embora comece a surgir alguma resistência doutrinária e jurisprudencial quanto a tanta liberdade e elasticidade, uma vez que, embora o assunto ainda seja polêmico, o Supremo Tribunal Federal reconheceu, para maior parte da doutrina como Flávio Tartuce, José Fernando Simão, Jorge Shiguemitsu Fujita, Paulo Lôbo, dentre outros, no Recurso Extraordinário número 878.694, a equiparação entre cônjuges e companheiros como herdeiros necessários, pelo menos para grande parte da doutrina (conforme artigo 1.845, do Código Civil).

No primeiro capítulo serão vistos os princípios civilistas dos regimes de bens como os da autonomia privada, indivisibilidade do regime de bens variedade do regime de bens e mutabilidade justificada.

Considerando que os princípios são estáticos e os valores são dinâmicos, caso haja um número exagerado de princípios poderá acarretar sua banalização e carência de efetividade jurídica e social.

No segundo capítulo serão vistos os princípios notariais e registrais relacionados ao regime de bens, quais sejam, da conservação, segurança jurídica, publicidade, eficácia e autenticidade de modo que o leitor possa compreender a razão pela qual o legislador civilista decidiu atribuir a forma da escritura pública para os cartórios extrajudiciais praticarem esse negócio jurídico acessório ao casamento de modo a combater o pensamento da pseudo burocratização pela prevenção de litígios e acautelamento jurídico imparcial por agente de fé pública com conduta ilibada.

No terceiro capítulo, serão abordados aspectos de outros países que se correlacionam com o regime de bens, a exemplo da Itália, Espanha, Portugal, França e Alemanha, cujos sistemas jurídicos civilistas são de *civil law*. Vale ressaltar que o notariado latino, sistema adotado pelo Brasil, está presente em mais de 80 (oitenta) países pelo mundo, em quatro continentes, com cerca de 3 (três) bilhões de pessoas a ele submetidas, quase metade da população mundial, ou seja, a utilização dos cartórios não é apenas uma "jabuticaba" brasileira como já foi noticiado erroneamente por veículos de comunicação como o Estadão, pois existe em grande parte de todo o mundo.

No quarto capítulo serão abordados os tipos de regime de bens que são os da comunhão parcial de bens, da comunhão universal de bens, da separação convencional de bens, da separação obrigatória de bens, da participação final nos aquestros (espécie de regime híbrido) e a possibilidade de elaboração de regime atípico de acordo com a vontade das partes desde que não violem preceitos de ordem pública tais como: dever de lealdade, ordem de vocação hereditária ou dispensa de autorização de outorga conjugal (subtema este polêmico, pois o vício é de ordem privada apto a gerar anulabilidade pelo Código Civil de 2002 e não mais nulidade absoluta prevista pelo Código Civil de 1916, mas que ainda há resistência de sua observância privada para registro de títulos nos oficiais de registro de imóveis em geral) ou a nulidade da cláusula de termo de casamento por prazo determinado (esse sim subtema pacífico e nulo de pleno direito).

Ou seja, ainda existirão esses e outros subtemas polêmicos dentro deste capítulo, como: forma, momento, alteração de regime de bens, regime legal subsidiário antes e depois da lei do divórcio (lei 6.515/1977), registrabilidade, efeitos no Brasil.

No quinto capítulo será vista a desjudicialização de procedimentos para os cartórios extrajudiciais também outros aspectos e o projeto de Lei número 69/2016 de desburocratização e desjudicilização que delega a atribuição de alteração de regime de bens nos casamentos para as serventias extrajudiciais (cartórios), desde a maior operabilidade no direito civil contemporâneo, passando pelo acesso à justiça através pelos cartórios na modernidade líquida, o substantivo conteúdo do Código de Processo Civil favorável à atividade notarial e registral, da proposta legislativa de alteração de regime de bens por escritura pública, da conversão substancial de pactos antenupciais em outros negócios jurídicos, o pacto antenupcial e seus efeitos sucessórios, e o polêmico assunto da questão da renúncia de herança em pacto antenupcial, a realização de pacto antenupcial por pessoas com deficiências após o advento da Lei Brasileira de Inclusão da Pessoa com deficiência e, por fim, cláusulas existenciais em pactos antenupciais.

Sem a pretensão de esgotar totalmente o assunto, almeja-se mudar o paradigma de utilização do pacto antenupcial, atualmente com foco preponderamente patrimonial, para que se torne também possível abranger aspectos extrapatrimoniais, ponto de inovação da tese, a fim de haja relevante contribuição para a maior ampliação dos limites objetivos do pacto antenupcial e haja reflexão do assunto, estudo da comunidade jurídica, dos operadores do direito e de toda a sociedade, em especial para maior utilidade e operabilidade jurídica do instituto pelos notários, registradores, advogados, juízes, promotores, dentre outros profissionais do direito que dele se utilizam para o mais específico e adequado planejamento familiar.

Com a permissão de abrangência de aspectos existenciais certamente haveria maior interesse na utilização dos pactos antenupciais como forma direta de planejamento familiar com possíveis reflexos indiretos no direito sucessório.

2
PRINCÍPIOS CIVILISTAS DO REGIME DE BENS

2.1 DA AUTONOMIA PRIVADA

O primeiro princípio civilista é o da autonomia privada em que é direito dos cônjuges escolher seu regime patrimonial, conforme artigo 1.639, *caput*, do Código Civil: "É lícito aos nubentes, antes de celebrado o casamento, estipular, quanto aos seus bens, o que lhes aprouver" e § 1º "O regime de bens entre os cônjuges começa a vigorar desde a data do casamento".

Ao casal existe a liberdade (ou não a depender do caso) de pactuar um regime de bens, assim como há a liberdade de escolha da pessoa com quem se deseja constituir família. É nula a estipulação por regime de bens sem a lavratura de escritura pública (plano de validade) e ineficaz se não houver o casamento (ineficácia).

Ou seja, aos cônjuges é permitido escolher o regime de bens que desejarem, porém existe o momento específico em que ele irá iniciar: especificamente a data da celebração do casamento. A data da celebração do casamento pode ser considerada como uma condição suspensiva. Diz-se condição porque é o evento futuro e incerto, uma vez que o casamento nem sequer poderá ocorrer. Suspensiva porque os efeitos ficam sobrestados/suspensos e apenas com o acontecimento da condição (casamento) é que irão iniciar os efeitos.

Para Carlos Alberto Dabus Maluf, tampouco se admite o elemento acidental da condição para a escolha do regime de bens. O autor dispõe que nos atos ligados ao direito de família ou das sucessões o ordenamento preza pela definitividade, tanto que não permite o casamento, reconhecimento de filho, emancipação, adoção, aceitação ou renúncia de herança, compensação ou aceitação testamentária entre outros atos pessoais e patrimoniais sob condição.[1]

---

1. "Nem sempre o negócio jurídico comporta a forma condicional. Entretanto, tal só ocorre excepcionalmente, pois, via de regra, todo negócio jurídico é suscetível de admitir os elementos acidentais. Assim, em certos atos jurídicos, como o casamento, o reconhecimento de filhos, a adoção e a emancipação, impossível se torna cogitar-se de condições. Mas não só esses atos de caráter eminentemente pessoal

É possível a alteração do pacto antes do processo de habilitação? Sim, será possível nova escritura pública de pacto antenupcial, diante da falta de previsão proibitiva em sentido contrário, com base no princípio da liberdade privada. Caso seja feito outro pacto e este último seja apresentado ou substituído no processo de habilitação será este último o título hábil escolhido pelas partes que produzirá efeitos, sendo que este segundo pacto que deverá ser especificado na publicação dos proclamas. Nesse caso, não seria mais adequada a escritura de retificação e ratificação porque embora as partes sejam as mesmas, estará havendo alteração de vontade, portanto, outro instrumento público seria mais adequado e o anterior não apresentado no processo de habilitação é considerado ineficaz.

Ademais, no casamento a escolha do regime de bens deve ocorrer pelas partes através de um pacto antenupcial, necessária e obrigatoriamente feito por escritura pública no tabelião de notas de sua confiança. É livre a escolha do Tabelião de notas, qualquer que seja o domicílio das partes ou o lugar de situação dos bens objeto do ato ou negócio (artigo 8º, da Lei 8935/94). A competência para realização de escritura pública eletrônica, contudo, é do domicílio de qualquer dos pactuantes por meio da plataforma E-notariado (*Notarchain*).

A habilitação do casamento deve ocorrer junto ao Oficial de Registro Civil das Pessoas Naturais do domicílio dos futuros cônjuges, mas a celebração do casamento poderá ocorrer em qualquer Oficial de Registro Civil das Pessoas Naturais do Brasil, mesmo de outro Estado da Federação, desde que apresentado o certificado de habilitação extraído pelo oficial de registro civil processante da habilitação.

A livre escolha do regime de bens também é admitida na união estável e o momento de vigência do regramento patrimonial será desde o início da situação de fato constituída pela união estável. O Superior Tribunal de Justiça entende que não cabe escolha retroativa de regime de bens na união estável porque esta decorre de uma situação de fato e que diante da falta de escolha produz efeito o regime de bens da comunhão parcial. Na união estável não há forma específica, ou seja, poderá ser provada por qualquer meio escrito admitido em direito, por isso ela é considerada informal.

É importante a união estável ser formalizada, contudo, por escrito, seja por instrumento particular, mas principalmente por escritura pública porque ficará eternamente arquivada nas notas do Tabelião e se a parte perder o documento poderá pedir uma certidão notarial da escritura pública, não sendo necessário

---

repelem a condição, como ainda outros de natureza patrimonial, como a aceitação ou a renúncia de herança, a compensação, a aceitação da testamentaria". MALUF, Carlos Alberto Dabus. *As condições no direito civil*. Potestativa, impossível, suspensiva, resolutiva. 3. ed. reform. São Paulo: Saraiva, 2011, 49.

nova formalização de vontade. Também se admite a formalização da constituição de união estável por sentença judicial transitada em julgado, o que não ocorre no casamento.

O casamento é provado através da certidão de casamento. Excepcionalmente, o ordenamento jurídico prevê como exceção a posse do estado de casado a regra do artigo 1.543, parágrafo único, do Código Civil, em que justificada a falta ou perda do registro civil (por exemplo a destruição do prédio do cartório por incêndio, sem backup em nuvem), é admissível qualquer outra espécie de prova, ou seja, tem que ficar comprovado o motivo estipulado para que o Poder Judiciário possa reconhecer o casamento ocorrido.

É possível as partes convencionarem no pacto antenupcial, por exemplo, a comunicação dos bens móveis e a separação dos bens imóveis, ou vice-versa. A liberdade individual e a autonomia privada lhes é garantida.

Dentro da autonomia privada ainda existem as doações antenupciais. As doações antenupciais têm basicamente quatro características diferenciadas dos demais tipos de doação: A primeira é a responsabilidade pela evicção, pois nas doações para casamento com certa e determinada pessoa, o doador ficará sujeito à evicção, salvo convenção em contrário.

A segunda peculiaridade é a presunção de aceitação já que na doação feita em contemplação de casamento futuro com certa e determinada pessoa, quer pelos nubentes entre si, quer por terceiro a um deles, a ambos, ou aos filhos que, de futuro, houverem um do outro, não pode ser impugnada por falta de aceitação e só ficará sem efeito se o casamento não se realizar.[2]

---

2. "O Código Civil de 2002 não previu de forma expressa a doação antenupcial, regulada em capítulo próprio, arts. 312 a 314, no Código Civil de 1916. (...) Para que sua validade esteja atrelada ao matrimônio, há necessidade de fazer constar no contrato de doação a cláusula de condição suspensiva, nos termos do art. 546 do Código Civil, que estabelece a possibilidade de doações feitas em contemplação de casamento futuro com pessoa determinada, quer pelos nubentes entre si, quer por terceiro a um deles, ou a ambos, ou mesmo aos futuros filhos do casal, não podendo ser impugnada por falta de aceitação, ficando condicionada a sua validade à realização das núpcias. A doação sob condição suspensiva deverá ser realizada mediante escritura pública ou instrumento particular, nos termos do art. 541, e não por pacto antenupcial, como previa o art. 312 do Código Civil de 1916, acatadas as limitações impostas pelo direito das sucessões" (...) De acordo com o disposto no art. 312 do Código Civil de 1916, salvo no caso de regime de separação obrigatória de bens, era livre a estipulação de doação antenupcial, no respectivo pacto, desde que não excedesse à metade do patrimônio do doador. Assim, vinham gravadas duas importantes limitações: vedava-se expressamente a doação antenupcial aos nubentes em cujo casamento fosse adotado o regime da separação obrigatória de bens, mesmo porque, com essa modalidade, seria inútil a doação; nos demais regimes de bens restringia-se a doação antenupcial à metade dos bens do doador. (...) Estabelecia o art. 313 do Código Civil de 1916 que 'as doações para casamento podem também ser feitas por terceiros, no contrato antenupcial, ou em escritura pública anterior ao casamento'". MALUF, Carlos Alberto Dabus; MALUF, Adriana Caldas do Rego Freitas Dabus. *Curso de Direito de Família*. 3. ed., rev. e atual. São Paulo: Saraiva, 2018, p. 229-230.

A terceira qualidade é a completa irrevogabilidade, ou seja, não se revogam por ingratidão as doações feitas para determinado casamento, o que as diferencia das demais situações que como regra tem a doação como passíveis de revogação por ingratidão ou por inexecução do encargo.

E a quarta é a dispensa de anuência para a validade da doação que decorre do artigo 1.647, do Código Civil, ressalvado o disposto no artigo 1.648, nenhum dos cônjuges pode, sem autorização do outro, exceto no regime da separação absoluta alienar ou gravar de ônus real os bens imóveis; pleitear, como autor ou réu, acerca desses bens ou direitos; prestar fiança ou aval; fazer doação, não sendo remuneratória, de bens comuns, ou dos que possam integrar futura meação, mas nos termos do artigo 1.647, parágrafo único, do Código Civil, são válidas as doações nupciais feitas aos filhos quando casarem ou estabelecerem economia separada.

Outro ponto atual é o de que o Conselho Nacional de Justiça – CNJ vedou aos Tabeliães de Notas a lavratura de escrituras públicas de poliafetividade.[3] Logo, ao menos na forma pública não é possível estabelecer, com segurança jurídica, o regime de bens dessa espécie de família, para os que assim entedem haver. Para outros que discordam desse modelo familiar com base no princípio da monogamia, haverá apenas uma relação contratual e civil ainda sem a proteção familiar patrimonial e sucessória.

Essa vedação com base no princípio da monogamia seria equiparar à união estável ao casamento. Recentemente foi reconhecido o princípio da monogamia, pelo Supremo Tribunal Federal – STF, no Recurso Extraordinário – RE 1.045.273, por 6 votos a 5, em que foi negado o direito a divisão de pensão previdenciária a união estável paralela constituída posteriormente a primeira, mas paralelamente à primeira união.

Nada impede, contudo, da constituição de condomínio civil em partes ideais entre as pessoas nesses casos ou a criação de uma pessoa jurídica com as cotas distribuídas igualmente. Fato é que herança, meação ou caracterização da qualidade de herdeiro necessário não existe ainda na poliafetividade atual.

---

3. O Plenário do Conselho Nacional de Justiça (CNJ) decidiu, nesta terça-feira (26/6), que os cartórios brasileiros não podem registrar uniões poliafetivas, formadas por três ou mais pessoas, em escrituras públicas. A maioria dos conselheiros considerou que esse tipo de documento atesta um ato de fé pública e, portanto, implica o reconhecimento de direitos garantidos a casais ligados por casamento ou união estável – herança ou previdenciários, por exemplo. Na decisão, o CNJ determina que as corregedorias-gerais de Justiça proíbam os cartórios de seus respectivos estados de lavrar escrituras públicas para registar uniões poliafetivas. A decisão atendeu a pedido da Associação de Direito de Família e das Sucessões, que acionou o CNJ contra dois cartórios de comarcas paulistas, em São Vicente e em Tupã, que teriam lavrados escrituras de uniões estáveis poliafetivas. BRASIL, Conselho Nacional de Justiça. Disponível em: https://www.cnj.jus.br/cartorios-sao-proibidos-de-fazer-escrituras-publicas-de-relacoes-poliafetivas/. Acesso em: 27 mar. 2021.

Se as partes não escolherem nenhum regime de bens será aplicável o regime subsidiário da comunhão parcial de bens, conforme artigo 1.640: "Não havendo convenção, ou sendo ela nula ou ineficaz, vigorará, quanto aos bens entre os cônjuges, o regime da comunhão parcial".

A mesma regra se aplica à não escolha do regime de bens na união estável, conforme artigo 1.725: "Na união estável, salvo contrato escrito entre os companheiros, aplica-se às relações patrimoniais, no que couber, o regime da comunhão parcial de bens". O regime da comunhão parcial será melhor detalhado adiante, em tópico próprio.

Vale acrescentar ainda que a eficácia do pacto antenupcial, realizado por menor, fica condicionada à aprovação de seu representante legal, salvo as hipóteses de regime obrigatório de separação de bens (artigo 1.654, do Código Civil).

Ainda é nula a convenção ou cláusula dela que contravenha disposição absoluta de lei (artigo 1.655, do Código Civil) e as convenções antenupciais não terão efeito perante terceiros senão depois de registradas, em livro especial, pelo oficial do Registro de Imóveis do domicílio dos cônjuges (artigo 1.657, do Código Civil).

Vale ressaltar ainda que é possível a lavratura de escritura pública mesmo que o pacto antenupcial ainda não tenha sido registrado pelas partes junto ao ofício de registro de imóveis. Duas são as possibilidades: com pacto registrado deverá ser feita expressa alusão ao pacto antenupcial e aos seus correspondentes ajustes, ao número de seu registro no Registro de Imóveis, quando o ato disser respeito a objeto de convenção antenupcial, e, caso o pacto antenupcial não tenha sido registrado, a expressa menção à necessidade do seu registro antes do relativo à alienação ou à oneração e que também poderá ocorrer concomitantemente ao registro do título translativo submetido ao fólio real.

Às pessoas com deficiência se permite casar sem necessidade de representação. A pessoa com deficiência não tem mais afetada a sua plena capacidade civil, inclusive para casar-se e constituir união estável (artigo 6º, inciso I, do Estatuto da pessoa com deficiência).

A Terceira Turma do Superior Tribunal de Justiça – STJ decidiu em 02 (dois) de 07 (julho) de 2021 (dois mil e vinte e um), reformou acórdão do Tribunal de Justiça do Estado de São Paulo (TJSP), para declarar a incapacidade relativa de um idoso com doença de Alzheimer que, em laudo pericial, foi considerado impossibilitado de gerir atos da vida civil. O idoso tinha sido declarado absolutamente incapaz pelo TJSP e a decisão foi reformada pelo STJ.

O ministro Bellizze explicou que o objetivo da Lei 13.146/2015 ao instituir o Estatuto da Pessoa com Deficiência é assegurar e promover a inclusão social de pessoas com doenças físicas e psíquicas e garantir o exercício da capacidade em condições com as demais pessoas. Abordou que curatela afeta tão somente os atos de natureza jurídica patrimonial e negocial. O novo sistema de incapacidades modificou a incapacidade para relativa no caso do idoso, nos termos do artigo 4º, do Código Civil.

Caso a pessoa com deficiência seja civilmente incapaz para escolher o regime de bens por pacto antenupcial (nem toda pessoa com deficiência é incapaz após a vigência do Estatuto da Pessoa com Deficiência) dependerá de alvará judicial porque incumbe ao representante a assistência na prática de atos patrimoniais, pois ao curador compete praticar apenas os atos de mera administração em benefício do curatelado e com autorização judicial praticar, nos limites dos poderes conferidos, a representação nos atos que extrapolem a mera administração. Ademais, ao instituto da curatela se aplicam subsidiariamente as regras da tutela.

Todo ser humano ao nascer com vida tem personalidade civil. É sujeito titular de direitos e a isto se denomina capacidade de direito, gozo ou aquisição. Todos os seres humanos têm essa capacidade, mas nem todos conseguem praticar por si os atos civis. Não existem pessoas vivas incapazes de direito, mesmo que sem capacidade de fato (exercício).

Aos que dependem de representação legal são denominados de absolutamente incapazes (art. 3º, do Código Civil) e os que dependem de assistência são chamados de relativamente capazes (art. 4º, do Código Civil). Àqueles que dependem de representação ou assistência para manifestar vontade lhes falta capacidade de fato ou de exercício. As hipóteses de incapacidade decorrem ou da idade ou de questões de saúde (não exprimir vontade).

Existem casos em que mesmo a pessoa possuindo capacidade de direito e de fato, não poderão praticar validamente determinados atos e negócios jurídicos. A isto se denomina legitimação.

Legitimação é a proibição específica decorrente do estado da pessoa, como, por exemplo, a necessidade de outorga conjugal para alienação ou oneração de bens particulares daqueles que são casados e os pais não podem vender seus bens aos descendentes sem a anuência dos demais e do cônjuge, salvo se casado no regime da separação obrigatória de bens (a compra e venda entre ascendente e descendente não se submete à colação, diferentemente da doação).

Pode-se parar para pensar o motivo pelo qual o legislador dispensou, nos termos do artigo 496 do Código Civil, a anuência do cônjuge quando o regime aplicável for o da separação obrigatória, mas não dispensou quando for o regime da separação convencional, porém a razão é o fato de que o cônjuge casado no regime da separação obrigatória de bens não herda os bens particulares adquiridos antes do casamento pelo seu consorte e só irá mear nos bens adquiridos onerosamente mediante esforço comum, nesse último caso, com o seu esforço comum presumido (mas nem sempre foi assim).

Enquanto a legitimação é mais específica a incapacidade é mais genérica. Quanto à incapacidade, por sua vez, é instituto de proteção dos incapazes, é excepcional (a capacidade é a regra), temporária, limitada e diz respeito à prática de atos jurídicos e não fatos jurídicos (diz respeito à vontade de determinado sujeito de direito). Sobre a teoria das incapacidades é oportuna a definição de Paulo Flores[4] de modo que não se pode mais tolerar nenhum tipo de discriminação em face das pessoas com deficiência. A expressão "loucos" é estigmatizante. A dignidade individual em concreto prevalece sua a justificativa da autoproteção da pessoa com deficiência.

Ademais, cabe tecer algumas diferenças entre capacidade absoluta e capacidade relativa: A capacidade absoluta significa: o alcance de todo e qualquer ato jurídico, a representação legal e a nulidade de pleno direito por sentença declaratória com eficácia *ex tunc* (retroativa). Já a capacidade relativa diz respeito: inaptidão atual para a prática de atos patrimoniais por presentação, admitida à assistência do curador ou do auxílio e instituto da tomada de decisão apoiada, ambas com prévia autorização judicial, permissão da prática de atos extrapatrimoniais, sob pena de anulabilidade do ato ou negócio jurídico praticado, sentença com eficácia *ex nunc* (a contar da decretação judicial de anulabilidade para frente).

O estudo da reformulação da teoria das incapacidades e da pessoa com deficiência é muito importante porque diz respeito aos direitos privados de personalidade extrapatrimoniais inerentes desses específicos sujeitos de direito, conforme ensina Leonardo Zanini.[5]

---

4. "Por sua vez, o Código atual baseia toda sua teoria da incapacidade, na presença ou não de discernimento, sua redução ou a impossibilidade de externar a vontade, não sendo relevante a causa que originou tal deficiência na vontade, pouco importando se decorrente da pouca idade, doença mental, orgânica, traumatismo por acidente, deficiência mental, ou se de situação transitória ou permanente. O que será determinante para estabelecer a incapacidade e seu grau, como absoluta ou relativa, é: a possibilidade ou não de exprimir vontade. Se não possuir condições de fazê-lo será um absolutamente incapaz; o discernimento. Se não possuir o discernimento necessário, será enquadrado como absolutamente incapaz; se possuí-lo, mas em nível reduzido, será considerado um relativamente incapaz. E, em qualquer caso, repita-se, independentemente da causa que originou a deficiência". FLORES, Paulo R. M. Thompson. *Direito civil parte geral*: das pessoas, dos bens e dos fatos jurídicos. 2. ed. Brasília, DF: Gazeta Jurídica, 2017, p. 301 e 302.
5. "Parece-nos, entretanto, que apesar da possibilidade de realização de negócio jurídico patrimonial com bens da personalidade, não se pode estipular propriamente um preço para as faculdades humanas. Tais manifestações patrimoniais, em realidade, não passam de aspectos secundários diante da estrutura dos direitos da personalidade, que não possuem um conteúdo patrimonial direto e ainda não deixam de ter sempre em vista o interesse da própria pessoa, a sua dignidade". ZANINI, Leonardo Estevam de Assis. *Direitos da personalidade*: aspectos essenciais. São Paulo: Saraiva, 2011, p. 180 (Coleção professor Agostinho Alvim. Coord.: Renan Lotufo).

De qualquer forma, aplica-se plenamente à capacidade civil o princípio da ampla autonomia e liberdade privada, podendo os incapazes, a depender da natureza extrapatrimonial do ato jurídico, livremente manifestar vontade (plano da existência da escada ponteana). Portanto, se em princípio, podem conscientemente exteriorizar vontade capaz de encher os atos e negócios jurídicos extrapatrimoniais, muitas vezes com repercussão patrimonial indireta, deveriam também poder praticar atos diretamente patrimoniais mais protetivos como a estipulação do regime da separação convencional de bens por pacto antenupcial.

O reconhecimento de filho gera o dever de alimentos e o direito à herança ao descendente e àquele que reconhece e no casamento a lei escolhe o regime subsidiário da comunhão parcial de bens e modifica a partilha da herança, e se houver necessidade de suprimento judicial, causas suspensivas ou a pessoa com deficiência for maior de 70 (setenta) anos o regime legal será o da separação obrigatória de bens, porém, atualmente, a pessoa com deficiência não pode realizar por si pacto antenupcial porque é ato patrimonial e depende de representação por curador, não pode sequer para restringir o regime de bens ou afastar a súmula 377, do Supremo Tribunal Federal, se o casamento for submetido, nos casos do artigo 1.641, do Código Civil, ao regime da separação obrigatória de bens, o que é uma incoerência no sistema de incapacidades.

Assim, se nos atos extrapatrimoniais com repercussões indiretas patrimoniais a pessoa com deficiência pode praticar por si, por que não poderia a pessoa com deficiência conscientemente praticar um ato puramente patrimonial, em especial quando é mais protetivo ao seu patrimônio?!

Nesse particular alinha-se ao pensamento de Letícia Gontijo em coautoria com Tereza Mafra[6] e Camilo Pomim,[7] com alguns avanços maiores quanto a

---

6. "Portanto, a pessoa com deficiência pode celebrar pacto antenupcial, já que, com o advento do EPD, não é mais absolutamente incapaz, tampouco se enquadra nas hipóteses de imposição do regime da separação obrigatória. Ressalte-se que o pacto antenupcial deverá ser realizado com a assistência do curador, porque a curatela se restringe aos atos de natureza patrimonial e o pacto é um contrato dessa natureza. Ademais, é dever do curador zelar pela proteção dos direitos patrimoniais do curatelado, ainda que não possa interferir na decisão relacionada à celebração do casamento. (...) c) há grave falha no EPD ao não trazer previsão sobre os atos de natureza existencial que refletem diretamente em questões patrimoniais da pessoa com deficiência". GONTIJO, Letícia Fabel; MAFRA, Tereza Cristina Monteiro. *O estatuto da pessoa com deficiência*: aspectos gerais sobre casamento e os regimes de bens. 2. ed. Belo Horizonte: D'Plácido, 2018, p. 231 e 235.

7. "A natureza dos direitos da personalidade faz com que ele prevaleça sobre os direitos humanos e fundamentais, já que estes carecem de um Estado para reconhecê-los. Já os direitos da personalidade não: neste contexto o Estado teria apenas a função de efetivá-los, já que atribuídos ao homem, mesmo antes de sua formação. A pessoa humana, senão considerada em sua individualidade, poderá acarretar prejuízos à sua dignidade. Isto porque a ideia de coletividade, sociedade é a expressão do desejo artificial dos indivíduos que, além de poder ser direcionadas conforme os interesses do grupo que lidera, se pauta pela regra da maioria, possuindo também o caráter temporal. (...). Assim, se o direito

maior liberdade e autonomia privada (sem necessidade de curador quando mais restritivo o regime de bens), ponto inédito também no direito civil objeto de estudo pioneiro através dessa pesquisa.

Limitar a vontade plena natureza do negócio e definir a teoria das invalidades com base no objeto de direito ao invés da análise do sujeito de direito é retroagir[8] ao individualismo e patrimonialização do direito civil.

Assim, o artigo 104, inciso I, do Código Civil, aduz que é requisito de validade do negócio jurídico agente capaz. Nada diz a respeito da natureza existencial ou não (patrimonial) do objeto, devendo este último ser apenas lícito, possível, determinado ou determinável (artigo 104, inciso II, do Código Civil) e a forma deve ser a prescrita ou não proibida por lei (artigo 104, inciso III, do Código Civil).

Antes do Estatuto da Pessoa com Deficiência o Código Civil estipulava que eram absolutamente incapazes de exercer pessoalmente os atos da vida civil: os menores de dezesseis anos, os que, por enfermidade ou deficiência mental, não tiverem o necessário discernimento para a prática desses atos, os que, mesmo por causa transitória, não puderem exprimir sua vontade.

Ainda antes do Estatuto da Pessoa com Deficiência, pelo Código Civil, eram relativamente incapazes a certos atos, ou à maneira de os exercer: os maiores de dezesseis e menores de dezoito anos, os ébrios habituais, os viciados em tóxicos, e os que, por deficiência mental, tenham o discernimento reduzido, os excepcionais, sem desenvolvimento mental completo e os pródigos.

Após o Estatuto da Pessoa com Deficiência passaram a ser absolutamente incapazes de exercer pessoalmente os atos da vida civil apenas os menores de 16 (dezesseis) anos[9] e relativamente a certos atos, ou à maneira de os exercer: os

---

do indivíduo depender exclusivamente de norma jurídica, reconhecimento estatal para ser alcançado, é possível que exista comprometimento na formação e exercício de sua personalidade". POMIM, Andryelle Vanessa Camilo; COSTA, Camile Bandeira Herequim. Da prevalência do indivíduo sobre a coletividade: uma análise sob a perspectiva dos direitos da personalidade. In: MORAES, Carlos Alexandre; POMIM, Andryelle Vanessa Camilo. (Coord.). *Estudos interdisciplinares sobre direitos fundamentais e da personalidade*. Maringá: Clichetec, 2014, v. 1, p. 37 e 38.

8. "O que a lei não pode fazer é retroagir para prejudicar, para alterar uma situação do passado em prejuízo da sociedade como um todo. Nesse sentido, o princípio da *vedação ao retrocesso*, segundo o qual se uma lei, ao concretizar algum princípio constitucional, instituir um determinado direito, ele não pode ser suprimido por lei posterior, parece-nos ser a mais apropriada restrição a ser aposta à retroatividade". DELGADO, Mário Luiz. *Novo direito intertemporal brasileiro*. Da retroatividade das leis civis. Problemas de Direito Intertemporal no Código Civil – Doutrina e Jurisprudência. 2 ed. rev. e ampl. São Paulo: Saraiva, 2014, p. 430.

9. "De acordo com a terceira turma do Superior Tribunal de Justiça – STJ, em 27.04.2021, no REsp. 1.927.423/SP é inadmissível a declaração judicial de incapacidade absoluta às pessoas com enfermidade ou deficiência mental: Recurso especial. Família. Curatela. Idoso. Incapacidade total e permanente para exercer pessoalmente os atos da vida civil. Perícia judicial conclusiva. Decretada a incapacidade absoluta. Impossibilidade. Reforma legislativa. Estatuto da Pessoa com Deficiência. Incapacidade

maiores de dezesseis e menores de dezoito anos, os ébrios habituais e os viciados em tóxico, aqueles que, por causa transitória ou permanente, não puderem exprimir sua vontade e os pródigos.

Na obra coordenada por Milena Donato e Gustavo Tepedino sobre Teoria Geral do Direito Civil: questões controvertidas, no artigo intitulado: Curatela: da estrutura formal binária à construção funcional da autonomia e da dignidade, escrito por Micaela Barros Barcelos Fernandes e Marcos Alberto Rocha Gonçalves,[10] existem quatro fases da evolução da incapacidade:

1ª etapa – Exclusão → Preconceito, desconhecimento, extrema religiosidade e pecado;

2ª etapa – Segregação → Caridade, assistencialismo e isolamento social;

3ª etapa – Integração → Biologização das deficiências, limitando-se à mudanças físicas como calçadas, acesso à pavimentos, adaptação de banheiros. Nesse sentido, Recurso Especial 1.563.459 de Agosto de 2017 – Acessibilidade: "cabível a ação civil pública que objetiva obrigação de fazer a fim de garantir acessibilidade nos prédios públicos ou privados às pessoas com deficiência", Recurso Especial 1.684.229 – Superior Tribunal de Justiça – STJ entendeu que os candidatos portadores de surdez unilateral não podem concorrer às vagas destinadas às pessoa com deficiência auditivas e Recurso Especial 1.607.865 em que ficou definido que pode ser enquadrado como pessoa com deficiência física o portador de visão monocular que, nesse caso específico, possuía estrabismo, com visão normal no olho direito e baixa visão no olho esquerdo;

---

absoluta restrita aos menores de 16 (dezesseis) anos, nos termos dos arts. 3º e 4º do Código Civil. Recurso especial provido. 1. A questão discutida no presente feito consiste em definir se, à luz das alterações promovidas pela Lei n. 13.146/2015, quanto ao regime das incapacidades reguladas pelos arts. 3º e 4º do Código Civil, é possível declarar como absolutamente incapaz adulto que, em razão de enfermidade permanente, encontra-se inapto para gerir sua pessoa e administrar seus bens de modo voluntário e consciente. 2. A Lei 13.146/2015, que instituiu o Estatuto da Pessoa com Deficiência, tem por objetivo assegurar e promover a inclusão social das pessoas com deficiência física ou psíquica e garantir o exercício de sua capacidade em igualdade de condições com as demais pessoas. 3. A partir da entrada em vigor da referida lei, a incapacidade absoluta para exercer pessoalmente os atos da vida civil se restringe aos menores de 16 (dezesseis) anos, ou seja, o critério passou a ser apenas etário, tendo sido eliminadas as hipóteses de deficiência mental ou intelectual anteriormente previstas no Código Civil. 4. Sob essa perspectiva, o art. 84, § 3º, da Lei n. 13.146/2015 estabelece que o instituto da curatela pode ser excepcionalmente aplicado às pessoas portadoras de deficiência, ainda que agora sejam consideradas relativamente capazes, devendo, contudo, ser proporcional às necessidades e às circunstâncias de cada caso concreto. 5. Recurso especial provido".

10. FERNANDES, Micaela Barros Barcelos; GONÇALVES, Marcos Alberto Rocha. In: TEPEDINO, Gustavo; OLIVA, Milena Donato (Coord.). *Teoria Geral do Direito Civil*: questões controvertidas. Da estrutura formal binária à construção funcional da autonomia e da dignidade. Belo Horizonte: Fórum, 2019, p. 39-63.

4ª etapa – Inclusão → mais abrangente que pressupõe a diversidade, reconhece uma sociedade plural, sem tentar normalizar ninguém, reconhecendo a diferença de todos. Há interferência mínima. Ocorre ausência de prejuízo à plena capacidade civil. Após o estatuto há enfoque funcional, excluindo a deficiência do rol de incapacidades.

O modelo abstrato de incapacidade se opõe e sobrepõe sobre o modelo concreto, a "proteção" era excludente. O Código Civil de 2002 reproduziu o Código Civil de 1916 e até o advento do Estatuto da Pessoa com Deficiência havia a perpetuação por quase um século o sistema de incapacidades. Antes era a lógica do "pode ou não pode". Segundo Anderson Schreiber e Ana Nevares,[11] a incapacidade era geral e abstrata. A relativização e proporcionalidade são recentes e com início após a vigência do Estatuto da Pessoa com Deficiência.

Até no momento da liberação plena do incapaz o legislador se preocupou mais com o patrimônio do que com seus direitos existenciais, tanto que liberou estes últimos e não o fez expressamente com o patrimônio do incapaz, mesmo para depois de sua morte.

Já defendi em outro estudo sobre o assunto a possibilidade da pessoa com deficiência capaz poder dispor de seus bens para depois de sua morte por testamento público indo além do dito por Cristiano Farias e Rogério Sanches Cunha, porque quem pode reconhecer filho em testamento também poderia realizar disposição patrimonial de sua parte disponível ou melhor especificar e individualizar a partilha dos bens da legítima.[12]

A representação legal atual do incapaz está baseada na ideia de cooperação, facilitação e proporcionalidade. A incapacidade deve ser temporária, quando

---

11. SCHREIBER, Anderson; NEVARES, Ana Luiza Maia. Do sujeito à pessoa: uma análise da incapacidade civil. In: TEPEDINO, Gustavo; TEIXEIRA, Ana Carolina brochado; ALMEIDA, Vitor. (Coord.). *O direito civil entre o sujeito e a pessoa*: Estudos em homenagem ao professor Stefano Rodotá. Belo Horizonte: Fórum, 2016, p. 39-55.
12. Lavratura de registros públicos de interesse de pessoas com deficiência, inclusive declaração de paternidade/maternidade e testamento – Desatrelas, em definitivo e para sempre, as definições de *deficiência e incapacidade jurídica*, não mais se pode considerar incapaz uma pessoa pelo simples fato de ser deficiente – física, mental ou intelectualmente. Com isso, a pessoa com deficiência é *plenamente capaz*, salvo se não puder exprimir a sua vontade. Nessa específica hipótese, pode ser enquadrada como *relativamente incapaz*, como reza o inciso III do art. 4º do Estatuto Civil. Não tendo sido curatelada por decisão judicial, em ação de curatela, a pessoa com deficiência é capaz na sua integralidade e, via de consequência, *pode comparecer ao cartório para a prática de atos notariais*. Poderá, assim, declarar a sua vontade para fins de lavratura de atos de reconhecimento de filhos ou de manifestações de última vontade (testamento ou codicilo)'". FARIAS, Cristiano; CUNHA, Rogério Sanches; PINTO, Ronaldo Batista. *Estatuto da Pessoa com Deficiência Comentado artigo por artigo*. 2. rev., ampl. e atual. Salvador: JusPodivm, 2016, p. 239-240.

possível, e adequada como forma de maior inclusão de pessoas e prestígio de sua autonomia.

Pelo prisma civil-constitucional, normas protetivas voltadas ao idoso, à criança e ao adolescente, ao consumidor e ao incapaz nada mais são do que reconhecer a vulnerabilidade fática de determinados sujeitos de direito que merecem um tratamento desigual para melhor exteriorizar suas vontades e não para não poderem realizar nenhum ato patrimonial por si, dependendo sempre de representação.

Não permitir que a pessoa com deficiência capaz possa dispor de seus bens, inclusive em testamento, limitando-se apenas aos atos imateriais, poderia não proteger essas pessoas quanto a terceiro interessados de atos extrapatrimoniais disfarçados de intuito patrimonial de quem se aproxima de um indivíduo já vulnerável. É a avaliação da cognição e não do conteúdo que merece prevalecer.

Em suma, somente se a pessoa com deficiência não puder exprimir vontade será considerada relativamente incapaz quando será nomeado curador em processo judicial, medida esta que o sistema jurídico tutela como excepcional.

Incapacidade absoluta significa não manifestar vontade nenhuma. E não se deve vislumbrar apenas pela deficiência por si só, mas sobretudo após o advento do Estatuto da Pessoa com Deficiência, observar um novo olhar quanto a pessoa com aquela deficiência, mas que consegue manifestar vontade. Atos extrapatrimoniais serão presentados (casamento) e atos patrimoniais e negociais dependerão de representação por curador (pacto antenupcial), interdição, repita-se, restrita a esse âmbito.

A publicidade perante terceiros e com efeito *erga omnes*, ocorre com o registro no livro "E" da sede da Comarca do domicílio do interditado, com posterior anotação no assento de nascimento ou de casamento do mesmo. Essa publicidade é necessária e não é proibida ou estigmatizante porque almeja gerar segurança jurídica ao terceiro contratante com a pessoa com deficiência, razão pela qual seria até recomendável a solicitação de uma certidão de nascimento ou casamento atualizada para saber sobre a capacidade civil daquele com quem se contrata. Deve haver maior liberdade nos pactos antenupciais com base na autonomia privada sob a ótica contratual patrimonial.

2.2 DA INDIVISIBILIDADE DO REGIME DE BENS

Diante da isonomia constitucional entre os cônjuges, sejam eles homoafetivos ou heteroafetivos (ADI 4.277 e ADPF 132), a estipulação de regime de bens é única e simultânea para o casal.

Ou seja, não poderá um cônjuge/companheiro ser submetido a determinado regime de bens e simultaneamente o outro cônjuge/companheiro ser submetido, ao mesmo tempo, a outro regime de bens. Caso as partes possuam o desejo de modificar o seu regime de bens essa modificação deverá ser consensual e para os dois.

No caso do casamento o Código Civil e o Código de Processo Civil de 2015 estipulam o procedimento de mudança do regime de bens. Já na situação da união estável nenhum dos dois códigos jurídicos regula o procedimento.

Porém devido à aproximação entre os dois institutos como entidades familiares e qualidade de herdeiro necessário entre cônjuge e companheiro (Recurso Extraordinário 878.694 – STF), entende-se que seria prudente esse mesmo procedimento de mudança do regime de bens como forma acautelatória de evitar eventual invalidação até porque na dissolução de união estável o Código de Processo Civil de 2015 determina a presença de advogado e a tendência jurisprudencial é de exigibilidade de autorização judicial devido ao estreitamento entre os institutos da união estável e do casamento.

Logo, é ilícito fracionar o regime de bens vigorante para que perante um cônjuge ou companheiro(a) haja a incidência de determinada regra de regime de bens e para o outro cônjuge ou companheiro(a) ocorra a vigência de outra específica situação patrimonial.

Portanto, o princípio da indivisibilidade do regime de bens significa que no mesmo casamento não pode vigorar dois regimes de bens, ou seja, comunhão parcial para um dos cônjuges ou companheiro e para o outro a separação convencional de bens ou comunhão universal, o que violaria a igualdade material e desarmonização do instituto família como unidade.

Outrossim, não é possível fragmentar a relação patrimonial da família ao tempo da vigência do casamento ou união estável (do que é ou não da família, mas apenas do que é particular ou em meação sendo ambos enquadrados no conceito de família com exigibilidade de anuência e afetação dos bens da família, por exemplo, nos termos do artigo 1.643 do Código Civil e seus incisos, nas despesas de subsistência do casal independentemente do regime de bens e da autorização do outro, em especial nos casos de compra, ainda que a crédito, de coisas necessárias à economia doméstica e a obtenção, por empréstimo, de quantias que a aquisição das coisas domésticas possa exigir), o que geraria verdadeira confusão patrimonial ou incerteza de início dos efeitos perante si e terceiros, o que o legislador buscou evitar.

A estipulação temporal do início do regime de bens até determinado termo (data – evento futuro e certo) ou condição (evento futuro e incerto) pelas partes também é vedada, como, por exemplo, vigorará o regime da comunhão parcial até 5 (cinco) anos de casado e depois incidirá comunhão universal, ou vigorará o regime da separação convencional de bens até o nascimento do primeiro filho e após esse fato vigorará o regime da participação final nos aquestos. O sistema não permite condição ou termo nos regime de bens porque o Código Civil e Código de Processo Civil preveem rito rigoroso para modificação.

Aliás, o artigo 1.639, § 2º, do Código Civil, prevê que a alteração do regime de bens no decorrer do casamento só é admissível mediante autorização judicial em pedido motivado de ambos os cônjuges, apurada a procedência das razões invocadas e ressalvados os direitos de terceiros. Além disso, necessita de publicação de edital e oitiva do Ministério Público, nos termos do artigo 734, do Código de Processo Civil, o que será visto adiante.

2.3 DA MUTABILIDADE JUSTIFICADA DO REGIME DE BENS

Inicialmente, de acordo com o Código Civil de 1916 era irrevogável e imutável o regime de bens do casamento, não podendo ser alterado sequer por decisão judicial por vedação legal. Atualmente, é permitida e admissível a alteração do regime de bens, conforme artigo 1.639, §2º, do Código Civil, desde que justificada e com autorização judicial, obedecidos alguns requisitos legais.

Uma escritura pública só pode ser alterada por outra escritura pública, com ou sem prévia autorização judicial (alvará judicial), seja de forma direta ou indireta. São os seguintes os requisitos para que essa alteração ocorra: haverá necessidade de alvará judicial mediante apuração da procedência das razões invocadas, pedido motivado por ambos os cônjuges (consensualidade) e ressalvado direito de terceiros.

Vale atentar e reforçar que não é o alvará judicial que altera o regime de bens, mas a escritura pública lavrada pelo Tabelião (obedecida a forma pública obrigatória prevista em lei, pois quem pode praticar o ato pode alterá-lo), realizada após a autorização judicial baseada no(s) motivo(s) alegado(s) e comprovado(s) consensualmente por ambos os cônjuges, assegurado o direito de terceiros.

O magistrado irá analisar a boa-fé objetiva das partes, e nos termos do artigo 734 do Código de Processo Civil, irá realizar publicação de editais, bem como, fará a oitiva e permitirá a intervenção do Ministério Público.

Dessa forma, o procedimento determinado pelo Código de Processo Civil será o seguinte: Mediante representação de advogado, a alteração do regime de bens do casamento, observados os requisitos legais, poderá ser requerida, motivadamente, em petição assinada por ambos os cônjuges, na qual serão expostas as razões que justificam a alteração, ressalvados os direitos de terceiros.

O juiz ao receber a petição inicial, determinará a intimação do Ministério Público e a publicação de edital que divulgue a pretendida alteração de bens, somente podendo decidir depois de decorrido o prazo de 30 (trinta) dias da publicação do edital.

Os cônjuges, na petição inicial ou em petição avulsa, podem propor ao juiz meio alternativo de divulgação da alteração do regime de bens, a fim de resguardar direitos de terceiros.

Após o trânsito em julgado da sentença, serão expedidos mandados de averbação aos cartórios de registro civil e de imóveis e, caso qualquer dos cônjuges seja empresário, ao Registro Público de Empresas Mercantis e Atividades Afins ou registro civil de pessoas jurídicas no caso de sociedades simples, por exemplo.

Portanto, é permitida e admissível a alteração do regime de bens, conforme artigo 1.639, § 2º, do Código Civil, ou seja, prevalece o princípio a mutabilidade justificada do regime de bens.

Para que essa alteração ocorra, haverá necessidade de lavratura de escritura pública feita mediante prévio alvará judicial que terá apurada a procedência das razões invocadas, pedido motivado por ambos os cônjuges (consensualidade) e ressalvado direito de terceiros.

Cabe acrescentar ainda que mesmo sem a oitiva do Ministério Público a nulidade só pode ser decretada após a intimação do Ministério Público, que se manifestará sobre a existência ou a inexistência de prejuízo (artigo 279, § 2º, do CPC), o que foi uma novidade no código processualista de 2015.

A inovação dessa pesquisa visa incentivar o princípio da mutabilidade injustificada (sem necessidade de advogado, de oitiva judicial ou do Ministério Público, pois no pacto antenupcial não se exige).

Assim, faz-se necessária a autorização e possibilidade de alteração do regime de bens por nova escritura pública, conforme projeto de Lei de Desburocratização – Projeto de Lei 69/2016, que delega essa atribuição para as serventias extrajudiciais (cartórios), uma vez que da forma como consta no ordenamento jurídico vigente, ou seja, já se permite extrajudicial e imotivadamente o divórcio e também sem necessidade de fundamentação a dissolução de união estável seguido de posterior casamento ou nova constituição de união estável, existe mais malefício do que benefício em vedar a liberdade individual dos cônjuges ou companheiros que alterem seu regime de bens no decorrer do relacionamento.

Realizar esse ato de ruptura e nova constituição familiar é juridicamente possível, porém com conduta moral e religiosa questionável, além de aparentar indício de má-fé do casal o que não ocorreria se fosse abertamente permitida a alteração mencionada, ressalvados os direitos de terceiros como já ocorre no divórcio e na dissolução de união estável em cartório.

O tema merece ser resolvido com base nos axiomas constitucionais da dignidade da pessoa humana, solidariedade e intervenção mínima do Estado no meio familiar. Com a tendência de maior delegação de atos aos cartórios extrajudiciais por conta de sua tamanha eficiência e celeridade a tendência é de que surja esse princípio da mutabilidade injustificada do regime de bens.

2.4 VARIEDADE DO REGIME DE BENS

A Constituição Federal de 1988 (mil novecentos e oitenta e oito) prevê o planejamento familiar como de livre decisão do casal (artigo 226, § 7º, da CF), vedada qualquer forma coercitiva por parte de instituições oficiais ou privadas.

Essa liberdade plena no planejamento familiar, contudo, é mitigada por regras protetivas para determinadas pessoas específicas e através de procedimentos protetivos a terceiros de boa-fé.

Existem 4 (quarto) regimes de bens típicos previstos pelo Código Civil: comunhão parcial de bens, comunhão universal de bens, separação de bens (que se subdivide em convencional ou obrigatória) e participação final nos aquestos.

Como visto, de acordo com a autonomia privada, é possível e admitido ao casal a escolha o regime de bens que lhes aprouver, seja mesclando os 4 (quatro) regime de bens (desde que não cause confusão patrimonial), inclusive híbrido, misto ou atípico, mas mesmo que o casal não escolha sempre haverá algum regime de bens imposto por lei.

Como já dito, o início do regime de bens ocorre na data da celebração do casamento. No caso da união estável na data estipulada pelas partes (se não violar direito de terceiro como a estipulação do regime da separação de bens com data contratual retroativa para fraudar a execução ou a credores) ou as partes podem estipular a data da celebração do contrato, pois por conta da informalidade muitas vezes é dificultoso para o casal saber a data inicial exata de início da comunicabilidade ou incomunicabilidade dos seus bens.

No silêncio das partes, tanto no casamento como na união estável, como regra, aplica-se o regime da comunhão parcial de bens, salvo se não for o caso de aplicação do artigo 1.641, do Código Civil.

O artigo 1.641, do Código Civil dispõe sobre o regime da separação obrigatória de bens. É imperativa a aplicação do regime da separação obrigatória de bens no casamento/união estável nos casos de: I – pessoas que o contraírem com inobservância das causas[13] suspensivas[14] da celebração do casamento; II – pessoa maior de 70 (setenta) anos; III – todos os que dependerem, para casar, de suprimento judicial.

Assim, existem vários regimes de bens à disposição das partes, permitida a escolha na maioria dos casos, mas restringida em alguns como forma protetiva do ambiente familiar.

Conforme Enunciado número 261 (duzentos e sessenta e um) da III (Terceira) Jornada de Direito Civil do Conselho da Justiça Federal – CJF, ficou pacificado o entendimento de que se precedido de união estável antes dos 70 (setenta anos), o casamento da pessoa maior de 70 (setenta anos) ocorrido após completar essa idade não se submete ao regime da separação obrigatória de bens. Esse entendimento merece ser, igualmente, aplicado no caso de pedido de conversão da união estável em casamento.

Ademais, quanto ao inciso II (dois), do artigo 1.641, do Código Civil ocorre grande polêmica, ainda sem decisão do STF, quanto a constitucionalidade da pessoa maior de 70 (setenta) anos uma vez que a senilidade (envelhecimento) por si só como fator de obrigatoriedade de regime de bens, se é ou não discriminatório e violador da liberdade e dignidade da pessoa humana.

Dessa forma, é permitida a criação de regras específicas para o regime de bens do casal, desde que não violem regras de ordem pública, direitos humanos e direitos indisponíveis.

Ou seja, seria ilegal e nulo um regime de bens manifestamente desproporcional em que se aplicaria o regime da separação convencional de bens a um cônjuge ou companheiro de modo a lhe competir a responsabilidade por todos

---

13. "Se os impedimentos determinam a nulidade do casamento, as causas suspensivas, por não violarem a ordem pública, mas interesses predominantemente privados, quando não observadas, acarretam uma sanção patrimonial aos nubentes, qual seja, a imposição do regime da separação de bens, permanecendo válido o casamento". CAMARGO NETO, Mario de Carvalho; OLIVEIRA, Marcelo Salaroli de. *Registro Civil das Pessoas Naturais*: habilitação e registro de casamento, registro de óbito e livro "E". São Paulo: Saraiva, 2014. v. 2 (Coleção Cartórios / Coord. Christiano Cassettari), p. 27.
14. São causas suspensivas do artigo 1.523 do Código Civil: Não devem casar: I – o viúvo ou a viúva que tiver filho do cônjuge falecido, enquanto não fizer inventário dos bens do casal e der partilha aos herdeiros; II – a viúva, ou a mulher cujo casamento se desfez por ser nulo ou ter sido anulado, até dez meses depois do começo da viuvez, ou da dissolução da sociedade conjugal; III – o divorciado, enquanto não houver sido homologada ou decidida a partilha dos bens do casal; IV – o tutor ou o curador e os seus descendentes, ascendentes, irmãos, cunhados ou sobrinhos, com a pessoa tutelada ou curatelada, enquanto não cessar a tutela ou curatela, e não estiverem saldadas as respectivas contas. Parágrafo único. É permitido aos nubentes solicitar ao juiz que não lhes sejam aplicadas as causas suspensivas previstas nos incisos I, III e IV deste artigo, provando-se a inexistência de prejuízo, respectivamente, para o herdeiro, para o ex-cônjuge e para a pessoa tutelada ou curatelada; no caso do inciso II, a nubente deverá provar nascimento de filho, ou inexistência de gravidez, na fluência do prazo.

os débitos e ao outro cônjuge as benesses de todos os bens ou créditos; nula a renúncia da qualidade de herdeiro necessário; atualmente nula a renúncia de herança (tema que será visto adiante); nula a permissão de infidelidade de apenas um dos consortes; nula a renúncia de mútua assistência; nula a renúncia de sustento, guarda e educação dos filhos; nula a renúncia de respeito, consideração e violência física e verbal; permitida a renúncia de outorga conjugal por ser tema privado (assunto polêmico que será visto adiante), entre outros casos que a boa-fé e proteção familiar seja abandonada por um dos cônjuges.

É válido e permitido, por sua vez, convencionar a comunicação de bens imóveis e a separação de dinheiro/bens móveis ou vice-versa, ou que quem pagará as despesas da casa, educação e saúde é determinado cônjuge e quem irá pagar o cartão de crédito do casal será o outro, dentre as mais variadas e proporcionais formas a serem pactuadas livremente pelo casal.

3
PRINCÍPIOS NOTARIAIS E REGISTRAIS RELACIONADOS AO REGIME DE BENS

3.1 DA CONSERVAÇÃO

O princípio notarial e registral da conservação significa que todos os atos protocolares (atos que ficam no cartório) praticados nas serventias extrajudiciais ficam conservados em cartório.

Caracteriza-se como ato protocolar todo aquele que fica "registrado" no livro do cartório, a exemplo do pacto antenupcial, reconhecimento de firma por autenticidade, procurações públicas, escrituras declaratórias, renúncia de herança, inventário, divórcio, separação, escrituras em geral com ou sem valor econômico, testamentos públicos e atas notariais.

Através de um arquivamento perene ou eterno, ou seja, por prazo indeterminado, salvo lei ou ato normativo em sentido contrário que permita com ou sem digitalização o descarte, tanto físico como digital (*backup* em nuvem, conforme provimento 74 do Conselho Nacional de Justiça – CNJ), as serventias extrajudiciais mantêm enorme cuidado com o acervo público que tem ou venha a produzir, administrado pessoalmente pelo delegatário da atividade notarial e registral, e sob a responsabilidade civil, administrativa e criminal do notário ou registrador.

Nos termos do artigo 305 do Código Penal, é considerado crime de supressão de documento a destruição, supressão ou ocultação, daquele que pratica em benefício próprio ou de outrem, ou em prejuízo alheio, ato em documento público ou particular verdadeiro, de que não podia dispor. A pena é de reclusão, de dois a seis anos, e multa, se o documento é público, e de reclusão, de um a cinco anos, e multa, se o documento é particular.

Não à toa o legislador elegeu os cartórios para a prática de pactos antenupciais através de documento público. No momento de eventual inventário, anulação ou nulidade de casamento, divórcio ou separação, à semelhança do testamento, existe grande probabilidade de questionamento da legalidade, orientação e existência do ato. Por conta da conservação desse tão importante documento público para a vida patrimonial da família o direito confiou aos cartórios esse armazenamento, orientação e captação de vontade.

Aliás, como dito, o cuidado é tamanho que mesmo perícias judiciais devem ocorrer na própria sede do serviço, em dia e hora adrede designados, com ciência do titular do cartório e autorização do juízo competente. Os livros não saem do cartório, salvo para colheita de assinatura, em diligência, no momento da lavratura do ato, desde que dentro do município para o qual o tabelião recebeu a delegação.

É por conta desse respaldo legislativo com baixa probabilidade de nulidade ou anulabilidade que existe grande credibilidade dos cartórios para a prática desse ato solene. O número de falsificações e fraudes tende a diminuir quando os atos são armazenados por um profissional imparcial capacitado e com fé pública.

Logo, a forma pública é prevista pelo legislador não por burocracia, mas pela necessidade de que um profissional do direito especialista e, principalmente, com imparcialidade (artigo 37, *caput*, da CF) possa elaborar esse documento de caráter paritário sem favorecimento de qualquer das partes, com equilíbrio dos interesses das partes, prudência e acautelamento em prol de ambos, diferentemente do advogado que é parcial a favor de seu cliente.

Outro ponto importante é que independentemente do montante do patrimônio, no Estado de São Paulo, a escritura pública de pacto antenupcial possui valor fixo na tabela de emolumentos de uma escritura sem valor declarado, o que gera maior acessibilidade pela população.

Ademais, a desnecessidade de testemunha para que seja considerado título apto a registro é outra vantagem: primeiro porque não é necessário que mais pessoas venham a saber qual será o regime patrimonial do casal e segundo porque por ser ato solene e público praticado por profissional do direito que tem fé pública tem presunção relativa de veracidade, legitimidade, ficando invertido o ônus da prova para terceiro ou para qualquer das partes que queira questionar a legalidade e autenticidade do ato, diferentemente de um documento particular que não goza de qualquer presunção legal de conteúdo e fato em seu favor daquele que assim o elabora, podendo ser perdido, rasgado ou inutilizado por uma das partes sem possibilidade de uma segunda via.

Acerca da força probante dos documentos o artigo 405, do Código de Processo Civil de 2015, dispõe: "O documento público faz prova não só da sua formação, mas também dos fatos que o escrivão, o chefe de secretaria, o tabelião ou o servidor declarar que ocorreram em sua presença".

Dessa forma, o fato jurídico em sentido lato, seja ele qual for, fica provado quando o documento é produzido pelo Tabelião de notas, diferentemente do documento particular em que de acordo com o artigo 408, do Código de Processo

Civil de 2015, as declarações constantes do documento particular escrito e assinado ou somente assinado presumem-se verdadeiras em relação ao signatário e, em seu parágrafo único, aduz ainda que quando, todavia, contiver declaração de ciência de determinado fato, o documento particular prova a ciência, mas não o fato em si, incumbindo o ônus de prová-lo ao interessado em sua veracidade.

Ou seja, o documento público conservado em cartório prova o fato jurídico e o documento particular prova a ciência de determinado documento. Essa aparente e sútil diferença muda completamente a força probatória do fato, pois o documento público tem um valor probatório muito maior do que o documento particular.

Cabe tecer considerações ainda que um pacto antenupcial feito em cartório jamais deixará de existir. Pode, talvez, ser até modificado, mas não apagado ou subtraído do acervo público.

Rasgar uma certidão de pacto antenupcial não inutiliza ou revoga o regime, pois em cartório bastará ser solicitada uma segunda via da certidão do pacto, independentemente de motivo, nos termos do artigo 17, da Lei 6.015/73.

Já o documento particular é acessado apenas pelas próprias partes e não publicamente por terceiros eventualmente lesados, ou quem este desejar ter acesso e bastará ser rasgado, queimado ou inutilizado de qualquer forma para que se perca facilmente aquele meio de prova. A conservação, portanto, é reconhecidamente mais segura, certa e acessível não só pelas partes, mas também por terceiros credores.

É de todo prudente que haja uma menção recíproca caso ocorra alteração do pacto antes da celebração do casamento, o que gera maior segurança jurídica entre as próprias partes e principalmente perante terceiros credores que precisarem executar judicialmente bens do devedor.

3.2 DA SEGURANÇA JURÍDICA

A segurança jurídica notarial e registral significa a certeza da fé pública na prática dos atos por esses profissionais do direito. A segurança jurídica tem forte relação com a proteção da confiança que é o valor por trás desse princípio. A segurança jurídica se subdivide em estática e dinâmica, com eficácia direta e indireta.

A segurança jurídica estática é aquela em que existe a proteção do titular do direito, já a segurança jurídica dinâmica é proteção de terceiros adquirentes de boa-fé, na força e na aparência dos documentos públicos, na circulação econômica e na certeza daquele com quem se contrata confiando na publicidade da fé pública notarial e registral.

A segurança jurídica direta é aquela em que se pratica ou se deixa de praticar um ato amparado diretamente nesse princípio e segurança jurídica indireta é aquela em que esse princípio se apoia indiretamente em outro para fundamentar a prática ou não de um determinado ato.

A utilização indireta desse princípio se torna mais coerente quando somado a outro, pelo grau elevado de abstração que ele possui. Deve ser conjugado, por exemplo, com o axioma da legalidade para que haja maior força jurídica, sob pena de incerteza, falta de confiabilidade, falta de calculabilidade e falta de cognoscibilidade.[1]

A segurança jurídica é o fim que se busca com a solenidade e formalidade do ato. Há reciprocidade do instituto com o nível de cuidado e formalidade do direito pretendido.

O dirigismo estatal na autonomia privada[2] ocorre em prol da segurança jurídica e não eternização de conflitos. Os requisitos legais servem para fortalecer a segurança jurídica e proteger direitos.

Grande parte das interferências civis-constitucionais nas obrigações civis são almejadas para se materializar a igualdade substancial, funcionalizar o contrato, fomentar o solidarismo e valorizar a pessoa humana.[3]

---

1. "No caso do direito brasileiro, conquanto a jurisdição seja inafastável, a instituição de um Registro de Imóveis bem estruturado evidencia, exatamente, uma predileção pela solução *a priori*, que privilegia em maior medida o princípio da segurança jurídica, já que aquela é imprescindível à adequada cognoscibilidade e calculabilidade dos direitos, assim como à confiabilidade dos direitos, tudo de modo a assegurar a segurança jurídica do passado, do presente e do futuro". KERN, Marinho Dembinski; COSTA JÚNIOR, Francisco José de Almeida Prado Ferraz. In: PEDROSO, Alberto Gentil de Almeida (Coord.). *Princípios do registro de imóveis brasileiro*. São Paulo: Thomson Reuters Brasil, 2020, v. II, p. 53. (Coleção Direito Imobiliário)
2. Adiante, rechaçando a intangibilidade do princípio da autonomia da vontade, entendido como tese fundamental do liberalismo jurídico, *Orlando Gomes*, ao tratar das diretrizes da reforma do Direito das Obrigações, demonstrou ser essencial se lhe comutar as normas supletórias por normas imperativas, de modo a se restringir a liberdade contratual, pela adição de dispositivos de ordem pública (...) A intervenção do Estado, assim levada a cabo, fez florescer um tempo novo, no qual os malefícios do liberalismo jurídico foram mitigados pela proteção social que se estendeu ao mais fraco. As formas contratuais nas quais os direitos competiam todos a uma só das partes e obrigações só à outra parte foram repelidas severamente pelo que convencionou chamar de *dirigismo contratual*. Fruto das ideias de *Josserand*, nos anos 30, o dirigismo contratual foi retomado por *Savatier*, duas décadas depois, revelando seus contornos específicos como sendo uma técnica destinada a traduzir melhor a proteção dos interesses do contratante economicamente fraco, restringindo a liberdade contratual do contratante economicamente forte, especialmente no que se refere à discussão do conteúdo do negócio. Trata-se da sujeição da vontade dos contratantes ao interesse público, como se por atuação de um verdadeiro freio que moderasse a liberdade contratual. HIRONAKA, Giselda Maria Fernandes. *Direito Civil: Estudos*. Belo Horizonte: Del Rey, 2000, p. 109.
3. "Aliás, essa igualdade substancial – expressão do solidarismo, como abaixo se verá – é que, justamente, para Goulart Ferreira, dá o tom da função social do contrato e revela, enfim, a ideia da igual *dignidade social*, a cujo atingimento deve voltar-se o ajuste. De idêntico sentir a compreensão de Giselda Maria

Logo, entende-se que quanto mais se fizer atos notariais e registrais que ficarão eternamente conservados nos livros das serventias notariais e registrais, maior será a segurança jurídica.

Facultar aos particulares interessados essa formalização de pactos antenupciais para que haja a transmissão legal de direitos, gera insegurança jurídica estática (instabilidade de direitos) e insegurança jurídica dinâmica (impossibilidade de transmissão segura de direitos) por falta e/ou restrição de acesso.

Com o instrumento particular, haveria maior probabilidade de fraude, vícios de consentimento ou sociais, desconhecimento de direitos daquele que assina sem ler e no cartório de notas o Tabelião ou seus prepostos ao menos leem às partes o documento público em voz alta se a parte não desejar ou não souber ler.

Existe maior facilidade de subtração do documento particular, maior chance de litígios pela posse do documento particular (se único), fragilidade de armazenamento do documento particular em caso de incidentes e dificuldade na busca pelas próprias partes, por credores interessados e o juízo no agir da execução processual, o que não atende ao interesse público.

Haveria a verificação apenas do regime de bens constante na certidão de casamento, mas dificilmente o teor das cláusulas estipuladas no pacto, hoje com facilidade de acesso por qualquer magistrado.

O surgimento de requisitos específicos ou a obrigatoriedade para a lavratura de atos extrajudiciais em cartórios é a maneira do legislador e de autoridades administrativas, tal como, o Conselho Nacional de Justiça – CNJ, buscou gerar o menor nível de questionamentos futuros quanto à nulidades ou anulabilidades ou impugnações de atos ou negócios jurídicos civis, e, ao mesmo tempo, segurança jurídica para o fomento da economia e circulação da riqueza de bens.

A escritura pública é prova plena (artigo 215, do Código Civil), tem presunção relativa de veracidade e inverte o ônus da prova. A escritura pública é feita por profissionais do direito idôneos e com fé pública. A confiança é tamanha que a tendência legislativa é pelo aumento da possibilidade de atos e negócios extra-

---

Fernandes N. Hironaka sobre a própria doutrina da função social, concebida para igualar os sujeitos de direito, para igualar a liberdade de cada qual, garantindo-lhes, como já se viu no item 2.1.1, uma efetiva liberdade social. Ou, na mesma senda, e consoante observa Carlyle Popp, a função social do contrato representa um mecanismo interventivo de diminuição da desigualdade para, com isso, aumentar-se a liberdade real dos contratantes. Na advertência de Ricardo Lorenzetti, a funcionalização pressupõe, com efeito, o entender do direito subjetivo não só como um poder, já que, nele incluídos, há também deveres, dispostos para que o exercício do direito se conforme a uma finalidade social. Ou, de novo, a noção de um poder concebido para satisfação de interesses e objetivos, no caso, sociais". GODOY, Claudio Luiz Bueno de. *Função social do contrato*. 4. ed. São Paulo: Saraiva, 2012, p. 130-131. (coleção Prof. Agostinho Alvim) judiciais, o que tem colaborado muito com a diminuição de processos judiciais e sobrecarga dos órgãos do Poder Judiciário, uma vez que os cartórios fazem parte integrante do Poder Judiciário, dentro da organização do Estado brasileiro, com enorme capilaridade já que os cartórios estão presentes em todos os municípios do Brasil, diferentemente das sedes dos Fóruns que se restringem à Comarca.

3.3 DA PUBLICIDADE

A função notarial e registral tutela tanto o interesse individual das partes quanto o interesse coletivo de modo que os livros, documentos e acervo dos "cartórios" são documentos públicos pertencentes ao Estado, sob administração do particular.

O notário ou registrador possuem apenas o dever legal de cuidado, detenção perante o Estado delegante e posse perante terceiro apta a proteger e ensejar reintegração de posse advinda de uma delegação pública.

Não se pode confundir, contudo, a publicidade do acervo com a publicidade decorrente da prática dos atos praticados no exercício da função e do serviço público exercido em caráter privado.

Quanto à publicidade do acervo o artigo 17, da Lei 6.015/1973 dispõe que qualquer pessoa pode requerer certidão do registro sem a necessidade de informar ao oficial ou ao funcionário o motivo ou interesse do pedido. Essa é a chamada publicidade indireta, plena e o direito à informação que decorre da reprodução em um documento público do conteúdo existente no livro cartorial.

Cabe ressaltar que já quanto à publicidade decorrente da prática dos atos praticados, mesmo no caso de publicidade indireta do acervo, existem exceções de proibição de expedição de certidões (publicidade mitigada e direito à privacidade) como no caso de testamentos realizados com testador vivo, salvo se o requerente da certidão for o próprio testador, procurador com poderes expressos por ele autorizado, representante legal ou ordem judicial.

Segundo as normas de serviço da Corregedoria Geral da Justiça dos cartórios extrajudiciais do Estado de São Paulo os interessados na obtenção de certidão de escritura pública recusada pelo Tabelião de notas poderão, expondo por escrito as razões de seu interesse, requerê-la ao Juiz Corregedor Permanente, a quem competirá, se o caso, determinar, motivadamente, a sua expedição.

Com a prova do falecimento do testador, as certidões do testamento poderão ser expedidas livremente, independente do interesse jurídico de quem a solicite, que estará dispensado de expor as razões de seu pedido.

Ademais, também como restrição facultativa e protetiva do patrimônio dos herdeiros, à requerimento da parte interessada, poderá a certidão da escritura pública da partilha promovida em inventário, separação e divórcio, ser expedida na forma de traslado, em inteiro teor, em resumo, ou em relatório conforme quesitos, abrangendo a totalidade ou contendo apenas a indicação de bens específicos, conforme for solicitado pelo interessado, e servirá para a transferência de bens e direitos, bem como para a promoção de todos os atos necessários à materialização das transferências de bens e levantamento de valores (DETRAN, Junta Comercial, Registro Civil de Pessoas Jurídicas, instituições financeiras, companhias telefônicas, entre outros órgãos públicos).

No caso das certidões de inteiro teor do registro civil das pessoas naturais também existem restrições. As certidões de registro civil em geral, requeridas por terceiros, serão expedidas independentemente de autorização do Juiz Corregedor Permanente. Em se tratando, contudo, de certidão de inteiro teor, a autorização se fará necessária nos casos previstos nos artigos 45 (filho legitimado por subsequente patrimônio), 57, § 7º (alteração de nome nos casos de coação ou ameaça decorrente de colaboração com a apuração de crime – há proteção do Estado nesses casos) e 95 (legitimação adotiva) da Lei 6.015/73, art. 6º, da Lei número 8.560/92, reconhecimento de paternidade ou maternidade e alteração de nome e/ou sexo de pessoa transgênero.

Ainda quanto à publicidade do acervo a publicidade direta ocorre quando existe o acesso físico ao acervo do cartório e só pode ser acessado pelo titular da delegação, seus prepostos autorizados ou por peritos, juízes e promotores dentro da sede da unidade extrajudicial, cumpridos alguns requisitos legais.

Assim, conforme artigo 46, *caput* e parágrafo único, da Lei 8.935/94, os livros, fichas, documentos, papéis, microfilmes e sistemas de computação deverão permanecer sempre sob a guarda e responsabilidade do titular de serviço notarial ou de registro, que zelará por sua ordem, segurança e conservação.

Se houver necessidade de ser periciado o acervo ou algum documento constante do acervo, os requisitos são: 1 – O exame deverá ocorrer na própria sede do serviço; 2 – Em dia e hora adrede designados; 3 – Ciência do titular; 4 – Autorização do juízo competente. Portanto, não é qualquer pessoa e de qualquer modo que determinada pessoa terá acesso ao acervo de um cartório extrajudicial, o que maximiza a sua não deterioração e conservação em benefício de sua publicidade e perenidade.

Pode ser percebido ainda que existe um conflito aparente entre os direitos fundamentais e humanos da informação e da privacidade. No direito notarial e registral a informação imotivada é a regra e a privacidade é a exceção. Esse conflito aparente foi potencializado por conta da nova lei 13.709, de 2018, a denominada lei geral de proteção de dados pessoais, que dispõe sobre o tratamento de dados pessoais, inclusive nos meios digitais, por pessoa natural ou por pessoa jurídica de direito público ou privado, com o objetivo de proteger os direitos fundamentais de liberdade e de privacidade e o livre desenvolvimento da personalidade da pessoa natural.

A lei geral de proteção de dados pessoais tem como fundamentos, segundo o artigo 2º e incisos: o respeito à privacidade; a autodeterminação informativa; a liberdade de expressão, de informação, de comunicação e de opinião; a inviolabilidade da intimidade, da honra e da imagem; o desenvolvimento econômico e tecnológico e a inovação; a livre iniciativa, a livre concorrência e a defesa do consumidor; os direitos humanos, o livre desenvolvimento da personalidade, a dignidade e o exercício da cidadania pelas pessoas naturais. Dado pessoal é a informação relacionada a pessoa natural identificada ou identificável, nos termos do artigo 5º, inciso I, da mencionada lei.

A grande maioria das pessoas se tivesse que pagar por dia, por mês ou por ano para utilização da internet e aplicativos muitas vezes não o utilizariam, preferem "pagar" com seus dados pessoais, preferências e serem submetidas a forte *marketing* digital e a inteligência artificial dos algoritmos. Esses dados são negociados com empresas privadas na busca de novos clientes com perfis adequados à cada empresa.

Os cartórios, por sua vez, não utilizam esses dados pessoais das partes para nenhuma finalidade lucrativa, uma vez que a preocupação do Poder Judiciário e das serventias extrajudiciais é com a proteção categórica (Kantiana) como fim em si mesma e não utilitarista com a finalidade de comercialização dos dados.

De acordo com o provimento 74 do ano de 2018, o Conselho Nacional de Justiça – CNJ, que regulamentou padrões mínimos de tecnologia da informação que todos os cartórios do Brasil devem ter, com requisitos mais rigorosos de acordo com o faturamento semestral: A classe 1 – serventias com arrecadação de até R$ 100 mil por semestre, equivalente a 30,1% dos cartórios; A classe 2 – serventias com arrecadação entre R$ 100 mil e R$ 500 mil por semestre, equivalente a 26,5% dos cartórios e a classe 3 – serventias com arrecadação acima de R$ 500 mil por semestre, equivalente a 21,5% dos cartórios.

Com o avanço tecnológico, a informatização e a implementação de sistemas eletrônicos compartilhados e de sistema de registro eletrônico possibilita a realização das atividades notariais e de registro mediante o uso de tecnologias da informação e da comunicação e quando do advento da pandemia da Covid-19, os cartórios já estavam tecnologicamente preparados para os atos digitais com fortes sistemas (*softwares*) e *backup* em nuvem capazes de garantir com segurança jurídica os dados pessoais da população, o que já era uma tendência mas foi intensificado com a pandemia da COVID-19.

Esse preparo prévio foi fundamental para a maior permissibilidade de atos notariais e registrais eletrônicos através de centrais nacionais com tecnologia *blockchain* (*notarchain* – Provimento 100 de 2020 do Conselho Nacional de Justiça), o que aumentou o número de atos nos cartórios e gerou uma superdemanda do cidadão pela sua utilização, seja no Brasil ou no exterior.

A lei brasileira geral de proteção de dados pessoais obedece os princípios da transparência, publicidade, boa-fé e da pertinência (finalidade) sendo este último dividido em limitação da coleta e armazenamento de dados, limitação da conservação de dados, limitação de uso de dados, princípio da segurança e livre acesso aos dados (participação) e do consentimento.

Na publicidade realizada pelos atos notariais e registrais todos esses princípios acima estão atendidos seja na modalidade física ou digital, o que permite afirmar que os cartórios têm tecnologia e organização compatível e adequada com a lei geral de proteção de dados uma vez que já vinham observando sua regulamentação.

Compatibiliza-se a publicidade com a privacidade através de autoridades do direito, profissionais idôneos e confiáveis, cuja função foi considerada essencial no decorrer da pandemia – COVID-19 (provimento 95 e 96 do CNJ) com atendimento virtual e obrigatoriedade de atendimento presencial mínimo (duas horas), ou seja, o funcionamento dos serviços notariais e de registro durante o período de Emergência em Saúde Pública de Importância Nacional (ESPIN), em decorrência da infecção humana pelo novo Coronavírus (Sars-Cov-2), enquanto serviço público essencial que é possui regramento próprio no art. 236 da Constituição Federal, na Lei número 8.935/1994 e não se submeteu a regramentos e medidas restritivas municipais do Poder Executivo, uma vez que é submetido às corregedorias e integrantes do Poder Judiciário.

3.4 DA EFICÁCIA

Eficácia é a efetiva produção de efeitos jurídicos. Na prática dos atos e negócios jurídicos notariais e registrais esses efeitos podem ser apenas entre às próprias partes contratantes quando da utilização do direito obrigacional (direito notarial) ou perante terceiros (*erga omnes*) quando ingressa no fólio real ou até pessoal (direito registral).

Assim, para José Horácio Cintra Gonçalves Pereira[4], *"eficácia – compreende--se como a força ou poder que possa ter um ato ou um fato jurídico, para produzir os desejados efeitos."*

---

4. ARRUDA ALVIM NETO, José Manuel de; CLÁPIS, Alexandre Laizo; CAMBLER, Everaldo Augusto. *Lei de Registros Públicos comentada. Lei 6015/1973*. Rio de Janeiro: Forense, 2014, p. 3.

O primeiro exemplo que pode ser dado quanto aos livros de caráter pessoal tem-se no caso da lavratura da escritura pública de divórcio pelo Tabelião de notas, cujo efeito é (des)constitutivo do casamento.

A eficácia obrigacional ou interna entre as partes existe a partir do momento da assinatura da escritura pública de divórcio, mas o seu efeito perante terceiros apenas ocorrerá quando esse título for levado ao oficial de registro civil das pessoas naturais que registrou o casamento para que este último faça uma averbação de modificação do estado civil das partes no livro de casamento (livro B) do cartório do respectivo casamento.

Caso as partes não levem esse título a registro e continuem a utilizar a certidão de casamento para contratar sem a averbação do divórcio, terceiros acreditarão que o casamento ainda persiste e poderão alegar a eficácia perante aquele com quem confiou no documento público em face da má-fé do divorciando que se identificou dessa forma desatualizada e não averbou a alteração de seu estado civil de forma intencional.

O segundo exemplo se refere ao fólio real. Caso comum é a realização da escritura pública de compra e venda ou doação caso em que o Tabelião de notas de confiança e escolhido pelas partes redigirá o negócio jurídico obrigacional que apenas transmitirá a propriedade com o seu registro translativo no registro de imóveis do local do imóvel.

Enquanto não registrada a escritura o transmitente continuará sendo proprietário formal e registral do imóvel, embora haja a produção de efeito interno entre as partes contratantes de boa-fé, tanto que a alienação em seguida para terceiro caracteriza crime de estelionato, nos termos do artigo 171, do Código Penal. Com o registro o direito passa a ter uma eficácia real geral perante terceiros e a inoponibilidade que é a possibilidade de defesa do bem perante qualquer pessoa.

As escrituras públicas de divórcio, compra e venda e de doação produzem efeitos constitutivos, do presente para o futuro (*ex nunc*) e translativos de propriedade, porém a escritura de inventário é meramente declaratória, ou seja, quanto a produção dos efeitos ocorre a retroatividade no tempo e produz efeito desde a data do evento para o futuro (*ex tunc*) como é o caso da morte em que os efeitos retroagem da data do óbito para o futuro.

Especificamente quanto ao pacto antenupcial e ao regime de bens a eficácia da escritura pública é *ex nunc*, constitutiva a partir da data da celebração do casamento. A eficácia perante terceiros não é integrante do ato, pois a forma pública que é requisito de validade, mas deverá em momento oportuno, ser registrado no oficial de registro de imóveis e comunicado à junta comercial e ao registro civil de pessoas jurídicas, por exemplo.

O Superior Tribunal de Justiça decidiu que, sem registro, o contrato de união estável com separação total de bens (eficácia interna) não produz efeitos perante terceiros (eficácia externa), devendo ser aplicado perante o terceiro o regime legal (comunhão parcial ou separação obrigatória, quando o caso, no plano da eficácia externa). Falta conhecimento perante o terceiro e só com o registro da escritura de união estável haverá a cognoscibilidade para que o casal possa alegar o regime de bens em face de terceiro, como forma de proteção ao terceiro de boa-fé e não locupletamento da própria torpeza (omissão). Logo, o ato é existente, válido, eficaz de forma interna e ineficaz de forma externa.

Pode existir pacto antenupcial ineficaz conservado no tabelionato de notas se não for apresentado no momento do procedimento de habilitação. O Oficial fará constar do assento a existência de pacto antenupcial, com menção textual da Unidade de Serviço, livro, folhas e data em que foi lavrada a respectiva escritura. O traslado, certidão ou a cópia simples, após confrontada com o original, será anexado ao processo de habilitação.

Na eventual existência de pacto antenupcial, lavrado perante autoridade estrangeira competente, o Oficial deverá, antes de efetuar o traslado, solicitar que os interessados providenciem o seu registro em Registro de Títulos e Documentos no Brasil, alertando-os que o documento deverá estar previamente legalizado por autoridade consular brasileira ou apostilado pela autoridade estrangeira competente que tenha jurisdição sobre o local em que foi emitido, devendo, também, estar traduzido por tradutor público juramentado. A omissão do nome adotado pelos cônjuges após o matrimônio no assento de casamento ocorrido em país estrangeiro não obstará o traslado e poderá ser objeto de averbação posteriormente.

Para fins do procedimento registral, poderão os Oficiais de Registro de Imóveis receber dos agentes financeiros autorizados pelo Banco Central do Brasil a funcionar no âmbito do Sistema Financeiro de Habitação (SFH) e do Sistema Financeiro Imobiliário (SFI), e das companhias de habitação integrantes da administração pública, Extrato de Instrumento Particular com Efeitos de Escritura Pública (Extrato), desde que apresentado sob a forma de documento eletrônico estruturado em XML (Extensible Markup Language), em conformidade com modelos definidos por Portaria da Corregedoria Geral da Justiça. Será dispensada a apresentação da escritura de pacto antenupcial, desde que o regime de bens e os dados de seu registro sejam indicados no Extrato, o que caracteriza uma exceção à apresentação do pacto antenupcial para qualificação de títulos objeto de registro imobiliário apresentado apenas por essas instituições. Essa exceção a apresentação de pacto antenupcial antes já presente nas normas de serviço paulista foi incorporada na Lei 14.382/2022 para o âmbito nacional, em seu artigo 6º, § 3º.[5]

Podem até existir dois ou mais pactos antenupciais realizados em dois ou mais tabelionatos e, igualmente, só terá eficácia aquele pacto antenupcial específico que for apresentado ao oficial de registro civil no momento da habilitação matrimonial, sendo ineficaz interna e externamente aquele que não for apresentado no procedimento de habilitação, ou seja, sem produção de efeito jurídico algum, embora existente e válido.

3.5 DA AUTENTICIDADE

Autenticidade notarial e registral é atestar ou dar certeza quanto à autoria da pessoa que assinou determinado documento, da existência do próprio documento, da presença de um conteúdo ou de um bem em determinado local.

O Tabelião com a sua fé pública afirma categoricamente que determinado documento foi assinado por certa pessoa (reconhecimento de firma), com relativa certeza, presunção de veracidade e legalidade, incumbindo ao impugnante o ônus da prova em sentido contrário.

A autenticação de cópias é a afirmação da existência de um documento no original e a sua reprodução em mais de uma via. O registrador, por exemplo, pode comparecer em determinado imóvel em uma retificação imobiliária e constatar fatos com sua própria visão. A ata notarial é a possibilidade do Tabelião atestar objetivamente, sem juízo de valor, um fato, seja lícito ou ilícito.

É autêntico o que se pode sustentar como verdade, ou seja, o que foi autografado (assinado) por determinada pessoa. O reconhecimento de firma por autenticidade é a confirmação da presença da pessoa no cartório extrajudicial em determinado dia e a colocação de sua assinatura em determinado documento que se deseja reconhecer, com a possibilidade de emissão de certidão do documento arquivado pela serventia (naquele cartório que o serviu).

Autenticidade é então a confirmação por meio de uma autoridade pública, no caso a autoridade notarial e registral de determinado fato jurídico. Essa formalidade é indispensável em todos os pactos antenupciais produzidos pelos

---

5. Dos Extratos Eletrônicos para Registro ou Averbação: "Art. 6º Os oficiais dos registros públicos, quando cabível, receberão dos interessados, por meio do Serp, os extratos eletrônicos para registro ou averbação de fatos, de atos e de negócios jurídicos, nos termos do inciso VIII do caput do art. 7º desta Lei. § 3º Será dispensada, no âmbito do registro de imóveis, a apresentação da escritura de pacto antenupcial, desde que os dados de seu registro e o regime de bens sejam indicados no extrato eletrônico de que trata o caput deste artigo, com a informação sobre a existência ou não de cláusulas especiais".

Tabeliães de notas, qual seja, a fiel identificação e a análise da capacidade civil das partes contratantes, do que se dá fé pública. Esse princípio também decorre da segurança jurídica.

A autenticidade contemporânea do século XXI (vinte e um) é a certificação digital em documentos eletrônicos. A escrituração eletrônica realizada por meio de sistema informatizado de base de dados já é uma realidade jurídica e cotidiana nas serventias extrajudiciais, um dos maiores beneficiados e adaptados à criptografia.

Como autoridades certificadoras os cartórios podem, inclusive, emitir certificados digitais, para assinatura digital, cuja emissão pode ocorrer física ou até remotamente ("sem sair de casa").

Caso esse certificado digital seja específico para a assinatura apenas de atos notariais será emitido gratuitamente. Porém, caso a parte deseje o *token* e o cartão de leitora nesse caso serão devidas custas ao tabelião ou registrador civil emissor e o certificado digital poderá ser utilizado tanto nos atos notariais e registrais como em todo e qualquer outro ato particular eletrônico que a parte precise assinar digitalmente.

Já se permite por meio da Central Notarial de Autenticação Digital – CENAD, através do sistema do Colégio Notarial do Brasil a realização de autenticações digitais realizadas nas serventias autorizadas, cuja confirmação de autenticidade possui o prazo de 5 (cinco) anos.

Por meio da Central Notarial de Autenticação Digital – CENAD é possível autenticar digitalmente um documento, realizar a verificação de sua autenticidade e controlar os atos realizados dessa natureza.

A CENAD – Central Notarial de Autenticação Digital é o módulo da plataforma e-Notariado que permite a realização de autenticações digitais pelos cartórios autorizados, conforme regulamentação do artigo 22,[6] do Provimento 100/2020, do Conselho Nacional de Justiça – CNJ.

As autenticações digitais também serão realizadas no *Notarchain*, a rede *blockchain* dos notários. Esta rede propiciará maior segurança nas transações, reforçando a validação da autenticidade dos documentos.

---

6. Art. 22. A desmaterialização será realizada por meio da CENAD nos seguintes documentos: I – na cópia de um documento físico digitalizado, mediante a conferência com o documento original ou eletrônico; e II – em documento híbrido. § 1º Após a conferência do documento físico, o notário poderá expedir cópias autenticadas em papel ou em meio digital. § 2º As cópias eletrônicas oriundas da digitalização de documentos físicos serão conferidas na CENAD. § 3º A autenticação notarial gerará um registro na CENAD, que conterá os dados do notário ou preposto que o tenha assinado, a data e hora da assinatura e um código de verificação (hash), que será arquivado. § 4º O interessado poderá conferir o documento eletrônico autenticado pelo envio desse mesmo documento à CENAD, que confirmará a autenticidade por até 5 (cinco) anos.

Cada participante da rede *Notarchain*, também denominado nó da rede, receberá e validará as transações de autenticação processadas (blocos) e que será apresentado no resultado das validações de autenticidade dos documentos.[7]

As certidões, escrituras, assinaturas e registros eletrônicos já são uma realidade cotidiana no Brasil. Os bancos de dados das serventias extrajudiciais já foram migrados do físico para o digital, com dupla segurança conservatória.

Essa permissibilidade da prática de atos à distância através da plataforma E-Notariado reforçou muito a confiança das partes na pessoa do Tabelião que as orienta, potencializando e criando escala a nível preponderantemente estadual para a atividade notarial.

---

7. BRASIL, Disponível em:https://colegionotarialdobrasil.freshdesk.com/support/solutions/articles/43000599533-cenad-central-notarial-de-autenticacão-digital. Acesso em: 11 jul. 2021.

4
DAS ESPÉCIES DE REGIME DE BENS

Os tipos de regimes de bens são os seguintes: O da comunhão parcial de bens, da comunhão universal de bens, da separação convencional de bens, da separação obrigatória de bens, da participação final nos aquestos (espécie de regime híbrido) e regime atípico de acordo com a vontade das partes desde que não violem preceitos de ordem pública. A seguir será adentrado em cada um deles.

4.1 DA COMUNHÃO PARCIAL DE BENS

No regime de comunhão parcial, comunicam-se os bens que sobrevierem ao casal, na constância do casamento, com as exceções dos artigos seguintes que serão excluídos, conforme artigo 1.659: os bens que cada cônjuge possuir ao casar, e os que lhe sobrevierem, na constância do casamento, por doação ou sucessão, e os sub-rogados em seu lugar; os bens adquiridos com valores exclusivamente pertencentes a um dos cônjuges em sub-rogação dos bens particulares; as obrigações anteriores ao casamento; as obrigações provenientes de atos ilícitos, salvo reversão em proveito do casal; os bens de uso pessoal, os livros e instrumentos de profissão; os proventos do trabalho pessoal de cada cônjuge e as pensões, meios-soldos, montepios e outras rendas semelhantes.

Por sua vez, entram na comunhão, de acordo com o artigo 1.660: os bens adquiridos na constância do casamento por título oneroso, ainda que só em nome de um dos cônjuges; os bens adquiridos por fato eventual, com ou sem o concurso de trabalho ou despesa anterior; os bens adquiridos por doação, herança ou legado, em favor de ambos os cônjuges (ou seja, se for à apenas um cônjuge ou companheiro não há comunicação); as benfeitorias em bens particulares de cada cônjuge e os frutos dos bens comuns, ou dos particulares de cada cônjuge, percebidos na constância do casamento, ou pendentes ao tempo de cessar a comunhão.

Não são comunicáveis aqueles bens cuja aquisição ocorrer em virtude de uma causa anterior ao casamento. No regime da comunhão parcial, presumem-se adquiridos na constância do casamento os bens móveis, quando não se provar que o foram em data anterior.

A administração do patrimônio comum compete a qualquer dos cônjuges. As dívidas contraídas no exercício da administração obrigam os bens comuns e particulares do cônjuge que os administra, e os do outro na razão do proveito que houver auferido.

É necessária a anuência de ambos os cônjuges para os atos, a título gratuito, que impliquem cessão do uso ou gozo dos bens comuns. Em caso de malversação dos bens, o juiz poderá atribuir a administração a apenas um dos cônjuges.

Os bens da comunhão respondem pelas obrigações contraídas pelo marido ou pela mulher para atender aos encargos da família, às despesas de administração e às decorrentes de imposição legal. Segundo Paulo Nader: "Mostra-se relevante para a definição da titularidade dos bens e do custeio das despesas familiares; dos critérios para uso, gozo e disponibilidade do acervo comum ou particular de cada consorte".[1]

A administração e a disposição dos bens constitutivos do patrimônio particular competem ao cônjuge proprietário, salvo convenção diversa em pacto antenupcial. As dívidas, contraídas por qualquer dos cônjuges na administração de seus bens particulares e em benefício destes, não obrigam os bens comuns.

Por exemplo, se o bem, contudo, foi adquirido antes do casamento será considerado bem particular que não gera direito a meação ao ex-cônjuge ou ex-companheiro de modo que não é passível de usucapião de meação nesse caso, por mais que haja o abandono de lar. Teria o ex-cônjuge ou ex-companheiro que se socorrer de outra modalidade de usucapião cujo prazo iniciaria a partir de 5 (cinco) anos que não necessita desse vínculo anterior e não os 2 (dois) anos do artigo 1.240-A, do Código Civil quando há esse vínculo anterior de meação.

Quanto aos bens móveis e imóveis existem presunção de aquisição no decorrer do casamento, sendo incomunicáveis se provada essa incomunicabilidade tal qual, por exemplo, uma escritura pública que constou que o valor pago na aquisição é resultante de venda anterior de um determinado bem particular (o novo bem é chamado bem sub-rogado porque a causa ou valor pecuniário decorrente da aquisição advém diretamente da substituição do bem anterior por dinheiro e agora transformado em um novo bem ou diretamente do bem anterior para esse novo bem adquirido com bem particular e exclusivo daquele cônjuge).

Como cautela entende-se como adequada a anuência do outro cônjuge, mesmo em tratando de aquisição de bem imóvel, isto porque a presunção é de comunicabilidade e em tese o outro cônjuge estaria tendo potencial prejuízo ou

---

1. NADER, Paulo. *Curso de direito civil: direito de família*. Rio de Janeiro: Gen/Forense, 2010. v. 5, p. 367-368.

possibilidade de fraude de sua meação nos casos de subrogação[2-3] de bens particulares. Outros documentos também poderiam ser solicitados pelo tabelião como a comprovação da forma anterior de aquisição ou documentos indiretos aptos a demonstrar a incomunicabilidade do bem tais quais declarações de imposto de renda anteriores ao casamento.

De qualquer modo, entende-se que embora o Tabelião tenha função preventiva de conflitos e de evitar fraudes à lei, não é de responsabilidade do Tabelião a ampla dilação probatória para a prática de um ato notarial, cabendo sempre a cientificação e orientação, preferencialmente por escrito no teor da escritura pública.

Tem-se, como exemplo, a situação em que determinado bem é vendido antes do casamento, mas o pagamento ocorre na constância do casamento ou união estável, ou seja, como a causa é anterior ao casamento ou união estável esse bem é considerado particular, exclusivo e incomunicável.

Dessa forma, quando não houver comunicabilidade do bem de acordo com o regime de bens adotado, e esse bem particular for vendido, haverá necessidade de outorga conjugal do outro, ou seja, anuência do cônjuge ou companheiro para que não haja anulabilidade do negócio jurídico que versar sobre bem imóvel (artigo 1.647, do Código Civil).

Cabe enfatizar a diferença entre anuência (concordância) e venda (propriedade), uma vez que na anuência existe apenas uma concordância do outro e na venda a pessoa é efetiva proprietária advinda da meação, um dos principais pontos a serem atentados pelo Tabelião de notas que geram notas devolutivas do registro de imóveis no momento da qualificação registral é a análise do momento de aquisição e a natureza do título aquisitivo, com base nos princípios da especialidade subjetiva, continuidade e disponibilidade. A falta de anuência imotivada poderá ensejar um mandado judicial autorizativo de venda, em outras palavras, o suprimento judicial de venda.

---

2. A sub-rogação pode ser objeto de averbação na matrícula imobiliária: Art. 246. Além dos casos expressamente indicados no inciso II do caput do art. 167 desta Lei, serão averbadas na matrícula as sub-rogações e outras ocorrências que, por qualquer modo, alterem o registro ou repercutam nos direitos relativos ao imóvel.

3. No entanto, embora a norma possua amplo alcance generalista, não é razoável aplicá-la sem qualquer limite. Foi nesse espírito que a Lei 14.382/2022 aprimorou a redação normativa. A ideia fundamental da norma é concentrar na matrícula informações que digam respeito ao registro ou ao imóvel, ou seja, "ocorrências que, por qualquer modo, alterem o registro ou repercutam nos direitos relativos ao imóvel". Em outras palavras, não é qualquer informação de ato, fato ou negócio jurídico que pode aceder ao fólio". KÜMPEL, Vitor Frederico; RIBEIRO, Moacyr Petrocelli de Ávila. *Artigo por artigo*: Breves comentários à Lei 14.382/2022. Conversão da medida provisória 1.085/2021. São Paulo: YK editora, 2022, p. 226.

Os bens comunicáveis se denominam de aquestros, também chamados de meação. A meação é o conjunto de bens comuns (não particulares). Ocorre que quando há a comunhão de certo bem, ou seja, comunicabilidade inseparável dos cônjuges ou companheiro durante o casamento ou união estável o ex-cônjuge ou ex-companheiro irá, como regra, mear os bens objeto de inventário e partilha e não herdar. Aliás, bem de propriedade de ambos objeto de comunhão é indivisível e só poderá ser vendido pelo casal, sequer podendo ser objeto de suprimento judicial de venda.

Na concorrência com descendentes, do artigo 1.829, inciso I, do Código Civil, consta que quem mear não irá herdar nos mesmos bens e vice-versa.[4] Já na concorrência com ascendentes, do artigo 1.829, inciso II, do Código Civil, quem mear poderá herdar nos mesmos bens.

Quando o cônjuge ou companheiro herdam isoladamente sem concorrência, nos termos do artigo 1.829, inciso III, do Código Civil, irá ter direito tanto à

---

4. "Aliás, em termos simplistas, essa é a clara intenção do legislador. Caso o cônjuge ou o companheiro tenha direito à meação, em regra, não terá concorrência com os descendentes na herança do *de cujus*. No caso da separação de bens, existem diferenças se a separação for a obrigatória ou a pactuada. No regime da separação obrigatória de bens, o cônjuge ou o companheiro sobrevivente não concorre com os descendentes, e assim, nessa classe, ele não é considerado herdeiro, respeitado seu direito à eventual meação. Já no regime da separação convencional de bens, por expressa disposição do citado artigo, o cônjuge irá concorrer com os descendentes. Esse dispositivo é objeto de críticas da doutrina, e alguns juristas entendem que o pacto antenupcial, poderia dispor essa questão de forma diferente, embora a jurisprudência ainda não tenha se posicionado sobre o assunto. (...) Caso o regime de casamento seja o da comunhão universal de bens, o cônjuge ou o companheiro não concorre com os descendentes do falecido. Isso ocorre porque ele está protegido pela meação, que é direito próprio do consorte, independente da morte. (...) Utilizando-se uma interpretação sistêmica da legislação, chega-se à conclusão de que, do mesmo modo que ocorre com os bens particulares no regime da comunhão parcial de bens, os bens particulares existentes na comunhão universal também seriam objeto de sucessão concorrencial. (...) Na escolha (ou como supletivo) pelo regime da comunhão parcial de bens, não há concorrência se o cônjuge não deixou bens particulares. Isso porque, nesse caso, como todos os bens são comuns, o cônjuge supérstite já terá sua meação como patrimônio pessoal. Outra corrente teórica entende, novamente de forma sistemática, que não haverá concorrência nos bens comuns, e o cônjuge sobrevivente concorrerá com os descendentes nos bens particulares. A adesão a esse entendimento é grande e traz maior coerência à vontade do legislador. Questão que surge é, e se feita a opção pelo regime da participação final dos aquestos, o que ocorre com o falecimento de um dos consortes? Esse regime não foi sequer mencionado no artigo 1.829, e nessa circunstância, poderia se entender que o cônjuge sobrevivente concorreria com os descendentes em qualquer caso. Mas, na verdade, não é isso que acontece. Durante a incidência do regime matrimonial, o funcionamento desse sistema se assemelha à separação de bens, e com sua dissolução, ele ganha similitude com o regime da comunhão parcial de bens. Por esse motivo, na questão da concorrência com os descendentes do cônjuge falecido, serão aplicadas as regras pertinentes ao regime da comunhão parcial de bens, ou seja, haverá concorrência apenas quanto aos bens particulares. Isso pois nos bens comuns, haverá meação (ou indenização equivalente) e o cônjuge restaria protegido". DE MUNNO, Kareen Zanotti. Andrea Elias da Costa... et al; In: PEDROSO, Alberto Gentil de Almeida (Coord.). *Direito Civil III*: Os principais instrumentos do planejamento patrimonial familiar e sucessório. São Paulo: Thomson Reuters Brasil, 2021. v. 8, p. 80-81.

meação (1/2-metade) quanto à herança (1/2-metade), se o caso do bem ser objeto de comunhão. Caso o bem seja particular, haverá a adjudicação da totalidade. A meação não é tributável para fins de emolumentos da escritura e nem de imposto na declaração estadual de imposto de transmissão gratuita de bens móveis e imóveis – ITCMD. Já a herança é tributável tanto para fins de emolumentos da escritura quanto para fins de imposto na declaração estadual de imposto de transmissão gratuita de bens móveis e imóveis – ITCMD.

Desse modo, portanto, os bens objeto da comunhão parcial anteriores ao casamento são particulares, heranças e doações recebidas por um cônjuge ou companheiro também não comunicam ao outro, salvo previsão volitiva expressa, diferentemente da comunhão universal que será visto adiante.

Esse regime de bens é o legal supletório após a vigência da lei 6.515/77,[5] ocorrida em 26 de dezembro de 1977.[6] Os regimes poderão ser legais quando as

---

5. MONTEIRO, Washington de Barros; SILVA, Regina Beatriz Tavares da. *Curso de direito civil*. 41. ed. São Paulo: Saraiva, 2010, p. 251.
6. Coordenadoria de Correições, Organização e Controle das Unidades Extrajudiciais Despachos/Pareceres/Decisões 17360/2004 Processo judicial: Acórdão DJ 173-6/0 Data inclusão: 18.03.2009 Registro de Imóveis. Dúvida. Registro de formal de partilha. Herdeiros casados na vigência da Lei do Divórcio pelo regime da comunhão de bens. Registro viável sem apresentação de pacto antenupcial, uma vez que a habilitação foi feita na vigência de lei anterior que não exigia tal formalidade quando adotado aquele regime. Sustenta, em síntese, o recorrente, que razão assiste ao Oficial, uma vez que os herdeiros casaram-se pelo regime da comunhão de bens depois de entrar em vigor a Lei 6515/77, sendo necessário, portanto, o pacto antenupcial, ainda que a habilitação tenha sido feita na vigência da lei anterior. A apelante pretende o registro do formal de partilha dos bens deixados em razão do falecimento do de cujus, que foi negado pelo Oficial por entender que os herdeiros são casados pelo regime da comunhão de bens na vigência da Lei 6515/77, sendo, portanto, necessária a apresentação do pacto antenupcial. A requerente se insurgiu contra tal exigência, sustentando que a habilitação do casamento foi feita na vigência da lei anterior, a qual não exigia o pacto antenupcial para os casamentos a serem realizados pela comunhão universal de bens, posto que era esse o regime legal. Razão assiste à apelada, devendo ser procedido o registro. Com efeito, o casamento dos referidos herdeiros foi realizado em 07 de janeiro de 1978, já na vigência da Lei 6515/77, a qual entrou em vigor em 27 de dezembro de 1977, e a habilitação foi expedida em 17 de dezembro daquele ano, ainda na vigência da lei anterior. Foram muitos os casos em que o casamento se deu na vigência da nova lei e a habilitação ainda quando vigorava a anterior, sem realização do pacto antenupcial. Na época, o MM. Juiz da 1ª Vara de Registros Públicos, após consulta do Terceiro Oficial de Registros de Imóveis da Capital, entendeu ser dispensável o pacto antenupcial, assim decidindo: "A questão é nova e propicia, realmente, certa perplexidade ao Oficial registrador. Já decidiu, e por mais de uma vez, o Tribunal de Justiça de São Paulo, que em casos tais pode-se suprir a falta do pacto antenupcial, constando o ato por averbação à margem do assento de casamento. Julgando hipótese em que no assento do registro do casamento constou o regime da comunhão parcial, o mesmo Tribunal assim se pronunciou: Dos autos consta que antes do advento da Lei 6515, de 26.12.1977, os apelantes requereram a habilitação para o casamento que contraíram, mas se casaram em 14.1.78, sob império da mencionada Lei. Quando requereram a habilitação, os apelantes expressamente declararam que adotariam o regime da comunhão universal, e isto está dito a fls. 5. É certo que não foi celebrado pacto antenupcial, por escritura pública, mas a declaração verbal que fizeram, reduzida a termo, tinha plena validade, pois fora ela manifestada pelo regime legal, que no silêncio optavam pelo regime da comunhão universal, praticaram eles um ato jurídico perfeito, consumado, sendo todos os requisitos suficientes para o aperfeiçoamento do ne-

partes não escolhem, ou convencional, quando há pacto antenupcial e vontade manifestada.[7]

Eventuais inconsistências como casamentos ocorridos após a vigência da Lei 6.515/77, sem pacto antenupcial, no regime da comunhão universal deverão ser objeto de retificação de assento de casamento, a fim de corrigir eventual erro material ou ratificação judicial do regime de bens vigente sem pacto à luz da boa-fé objetiva dos cônjuges.

---

gócio, durante a vigência da Lei anterior. Sendo perfeito o ato jurídico, encontrava-se ele coberto da lei que veio alterar o regime legal de bens. Adotado o jurídico e bem lançado parecer do Procurador da Justiça, dão provimento ao apelo interposto, para o fim de ser retificado o assento do casamento, ficando constando do mesmo ser o da comunhão universal o regime de bens dos apelantes. Em casos tais, quando comprovado na habilitação, processada anteriormente à vigência da Lei 6515/77, que os noivos declararam-se pelo regime da comunhão universal e, realizado o casamento após a vigência daquela Lei, ficou constando do assento do registro civil, o regime da comunhão universal, a falta de pacto antenupcial poderá ser suprida por contrato posterior de ratificação. A solução, no entanto, se restringe a essa hipótese, justamente, quando do registro do pacto preliminar do regime de bens, por entenderem, à época, desnecessário, uma vez que já tinham declarado, por vontade, aquele regime, no processo de habilitação, anterior à nova sistemática" (processo 112/82). No caso em tela, os noivos escolheram na habilitação de casamento o regime legal que então vigorava, declarando expressamente que pretendiam se casar pela comunhão de bens. Em razão disso, foi dispensada a elaboração de pacto antenupcial. Assim, deve prevalecer a vontade inequívoca dos nubentes de adotar o regime da comunhão de bens, o qual é o que sempre constou do respectivo assento, merecendo na hipótese a dispensa da apresentação do pacto antenupcial que não foi feito. Por outro lado, não há óbice ao registro do formal de partilha em razão de nele constar que casaram-se na vigência da Lei 6.515/77. O princípio da continuidade não foi ofendido, ao contrário do que sustentou a ilustre Promotora de Justiça convocada pela Procuradoria Geral de Justiça. Preleciona Afrânio de Carvalho que: "O princípio da continuidade, que se apoia no da especialidade, quer dizer que, em relação a cada imóvel, adequadamente individuado, deve existir uma cadeia de titularidade à vista da qual só se fará a inscrição de um direito se o outorgante dele aparecer no registro como seu titular. Assim, as sucessivas transmissões, que derivam umas das outras, asseguram a preexistência do imóvel no patrimônio do transferente" (*Registro de Imóveis*. 4. ed. Ed. Forense, 1998, p. 253). E acrescenta, mais adiante: "Ao exigir-se que todo aquele que dispõe de um direito esteja inscrito como seu titular no registro, impede-se que o não-titular dele disponha. A pré-inscrição do disponente do direito, da parte passivamente interessada, constitui, pois, sua necessidade indeclinável em todas as mutações jurídico-reais" (op. cit., p. 254). O erro em tela se refere à qualificação dos herdeiros do detentor do domínio, pessoas que não figuram na matrícula, não havendo risco de ofensa ao princípio da continuidade. Além disso, a certidão de casamento apresentada à fls. 49 comprova que os referidos herdeiros casaram-se em 1971, muito antes da vigência da Lei do Divórcio. No formal de partilha constou o correto regime de bens adotado, sendo que a menção de que o casamento ocorreu na vigência daquela lei é erro material que não prejudica o ingresso do título no fólio real. Por fim, o registro seria de fato inviável em razão da não apresentação da certidão de casamento dos herdeiros, porque somente assim se comprovou que o casamento se deu antes de 1978. Entretanto, não foi dada nova oportunidade à apelada para suprir tal falha, posto que na nota de devolução que originou a presente dúvida não constou tal exigência. Deveria o Oficial novamente ter devolvido o título para a juntada do documento, e aí sim, se ausente este, ter suscitado a dúvida também por esse motivo. Ante o exposto, nego provimento à apelação para, pela fundamentação ora adotada, manter a sentença recorrida. (a) José Mário Antonio Cardinale, Corregedor Geral da Justiça e Relator.

7. PEREIRA, Caio Mário da Silva. *Instituições de direito civil*. 14. ed. atual. Tânia da Silva Pereira. Rio de Janeiro: Forense, 2004. v. 5, p. 189.

Cabe ressaltar ainda que o Código Civil não previu de forma expressa a possibilidade de convencionar a livre disposição dos bens imóveis, quando particulares, sem a necessidade da outorga conjugal. Tendo em vista que o vício em decorrência da venda é a anulabilidade privada e não mais a nulidade de pleno direito, entende-se que seria possível a realização de um pacto antenupcial no regime da comunhão parcial de bens, mesmo que seja para manter esse regime subsidiário, porém com essa dispensa geral, prévia e antecipada de anuência ou concordância geral mútua para todas as futuras e livres disposições dos bens imóveis quando forem particulares.

4.2 DA COMUNHÃO UNIVERSAL DE BENS

O regime de comunhão universal[8] importa a comunicação de todos os bens presentes e futuros dos cônjuges excluídas as suas dívidas anteriores ao casamento, salvo se provierem de despesas com seus aprestos, ou reverterem em proveito comum; e ainda com as exceções dos bens doados ou herdados com a cláusula de incomunicabilidade e os sub-rogados em seu lugar; bens gravados de fideicomisso e o direito do herdeiro fideicomissário, antes de realizada a condição suspensiva; as doações antenupciais feitas por um dos cônjuges ao outro com a cláusula de incomunicabilidade; bens de uso pessoal, os livros e instrumentos de profissão; os proventos do trabalho pessoal de cada cônjuge; as pensões, meios-soldos, montepios e outras rendas semelhantes.

A incomunicabilidade dos bens enumerados no artigo antecedente não se estende aos frutos, quando se percebam ou vençam durante o casamento. A administração do patrimônio comum compete a qualquer dos cônjuges. Extinta

---

8. "Dando um exemplo, marido e mulher casados na comunhão universal de bens entabulam um contrato de formação de uma sociedade limitada. A Junta Comercial arquiva o dito contrato social. Chega ao Registro Imobiliário a certidão por ela emitida para fins de registrar a conferência de bens. É cabível o Registrador recusar o registro pretendido, alegando a irregularidade da sociedade por violação ao disposto no art. 977 do Código Civil? Entendemos que não, porque esse aspecto é da competência do Registro Empresarial, que já exarou um juízo positivo e arquivou o contrato social, de sorte que não se justifica a atuação do Oficial sobre aspectos alheios ao fólio real, que não pertencem às suas atribuições e que, ao revés, já foram objeto de análise pelo órgão competente". KERN, Marinho Dembinski; COSTA JÚNIOR, Francisco José de Almeida Prado Ferraz. In: PEDROSO, Alberto Gentil de Almeida (Coord.). *Princípios do registro de imóveis brasileiro.* São Paulo: Thomson Reuters Brasil, 2020, v. II, p. 53 (Coleção Direito Imobiliário). Como bem alerta Afrânio de Carvalho, "se assim proceder [ingressando em aspectos de competência de outros órgãos], cometerá uma usurpação e estabelecerá o tumulto entre os registros públicos, com a consequente instabilidade dos direitos e intranquilidade das partes". CARVALHO, Afrânio de. *Registro de imóveis:* comentários ao sistema de registro em face da Lei 6.015, de 1973, com as alterações da Lei 6.216, de 1975, Lei 8.009, de 1990, e Lei 8.935, de 18.11.1994. 4. ed. rev. e atual. Rio de Janeiro: Forense, 1998, p. 229, citado por Marinho Dembinski Kern, p. 247.

a comunhão e efetuada a divisão do ativo e do passivo, cessará a responsabilidade de cada um dos cônjuges para com os credores do outro.

Desse modo, tanto os bens anteriores, presentes ao casamento ou união estável quanto os futuros serão automaticamente comunicados por força da lei. O casal será sempre vendedor em conjunto, não havendo anuência salvo nos bens excluídos da comunhão como, por exemplo, aqueles doados com cláusula de incomunicabilidade e os demais acima descritos.

Vale ressaltar que tanto os ativos quanto os passivos no decorrer do casamento se comunicam, logo as dívidas de um se comunicam ao outro. Esse regime já foi o legal supletório antes da Lei 6.515/77. Cabe repetir ainda que a comunicabilidade é total, plena, mas não absoluta de todos os bens porque existem exceções como as acima mostradas.

Outro ponto que é importante de chamar atenção é que os frutos de bens particulares ou incomunicáveis serão comunicáveis desde que vencidos ou percebidos no decorrer da comunhão. Por exemplo, aluguéis de bens doados a um dos cônjuges com cláusula de incomunicabilidade são bens comuns do casal, mas o imóvel continua sendo particular.

4.3 DA SEPARAÇÃO CONVENCIONAL DE BENS

Escolhido por pacto antenupcial o regime da separação de bens, estes permanecerão sob a administração exclusiva de cada um dos cônjuges, que os poderá livremente alienar ou gravar de ônus real, ou seja, o bem poderá ser livremente vendido ou negociado sem sequer precisar da anuência do outro cônjuge ou companheiro que possui completa e livre administração.

Ambos os cônjuges são obrigados a contribuir para as despesas do casal na proporção dos rendimentos de seu trabalho e de seus bens, salvo estipulação em contrário no pacto antenupcial, desde que não seja excessivamente onerosa para um em relação ao outro.

As dívidas também de um dos cônjuges ou companheiros não se comunicam ao outro. Nada impede de o casal adquirir os bens e dívidas em condomínio civil na proporção de metade das frações ideais para cada um. Eventual insucesso empresarial de um não atingirá o patrimônio do outro, mas tão somente com relação ao acervo patrimonial daquele cônjuge ou companheiro com quem se contratou e se tornou devedor.

Entende-se que na hipótese de ocultação proposital dos bens de modo que haja abuso da utilização maliciosa e proposital do regime de bens para que haja desvio de finalidade ou confusão patrimonial em que um dos cônjuges ou companheiros se coloque em insolvência dolosa e o outro consorte tenha alta solvência planejada e ambos venham a frustar direitos de terceiros credores, entende-se que seria possível a aplicação no plano de uma eficácia externa da comunicabilidade excepcionalíssima, em nosso sentir, pelo magistrado, à luz da análise pontual do caso concreto, da ineficácia (e não invalidade) do regime de bens perante aquele terceiro credor frustado na execução devido à ocultação articulada, travestida e planejada através da utilização do regime de bens.

Interpretação essa que deve ser cuidadosa e criteriosa para não gerar a insegurança jurídica do instituto como é nesse caso de comunicabilidade e ineficácia do regime de bens em relação a terceiros em face da abusividade familiar na aquisição de dívidas em benefício do casal.

Adotado o regime da separação convencional de bens não é possível a comunicação dos aquestros (aquestros é a massa patrimonial de bens adquiridos pelo casal no decorrer do casamento), com preservação de cada patrimônio particular.

Situação interessante e muito polêmica é a questão da sociedade de fato, hipótese na qual um dos cônjuges embora casado pelo regime da separação convencional de bens demonstra judicialmente que o bem que se encontra na titularidade dominial do outro consorte na realidade lhe pertence demonstrando documentalmente que o pagou/comprou isoladamente ou conjuntamente em sociedade com o outro cônjuge contra qual postula participação nos bens.

Um exemplo, poderia ser a situação de bem subrogado do casal, como ocorreu no REsp 286.514/SP, Ministro Aldir Passarinho Júnior, quarta turma, julgado em 02.08.2007, DJ. 22.10.2007, no caso em que uma fazenda foi "comprada" com recursos provenientes de permutas de cabeças de gado que pertenciam ao casal (efetivamente demonstrado em concreto o esforço financeiro ou origem/identificação numerária a exemplo de um pagamento que ocorre de conta conjunta do casal (salvo se a origem do dinheiro da conta conjunta foi exclusivo de um dos cônjuges e não houve formalização de doação de numerário), ônus da prova que incumbe ao impugante/requerente, pois não há meação mas sociedade/divisão de fato), salvo previsão de incomunicabilidade absoluta dos aquestros no pacto antenupcial (o que incluiria e abrangeria a absoluta afastabilidade convencional da sociedade de fato por vontade do casal). Por outro lado, a aquisição do imóvel em sub-rogação de parcela exclusiva do patrimônio deve contar necessariamente com a anuência do cônjuge afetado, uma vez que a regra no regime de bens adotado pela adquirente, que é o da comunhão parcial, importa comunicação.

Ademais, o entendimento da jurisprudência administrativa do Estado de São Paulo é o de que a sub-rogação mediante simples anuência do cônjuge afetado não ofende a legislação aplicável ao regime de bens.

Vale observar que não cabe ao Oficial ou ao juízo administrativo interpretar a vontade das partes ou investigar a origem dos recursos, o que é matéria reservada à esfera jurisdicional. A comprovação documental da sub-rogação é alternativa necessária apenas quando houver alegação de prejuízo pelo cônjuge que não gozará da comunicação patrimonial (1VRPSP – Processo: 1021843-29.2022.8.26.0100).

Outro aspecto interessante que merece ser enfatizado é a questão da dispensa da outorga conjugal no caso do regime da separação convencional de bens, nos casos de alienar ou gravar de ônus real os bens imóveis; de pleitear, como autor ou réu, acerca desses bens ou direitos; caso venha a prestar fiança ou aval e no caso, por exemplo, de fazer doação, não sendo remuneratória, de bens comuns, ou dos que possam integrar futura meação.

Nos demais regimes de bens, que não o da separação convencional de bens, o prazo decadencial para anulação é de 2 (dois) anos a contar do término da sociedade conjugal.

Cabe relembrar que nos termos do artigo 2.039, do Código Civil, no regime de bens, nos casamentos celebrados na vigência do Código Civil anterior, Lei número 3.071, de 1º de janeiro de 1916, é o por ele estabelecido, isso significa que no caso do regime de separação convencional de bens ocorrido na vigência do Código Civil de 1916 é necessária a outorga conjugal, sob pena de anulabilidade da transmissão de bens imóveis ou outro direito real imobiliário, fiança ou aval. Há irretroatividade da lei nova.

Quanto às dívidas, como regra, elas são incomunicáveis (anteriores ou posteriores ao casamento), salvo no caso de ter sido contraída por um dos cônjuges em face das necessidades domésticas do casal caso em que ambos responderão solidariamente pelo débito, salvo prova do outro cônjuge não devedor de não benefício ou inexistência em sentido contrário.

A contribuição dos encargos domésticos pelos cônjuges ocorre na proporção de seus respectivos rendimentos (e não com exclusividade de um dos cônjuges ou companheiros), salvo estipulação no pacto antenupcial em sentido contrário e que, no caso concreto, não seja excessivamente onerosa). Isso decorre do dever conjugal de mútua assistência entre o casal, o que independe do regime de bens escolhido pelas partes (artigo 1566, inciso III, do Código Civil).

4.4 DA SEPARAÇÃO OBRIGATÓRIA DE BENS

É obrigatório o regime da separação de bens no casamento: das pessoas que o contraírem com inobservância das causas suspensivas da celebração do casamento; da pessoa maior de 70 (setenta) anos; de todos os que dependerem, para casar, de suprimento judicial.

São causas suspensivas: o viúvo ou a viúva que tiver filho do cônjuge falecido, enquanto não fizer inventário dos bens do casal e der partilha aos herdeiros; a viúva, ou a mulher cujo casamento se desfez por ser nulo ou ter sido anulado, até dez meses depois do começo da viuvez, ou da dissolução da sociedade conjugal; o divorciado, enquanto não houver sido homologada ou decidida a partilha dos bens do casal; o tutor ou o curador e os seus descendentes, ascendentes, irmãos, cunhados ou sobrinhos, com a pessoa tutelada ou curatelada, enquanto não cessar a tutela ou curatela, e não estiverem saldadas as respectivas contas.

É permitido aos nubentes solicitar ao juiz que não lhes sejam aplicadas as causas suspensivas previstas nos incisos I, III e IV deste artigo, provando-se a inexistência de prejuízo, respectivamente, para o herdeiro, para o ex-cônjuge e para a pessoa tutelada ou curatelada; no caso da viúva no caso de anulabilidade ou nulidade até 10 (dez) meses do começo da viuvez, a nubente deverá provar nascimento de filho, ou inexistência de gravidez, na fluência do prazo.

No Estado de São Paulo, nos termos do item 55, do Capítulo XVII, das normas de serviço da Egrégia Corregedoria Geral da Justiça do Estado de São Paulo, nas hipóteses do artigo 1.523, incisos I, II e III, do Código Civil, basta a apresentação de declaração assinada pelo nubente no sentido de ter sido feita a partilha de bens, inexistência de bens a partilhar ou inexistência de gravidez.

Na ausência de declaração do item 55 acima exposta deverá o oficial de registro civil das pessoas naturais submeter o procedimento de habilitação ao Ministério Público e, sem seguida, ao juiz corregedor permanente para que seja determinada a imposição do regime da separação obrigatória de bens, se for o caso.

Essas limitações com possibilidade de aplicabilidade e incidência do regime da separação obrigatória de bens ocorrem tão somente no caso de casamento anterior, portanto, inaplicável para os casos de união estável anterior. Logo, união estável anterior sem partilha de bens, no Estado de São Paulo, não é suficiente para gerar a aplicação do regime da separação obrigatória de bens, desnecessária até a declaração do item 55 das normas paulista, nem envio do procedimento de habilitação para o Ministério Público ou ao juiz corregedor permanente.

As causas suspensivas da celebração do casamento podem ser arguidas pelos parentes em linha reta de um dos nubentes, sejam consanguíneos ou afins, e pelos colaterais em segundo grau, sejam também consanguíneos ou afins.

No caso a pessoa maior de 70 (setenta) anos, como fato gerador da imposição da aplicação do regime da separação obrigatória de bens é bastante polêmico: primeiro porque a senescência (processo fisiológico de envelhecimento) por si só é insuficiente para uma necessidade de pseudo proteção legal; segundo porque lapsos de memória não são considerados causas incapacitantes no direito brasileiro; terceiro que existe um fenômeno global, em especial em países desenvolvidos, com a maior expectativa de vida da população em que tem sido incentivado uma alimentação saudável ao longo da vida, atividade física regular, relacionamento social e controle e prevenção de doenças.

No revogado Código Civil de 1916, essa idade era de mais de 60 (sessenta) anos para os homens e mais de 50 (cinquenta) anos para as mulheres. Depois houve a unificação para homens e mulheres aos 60 (sessenta) anos no Código Civil de 2002, em sintonia com o Estatuto do idoso e, atualmente, com idade aumentada para os 70 (setenta) anos.

Além disso, cabe expor que no Estado de São Paulo, segundo o item 132, do capítulo XVI, das normas de serviço da Egrégia Corregedoria Geral da Justiça do Estado de São Paulo – CGJSP, nas procurações outorgadas por pessoas idosas (com sessenta anos ou mais), recomenda-se aos Tabeliães de notas que quando houver risco concreto de comprometimento patrimonial do idoso, que seja lavrada a procuração pública, mas com prazo de validade não superior a 01 (um) ano, com a atribuição de poderes para a prática de negócios jurídicos específicos e determinados, sem previsão de cláusula de irrevogabilidade, ressalvadas as hipóteses em que esta for condição de um negócio jurídico bilateral ou tiver sido estipulada no exclusivo interesse do outorgado/mandatário.

Na terceira hipótese, do artigo 1.641, do Código Civil, aplica-se o regime da separação obrigatória de bens nos casos em que se depender de autorização judicial para o casamento, como por exemplo, nos casamentos de pessoas maiores de 16 (dezesseis) anos sem autorização dos pais ou representante legal (tutor), enquanto não atingida a maioridade civil com os 18 (dezoito) anos, nos termos do artigo 5º, do Código Civil. Abaixo de 16 (dezesseis) anos é proibido o casamento de menores dessa idade. Antes existiam duas exceções que ocorria no caso de gravidez e para evitar imposição ou cumprimento de pena criminal, atualmente ambas suprimidas do ordenamento jurídico brasileiro.

Antes no Código Civil de 1916 e da súmula 377 do Supremo Tribunal Federal – STF presumia-se a sociedade de fato, tanto no caso do regime da separação legal quanto na convencional de bens, era presumida nos aquestros, salvo convenção em sentido contrário no pacto antenupcial.

Contudo, atualmente, a presunção é inversa de absoluta incomunicabilidade e depende, mediante prova, a comunicação de algum bem do aquestro não incluído como o comum anterior ao casamento a prova da sociedade de fato (sociedade informal por condomínio civil de interesses), como exemplifica Flávio Tartuce.[9]

Caso um dos cônjuges oculte a sua verdadeira idade e case com mais de 70 (setenta) anos é possível a mutabilidade justificada do regime de bens pelo outro cônjuge ou por terceiro prejudicado com interesse jurídico processual.

Isto porque a incidência da lei e do regime da separação obrigatória de bens é matéria cogente e de ordem pública, proibida a má-fé, logo, mesmo que não conste tal previsão legal expressamente no Código Civil por hermenêutica ela é operável. Terceiros credores poderão pedir judicialmente, na execução, a (in) eficácia do regime de bens do casamento em seu favor.

Já quanto a regra da aplicação do regime da separação obrigatória de bens o valor que se busca tutelar tem por finalidade protetiva evitar confusão patrimonial e proteção da instituição família. Com relação a esse regime persiste a polêmica da aplicabilidade ou não da Súmula 377, do Supremo Tribunal Federal - STF, que baseado no Código Civil de 1916, sumulou que: "No regime de separação legal de bens, comunicam-se os adquiridos na constância do casamento". No mesmo sentido dispõe Ademar Fioranelli.[10]

Assim, atualmente, o entendimento predominante é o de que nas aquisições em que decorreu esforço comum no decorrer do casamento há comunicabilidade do bem adquirido mesmo no regime da separação obrigatória de bens que nesse aspecto se assemelharia muito com o regime da comunhão parcial de bens. O esforço comum é presumido no regime da separação obrigatória de bens (diferentemente do caso da separação convencional em que o esforço comum não é presumido).

Ao ser dada essa interpretação o regime da separação obrigatória se afastaria do regime da separação convencional que talvez fosse a intenção do legislador, ou seja, a completa separação dos bens em virtude de confusão patrimonial ou proteção do idoso.

---

9. Os bens que compõem esta sociedade de fato devem ser divididos de acordo com os esforços e contribuições patrimoniais de cada um dos cônjuges. A título de ilustração, se um imóvel foi adquirido com 70% de contribuição de uma parte e 30% de contribuição da outra, assim deve ser partilhado. Frise-se que não se trata propriamente de uma meação, regida pelo Direito de Família, mas de divisão de acordo com o que cada uma das partes efetivamente auxiliou na aquisição onerosa. BRASIL, Disponível em: https://flaviotartuce.jusbrasil.com.br/artigos/355821446/sociedade-de-fato-na-separacao-convencional-de-bens. Acesso em: 31 maio 2021.

10. "A jurisprudência administrativa não diverge de tal conclusão e a matéria tem merecido orientação pacífica, sedimentando-se o entendimento de que os bens adquiridos a título oneroso (compra e venda, permuta), na constância do casamento pelo regime da separação legal ou obrigatória de bens, se comunicam, já que, nesse tipo de aquisição, existe a conjugação de esforços para a formação do patrimônio". FIORANELLI, Ademar. *Direito Registral Imobiliário*. Instituto de Registro Imobiliário do Brasil. Sergio Antonio Fabris Editor, 2001, p. 538.

Por conta disso, tendo em vista que a súmula não tem força imperativa como uma lei e não é de ordem pública, Zeno Veloso entendeu que é possível o pacto antenupcial afastar a incidência da Súmula 377 do Supremo Tribunal Federal - STF[10] no caso de necessidade de aplicação do regime da separação obrigatória de bens, tema esse já decidido pela possibilidade de afastamento da Súmula 377 do Supremo Tribunal Federal – STF, segundo a Corregedoria Geral da Justiça do Estado de São Paulo – CGJSP. A jurisprudência[11] do Superior Tribunal de Justiça – STJ é no sentido de ser aplicável a Súmula 377 do STF, mesmo após a vigência do Código Civil de 2002.

4.5 DA PARTICIPAÇÃO FINAL NOS AQUESTOS

Em substituição do regime dotal pelo regime da participação final nos aquestos o Código Civil de 2002 inovou no direito de família, especificamente na matéria de pacto antenupcial e regime de bens. O regime dotal estava estipulado nos artigos 278 a 311, do Código Civil de 1916.

Para Orlando Gomes, o regime dotal foi suprimido vez que "além de anacrônico, não penetrou em nossos costumes", o que não impediria doe alcance de sua finalidade através de doações *propter nuptias*.[12]

No mesmo sentido, para José Luiz Gavião de Almeida observa que: "*Foi excluído o Regime Dotal, o mais disciplinado pelo Código Civil de 1916, hoje sem interesse em face da falta de utilização*".[13]

---

11. "Na explicação sobre a polissemia do termo direito, dois pontos devem receber destaque nesta exposição: i) direito enquanto noção de *jurisprudentia* e ii) o direito como um conjunto de conhecimentos conglobantes, que se ocupa de uma série de disciplinas diferentes, como: filosofia do direito, antropologia e sociologia jurídica, teoria do direito, jurisprudência (dogmática jurídica), dentre outras. A palavra *jurisprudentia*, termo designativo da atividade jurídica de Roma, recebia, indistintamente, os mais diversos qualificativos: ars, disciplina, *scientia* ou *notitia*. Seu centro gravitacional era uma noção que está contida na própria palavra: a *prudentia*. O interessante é que essa palavra nos remete diretamente ao sentido inicial mesmo do conceito de direito, pois os romanos ligaram a noção de *jurisprudentia* ao conceito de *phronesis* dos gregos. Os gregos, em seus estudos meticulosos sobre ética – no caso, em especial Aristóteles – utilizam a palavra *phronesis*, traduzida entre nós como virtude, discernimento, sensatez. A *phronesis* seria uma espécie de sabedoria e capacidade para julgamento. Ela era desenvolvida pelo homem prudente, capaz de sopesar soluções, apreciar situações e tomar decisões. Assim, para que a *phronesis* se exercesse, seria necessário o desenvolvimento de uma arte (*techne*, *ars*), no trato, confronto de opiniões, instaurando assim nesse ambiente a possibilidade de diálogo e procedimento crítico". ABBOUD, Georges; CARNIO, Henrique Garbellini; OLIVEIRA, Rafael Tomaz de. *Introdução ao direito*: teoria, filosofia e sociologia do direito. 5. ed. rev., atual. e ampl. São Paulo: Thomson Reuters Brasil – Revista dos Tribunais, 2020, p. 53-54.
12. ANDRADE DO BONFIM, Silvano. O regime da participação final nos aquestos no Código Civil de 2002. *Revista Brasileira de Direito de Família e Sucessões*. ano XI. n. 9, p. 60. Porto Alegre: LexMagister, abr.-maio 2009.
13. ANDRADE DO BONFIM, Silvano. O regime da participação final nos aquestos no Código Civil de 2002. *Revista Brasileira de Direito de Família e Sucessões*. ano XI. n. 9. p. 60. Porto Alegre: LexMagister, abr.-maio. 2009.

Verifica-se na disposição de motivos do Código Civil de 2002 que a justificativa para a inclusão do regime da participação final nos aquestos ocorre para atender aos cônjuges que exercem atividades empresariais distintas. Esse é o regime comum na Suíça, nos termos dos artigos 196 a 220, do Código Civil suíço e de outros países.[14]

Existe forte crítica a essa modalidade de regime de bens, pois essa comunhão reduzida aos bens adquiridos representa uma falsa independência dos cônjuges no transcurso do casamento.

No pacto antenupcial, que adotar o regime de participação final nos aquestos, poder-se-á convencionar a livre disposição dos bens imóveis, desde que particulares. No regime de participação final nos aquestos, cada cônjuge possui patrimônio próprio e à época da dissolução da sociedade conjugal tem direito à metade dos bens adquiridos pelo casal, a título oneroso, na constância do casamento, ou seja, há grande semelhança, grosso modo, do regime da separação de bens (no decorrer da união) e comunhão parcial (no momento da partilha da dissolução). Pode-se afirmar ainda que é uma espécie de regime híbrido legal, pois mescla regime de bens e advém da regulamentação da lei.

Integram o patrimônio próprio os bens que cada cônjuge possuía ao casar e os por ele adquiridos, a título oneroso, na constância do casamento. A administração desses bens é exclusiva de cada cônjuge, que os poderá livremente alienar, se forem móveis. Sobrevindo a dissolução da sociedade conjugal, apurar-se-á o montante dos aquestos, excluindo-se da soma dos patrimônios próprios os bens anteriores ao casamento e os que em seu lugar se subrogaram; os que sobrevieram a cada cônjuge por sucessão ou liberalidade; as dívidas relativas a esses bens e, salvo prova em contrário,[15] presumem-se adquiridos durante o casamento os bens móveis.

---

14. A Argentina, igualmente, adota em sua legislação o regime da participação final nos aquestos". Diversos estados federados dos Estados Unidos da América instituíram a *communit of acquests and gains* como um dos regimes de casamento, dentre os quais destacamos Texas, Nevada, Idaho, Louisiana, Novo México, Washington, Arizona e Califórnia, e por vezes o estabeleceram como regime legal na ausência de escolha dos cônjuges, sendo que o regime da comunhão dos aquestos neles encontrado assemelha-se com o regime trazido pelo novo Código Civil brasileiro. À lista de países acima, pode-se adicionar, segundo Wirt Howe, Porto Rico, Filipinas e Cuba. ANDRADE DO BONFIM, Silvano. O regime da participação final nos aquestos no Código Civil de 2002. *Revista Brasileira de Direito de Família e Sucessões*. ano XI. n. 9. p. 64. Porto Alegre: LexMagister, abr.-maio 2009.
15. Nessa modalidade de regime de bens excluem-se dos aquestos (art. 1.673, CC) os bens recebidos por liberalidade, tais como doação ou sucessão hereditária, bem ainda os bens reservados, ou seja, adquiridos pelos cônjuges antes do casamento, bem como aqueles que foram sub-rogados no lugar destes. Cumpre lembrar que será no pacto antenupcial que os cônjuges deverão discriminar seus bens particulares, evitando-se discussões e dissabores quando da dissolução da sociedade conjugal. ANDRADE DO BONFIM, Silvano. O regime da participação final nos aquestos no Código Civil de 2002. *Revista Brasileira de Direito de Família e Sucessões*. ano XI. n. 9, p. 65. Porto Alegre: LexMagister, abr.-maio 2009.

Ao determinar-se o montante dos aquestos, computar-se-á o valor das doações feitas por um dos cônjuges, sem a necessária autorização do outro; nesse caso, o bem poderá ser reivindicado pelo cônjuge prejudicado ou por seus herdeiros, ou declarado no monte partilhável, por valor equivalente ao da época da dissolução.

Incorpora-se ao monte o valor dos bens alienados em detrimento da meação, se não houver preferência do cônjuge lesado, ou de seus herdeiros, de os reivindicar.

Pelas dívidas posteriores ao casamento, contraídas por um dos cônjuges, somente este responderá, salvo prova de terem revertido, parcial ou totalmente, em benefício do outro consorte.

Se um dos cônjuges solveu uma dívida do outro com bens do seu patrimônio, o valor do pagamento deve ser atualizado e imputado, na data da dissolução, à meação do outro cônjuge. No caso de bens adquiridos pelo trabalho conjunto, terá cada um dos cônjuges uma quota igual no condomínio civil ou no crédito por aquele modo estabelecido.

As coisas móveis, em face de terceiros, presumem-se do domínio do cônjuge devedor, salvo se o bem for de uso pessoal do outro. Os bens imóveis são de propriedade do cônjuge cujo nome constar no registro. Impugnada a titularidade, caberá ao cônjuge proprietário provar a aquisição regular dos bens.

Correlacionando com o direito empresarial, a averbação de alteração superveniente de regime de bens é obrigatória na junta comercial em que registrada (Estado em que inscrita) a sociedade empresária ou no registro civil de pessoas jurídicas.

O artigo 977, do Código Civil dispõe que: "Faculta-se aos cônjuges contratar sociedade, entre si ou com terceiros, desde que não tenham casado no regime da comunhão universal de bens ou no da separação obrigatória". Portanto, cabível a constituição de sociedade empresária caso o regime de bens seja o da participação final nos aquestros.

Nesse sentido, o artigo 978, do Código Civil aduz: "O empresário casado pode, sem necessidade de outorga conjugal, qualquer que seja o regime de bens, alienar os imóveis que integrem o patrimônio da empresa ou gravá-los de ônus real".

Ocorre, contudo, que para a integralização de capital é indispensável a anuência do cônjuge (Pessoa Natural → Pessoa Jurídica). Logo, eventual alienação de bem imóvel de empresário individual cujo bem esteja afetado à atividade empresarial independe de outorga conjugal.

O direito à meação não é renunciável, nem cessível ou penhorável na vigência do regime matrimonial (nesse e em qualquer outro regime de bens), o que se pode dispensar é a anuência, mas não a concordância antecipada da alienação dos direitos objeto de meação.

Na dissolução do regime de bens por separação, de fato, judicial ou extrajudicial, ou por divórcio, seja amigável ou litigioso, verificar-se-á o montante dos aquestos à data em que cessou a convivência.

Se não for possível nem conveniente a divisão de todos os bens em natureza, calcular-se-á o valor de alguns ou de todos para reposição em dinheiro ao cônjuge não proprietário. Não se podendo realizar a reposição em dinheiro, serão avaliados e, mediante autorização judicial, alienados tantos bens quantos bastarem.

O valor dos bens, para efeito e cumprimento de partilha, será aquele verificado na data da dissolução da sociedade conjugal (separação) ou do vínculo matrimonial (divórcio). Conforme explicado no artigo publicado por Silvano Andrade do bonfim, os cônjuges participam apenas nos ganhos um do outro e não nas perdas.

Na dissolução da sociedade conjugal por morte, verificar-se-á a meação do cônjuge sobrevivente, deferindo-se a herança aos herdeiros na forma do Código Civil. As dívidas de um dos cônjuges, quando superiores à sua meação, não obrigam ao outro, ou a seus herdeiros.

No caso de eventual fraude por um dos cônjuges ou companheiros, é cabível, a depender do caso, a anulação da venda ou o ajuizamento de ação reivindicatória.

4.6 REGIMES HÍBRIDOS

Quanto ao aspecto do direito de família, de acordo com o princípio da autonomia privada é permitido às partes escolherem a forma patrimonial que quiserem independentemente da existência de algum nome específico.

Pode ser criado, assim, por pacto antenupcial, um regime híbrido de bens com mistura de regimes já existentes ou até mesmo uma nova organização patrimonial não prevista no Código Civil, mas desde que não viole preceito de ordem pública ou haja excessiva onerosidade na desproporção de direitos e obrigações entre os cônjuges e companheiros.

Como exemplo, é possível pactuar que os bens móveis ficarão com um dos cônjuges e companheiros, tal qual participações acionárias, carros, semoventes entre outros e que os bens imóveis ficaram com o outro cônjuge ou companheiro.

O que não pode ser pactuado é que um fique as dívidas e o outro com todos os bens, a título exemplificativo, ou que somente um arcará com as despesas familiares, obrigação essa que decorre do Código Civil.

Outra proibição é o desrespeito, permissibildiade ou aceitação de violência doméstica ou familiar, castigos imoderados ou afronta ao princípio da monogamia presente na cultura brasileira com a escolha da legislação de outro país para regulamentar o relaciomento do casal.

Quanto ao aspecto sucessório, a separação de fato por mais de dois anos, salvo se houve prova de que a convivência se tornará impossível sem culpa do sobrevivente, gera a inexistência da sucessão hereditária entre os cônjuges, regra essa que não pode ser suprimida pelas partes.

Polêmica ainda persiste na possibilidade de renúncia de herança em pacto antenupcial, mas que o entendimento predominante atual é de sua violação do direito fundamental a herança, pois direito adquirido sequer ainda existe, mas mera expectativa de direito cujo termo inicial é a morte do pretenso transmitente legal. Voz minoritária defende a sua possibilidade de renúncia de herança e também de renúncia concorrencial das hipóteses do artigo 1.829, do Código Civil, como é o caso de Mário Luiz Delgado.[16]

---

16. "O nosso artigo se contrapõe a essa interpretação, que tem sido 'hiperbolizada' a ponto de atingir situações não abrangidas em seu conteúdo restritivo. Defendemos, assim, ser possível e perfeitamente válida, por exemplo, a renúncia prévia ao direito concorrencial, quando as partes convencionam, em pacto antenupcial ou em contrato de união estável, que nenhum dos pactuantes concorrerá com os descendentes ou ascendentes do outro. Afastando, assim, a regra de concorrência dos incisos I e II do art. 1.829, e que, aberta a sucessão pelo falecimento de qualquer deles, todo o seu patrimônio reverterá exclusivamente para os respectivos descendentes ou ascendentes," enfatiza. BRASIL, Disponível em: https://ibdfam.org.br/noticias/6905/%c3%89+poss%c3%advel+renunciar+%c3%a0+heran%c3%a7a+em+-pacto+antenupcial%3f+Confira+em+artigo+da+Revista+Cient%c3%adfica+do+IBDFAM. Acesso em: 26 jun. 2021.

5
DESJUDICIALIZAÇÃO DE PROCEDIMENTOS PARA OS CARTÓRIOS EXTRAJUDICIAIS

5.1 A DIFERENÇA ENTRE DESJUDICIALIZAÇÃO E EXTRAJUDICIALIZAÇÃO DE CONFLITOS

Os cartórios surgem como alternativa adequada de acesso à justiça para o melhor desenvolvimento de eventual relação jurídica notarial-registral-civil--constitucional, somando-se à crise do Poder Judiciário – em razão das demandas que aumentam anualmente.[1] A construção desse ramo da ciência (direito notarial e registral) seguiu à margem de sua autonomia em relação ao Poder Judiciário.[2]

Houve um distanciamento inicial entre os dois institutos. Atualmente, a reaproximação entre ambos não compromete ambas as ciências, pelo contrário, as aprimora em prol do acesso à justiça.

---

1. Acesso à Justiça – De acordo com a Justiça em Números 2014, em cinco anos, o número de processos pendentes passou de 58,9 milhões em 2009 para 66,8 milhões em 2013. Na comparação com 2012, o dado de 2013 representa aumento de 4,2%. CONSELHO NACIONAL DE JUSTIÇA, Disponível em: http://www.cnj.jus.br/noticias/cnj/79579-justica-em-numeros-permite-gestao-estrategica-da-justica--ha-10-anos. Acesso em: 26. jun. 2021.
2. Paralelo a essa cultura do litígio, observa-se também que o Poder Judiciário sempre se manteve muito centralizador, chamando para si toda responsabilidade pelas lides da sociedade. Já foi falado que o Poder Judiciário tem sua relevância nesse contexto social e disso não há que se duvidar. Entretanto, nos moldes atuais, como crescimento da população, com o advento da globalização, as relações interpessoais tornaram-se por demais complexas, de sorte que os problemas vividos nas décadas passadas não são mais os mesmos enfrentados pela sociedade pós-moderna. Diante dessa constatação o Poder Judiciário deve abrir mão de sua centralização e começar o diálogo com outros meios extrajudiciais que visem ajudá-lo no seu *mister*. E se não bastasse a cultura do litígio e a centralização do Poder Judiciário, ainda existe a falta de vontade para criação de políticas públicas que visem disseminar e ajudar no desenvolvimento do procedimento arbitral. Todas as iniciativas apontadas na presente dissertação são apenas o início de uma nova caminhada, o começo de um novo tempo que se anuncia como alvíssaras para a população como um todo e para o cidadão individualmente. As políticas públicas aqui apontadas são apenas o pontapé inicial. Outras políticas surgirão normalmente com o desenvolvimento das práticas voltadas a divulgação e disseminação dos meios extrajudiciais. SILVA, Adonias Osias da. *Arbitragem como meio extrajudicial de resolução de conflitos nas sociedades empresárias familiares*. Dissertação de Mestrado pela Escola Paulista de Direito, 2016, p. 124-125.

Em uma relação notarial ou registral, o método de trabalho estabelecido pelas partes, pelas normas das corregedorias estaduais e pelo legislador deve oferecer oportunidade de ampla participação e garantias constitucionais[3] de modo que seja instrumento útil e ético de concretização de direitos materiais à semelhança do que ocorreu entre o Direito Processual Civil e o Direito Civil.[4]

É necessário reaproximar tanto o direito material dos cartórios, quanto os cartórios do Poder Judiciário. Existe uma relação de complementaridade entre eles. Para que os notários sejam úteis, faz-se necessário efetivar-se o direito substancial e a maior eficácia dos atos por eles praticados.

O formalismo excessivo corresponde ao exacerbado rigor inútil do uso da forma, que por sua vez, é prescindível para a organização e a estruturação interna do Estado na condução da controvérsia dos sujeitos. Não se visa estimular o apego pela forma, mas diversas outras questões não presentes na completa liberalidade tal como perenidade dos documentos, fácil publicidade, imparcialidade, acesso à justiça, segurança jurídica e eficácia.

Toda forma visa tutelar um direito fundamental intrínseco, como, por exemplo, a dignidade da pessoa humana (artigo 1º, inciso III), a igualdade (artigo 5º, *caput*), o contraditório, a ampla defesa e o devido processo legal (artigo 5º, inciso LV) e a liberdade negocial (artigo 5º, inciso II), todos previstos na Constituição

---

3. "A Constituição de 1988 apesar de conhecida como uma das mais satisfatórias do mundo no quesito de garantias individuais é de certa forma letra-morta, pois não há o seu devido cumprimento, ela trata de organização do Estado a direitos e garantias fundamentais, passando por questões tributárias e trabalhistas, assuntos que estariam melhor em normas infraconstitucionais, até mesmo no caso de direitos e garantias fundamentais que deveriam e estão na carta magna se determinou um sobrepeso financeiro gigante ao Estado para fazer cumprir uma série de serviços e contribuições econômicas à sociedade que torna totalmente ineficaz a possibilidade de efetividade das normas constitucionais, sem contar, como é evidente, o mal uso do dinheiro público, além da corrupção exercida entre os setores públicos e privados, que hoje é de longe o maior obstáculo ao desenvolvimento social e a efetivação de políticas públicas de qualidade". RÊGO, Carolina Noura de Moraes. *O estado de coisas inconstitucional*: entre o constitucionalismo e o estado de exceção. Rio de Janeiro: Lumen Juris, 2020, p. 189-190.
4. Encerrada a fase puramente científica e técnica da ciência processual no Brasil, iniciou-se o que autorizada doutrina identifica como visão instrumentalista do processo. É a conscientização de que a importância do mecanismo estatal de solução de controvérsias está diretamente relacionada aos resultados por ele produzidos. Daí por que considero importante para a compreensão do fenômeno processual a ideia de *método de trabalho* estabelecido pelo legislador, para possibilitar a eliminação das crises de direito material pela função jurisdicional do Estado. Esse método corresponde ao modelo previsto em lei e informado por diversas técnicas, em tese as mais adequadas à eliminação, com segurança e celeridade, da crise de cooperação verificada no plano das relações reguladas pelo direito material. Para alcançar o resultado pretendido, portanto, esse *método de trabalho* deve assegurar aos interessados na solução do litígio ampla possibilidade de participação, a fim de que possam influir na convicção do juiz. Por outro lado, é necessário seja ele concluído em tempo razoável, sob pena de a tutela jurisdicional tornar-se inútil a quem faz jus a ela. *Segurança e celeridade*, eis as palavras-chave para explicar o método ideal de solução de controvérsias. BEDAQUE, José Roberto dos Santos. *Direito e processo*: influência do direito material sobre o processo. 6. ed. São Paulo: Malheiros, 2011, p. 20.

Federal de 1988. Evita-se, assim, o arbítrio estatal. É uma forma de controle em face do Estado.

Diante disso, é necessário aplicar adequadamente[5] as técnicas para a resolução desjudiciais de controvérsias. Os conflitos que podem ter como objetos transacionáveis os direitos patrimoniais disponíveis de caráter privado (artigo 841,[6] do Código Civil), denominado de direito material objetivo.

Já o sujeito diz respeito à aferição da capacidade civil contratual plena (artigo 104 do Código Civil). Atualmente, estando presentes estes dois requisitos (direito patrimonial e sujeito capaz) os cartórios são instrumentos alternativos e adequados de acesso à justiça, o que ocorre através da mediação e conciliação.

No notariado latino e no sistema da *common law* a mediação e a conciliação também são formas alternativas de resolução adequada de resolução de conflitos. Por ter natureza jurídica mais próxima de cláusula contratual paritária ou contrato atípico paritário, aquele que desrespeitar a vontade manifestada no contrato incorrerá em abuso do direito ao se socorrer do Poder Judiciário com o intuito revisional de uma pactuação sob o manto do princípio do *pacta sunt servanda* a que voluntariamente aceitou se submeter, salvo, evidentemente, se fosse o caso de flagrante ilegalidade por parte dos membros da mediação e da conciliação.

Isso porque, embora este ato não impeça o exercício do direito de ação, viola a boa-fé objetiva, na figura correlata da vedação ao comportamento contraditório. Ora, se foi aceita à submissão à mediação e a conciliação, o questionamento judicial da parte não é uma conduta leal e condizente com as expectativas de ambas as partes quando pactuado a resolução desjudicial.

Parece um caso claro de comportamento contraditório, que agride profundamente as legítimas expectativas que a contraparte depositou no contrato e no seu cumprimento, em relação ao método de solução de controvérsias e sua eficácia.

---

5. Faço aqui um alerta: a terminologia tradicional, que se reporta a "meios alternativos" parece estar sob ataque, na medida em que uma visão mais moderna do tema aponta meios adequados (ou mais adequados) de solução de litígios, não necessariamente alternativos. Em boa lógica (e tendo em conta o grau de civilidade que a maior parte das sociedades atingiu neste terceiro milênio), é razoável pensar que as controvérsias tendam a ser resolvidas, num primeiro momento, diretamente pelas partes interessadas (negociação, mediação, conciliação); em caso de fracasso deste diálogo primário (método autocompositivo), recorrerão os conflitantes às fórmulas heterocompositivas (processo estatal, processo arbitral). Sob este enfoque, os métodos verdadeiramente alternativos de solução de controvérsias seriam os heterocompositivos (o processo, seja estatal, seja arbitral), não os autocompositivos (negociação, mediação, conciliação). Para evitar esta contradição, soa correta a referência a métodos adequados de solução de litígios, não a métodos alternativos. Um sistema multiportas de resolução de disputas, em resumo, oferecerá aos litigantes diversos métodos, sendo necessário que o operador saiba escolher aquele mais adequado ao caso concreto. CARMONA, Carlos Alberto. *Arbitragem e processo*: um comentário à Lei n. 9.307/96. 3. ed. São Paulo: Atlas, 2009, p. 32-33.
6. Art. 841. Só quanto a direitos patrimoniais de caráter privado se permite a transação.

A conduta em questão, embora não se subsuma à litigância de má-fé (*stricto sensu* – rol taxativo), instituto de direito processual, viola o princípio da boa-fé objetiva, instituto de direito material, que norteia o comportamento das partes nos contratos.

Mas até que momento é viável litigar de má-fé (em sentido lato)? Presume-se, na maioria dos casos, até quando for economicamente suportável.[7] A violação à boa-fé objetiva[8] (artigos 422 e 187, ambos do Código Civil) não acarreta de plano a aplicação de uma penalidade pecuniária, a menos que as partes tenham pactuado a respeito ou que o prejudicado demande indenização por perdas e danos (artigo 389, do Código Civil).

Nesse contexto, nada mais justo, compreensível e lícito que as partes pactuem cláusula penal moratória por descumprimento parcial de obrigação contratual do título executivo (des)extrajudicial[9] a fim de reforçar sua eficácia e garantir que elas observem o dever relativo à boa-fé objetiva.

A cláusula penal moratória, em segurança e reforço de outra cláusula específica, independe da demonstração de prejuízo e funciona como quantificação de perdas e danos em caso de perda da ação judicial (artigos 411, 412 e 416, todos do Código Civil).

---

7. Assim, a formulação da análise econômica do problema sugere que a ação estratégica dependerá da relação entre o ganho imediato, a magnitude da sanção e a recorrência de sua aplicação. O ganho imediato que uma parte pode obter com a adoção de um comportamento indesejado deve ser estabelecido por meio da verificação do momento processual em que viria a ser obrigada a tal. A magnitude da sanção, no sistema brasileiro, é fixada em Lei, no caso, no Código de Processo Civil. A recorrência da aplicação, por sua vez, leva em consideração a análise retrospectiva da jurisprudência e o risco de eventuais reorientações. DIAS, Jean Carlos. *Análise econômica do processo civil brasileiro*. Rio de Janeiro: Forense; São Paulo: Método, 2009, p. 47.
8. A boa-fé hoje pode ser subjetiva ou objetiva. A boa-fé subjetiva (*GuttenGlauben*, para os alemães) está ligada a um estado psicológico de crença na existência de um direito ou ignorância de certo fato. Ela está presente em vários artigos do Código Civil, tais como 309, 1.242, e 1.561. Já a boa-fé objetiva (*TreuundGlauben*) estabelece regra de conduta baseada em deveres que serão inerentes a qualquer negócio jurídico. Tem a boa-fé objetiva três funções: a ativa, a reativa e a interpretativa. A função ativa da boa-fé se verifica nos deveres anexos ou acessórios, que não derivam da vontade das partes, tais como os deveres de lealdade, cooperação, informação e segurança. Os deveres anexos estão implícitos em qualquer tipo de contrato, por se tratar de uma conduta esperada pelo legislador. [...] Já a função reativa gera a responsabilidade dos contratantes antes da celebração do contrato (até a sua conclusão), em sua execução e mesmo após o seu término (art. 422 do Código Civil). Essa responsabilidade não termina com o fim do contrato, pois então surge a responsabilidade decorrente da culpa *post pactumfinitum*. [...] Por fim, na função reativa é a utilização da boa-fé objetiva como exceção, ou seja, como defesa, em caso de ataque do outro contratante. Trata-se da possibilidade de defesa que a boa-fé objetiva possibilita em caso de ação judicial injustamente proposta por um dos contratantes. CASSETTARI, Christiano. *Elementos do direito civil*. 4. ed. São Paulo: Saraiva, 2016, p. 234-235.
9. O art. 411, do Código Civil, permite a pactuação de cláusula penal moratória para o reforço de outra cláusula específica (no caso, sugere-se a inclusão da cláusula penal de quantificação de perdas e danos como estímulo a utilização e instituição do acordo).

Referida cláusula tem sua base social e jurídica na função reativa da boa-fé objetiva, especificamente na figura correlata à vedação ao comportamento contraditório. O incentivo econômico pode amenizar o ajuizamento desenfreado de ações naquelas questões que podem ser solucionadas extrajudicialmente.

Ademais, ainda quanto à adequada instrumentalidade da autonomia privada como ampliação da segurança jurídica o artigo 5º, inciso II, da Constituição Federal de 1988, permite às pessoas físicas ou jurídicas, nacionais ou estrangeiras, residentes ou não no Brasil, praticarem os atos jurídicos e contratos que lhes convier, salvo se violarem preceito legal determinado.

Com base na ideologia constitucional de que ninguém será obrigado a fazer ou deixar de fazer alguma coisa senão em virtude de lei (princípio da legalidade – artigo 5º, inciso II, da CF/88), extrai-se o fundamento jurídico axiológico da autonomia da vontade nas relações entre os particulares. Além disso, o próprio Código Civil contempla a multissecular regra autorizativa da autonomia da vontade ao preceituar a possibilidade de celebração de contratos atípicos (artigo 425 do Código Civil[10]).

As questões que envolvem a autonomia privada de conflitos civis de estado têm estreita relação com o direito dos contratos e das obrigações, pois se referem aos direitos patrimoniais disponíveis, à liberdade contratual em razão e nos limites da função social do contrato[11] (artigo 421 e 2.035, parágrafo único, do Código Civil) e, sobretudo, o inadimplemento (artigo 389 do Código Civil).

O estímulo para se utilizar com mais frequência a expressão da vontade das próprias partes gera maior comunicação no relacionamento pessoal, não viola o monopólio estatal da justiça, nem a vedação à autotutela ou a proibição ao princípio da inafastabilidade da jurisdição. A ideia é modificar a ideologia de vencedor e vencido existente pelas partes e pelos profissionais do direito de que e buscar a cooperação recíproca e de não competição diante do Poder Judiciário.

Os Tabeliães e os Registradores são uns dos agentes públicos mais capacitados e adequados para a administração de interesses privados, e podem contribuir muito mais com a diminuição de processos judiciais.

---

10. Art. 425. É lícito às partes estipular contratos atípicos, observadas as normas gerais fixadas neste Código.
11. Função social do contrato. É uma cláusula geral, intencionalmente formulada de maneira vaga e imprecisa, a fim de que o magistrado possa densificar o seu conteúdo. Entretanto, o legislador não identificou a consequência da ofensa à função social do contrato, conforme a Constituição Federal fez com a função social da propriedade (art. 182, em decorrência do art. 3º, I). GUILHERME, Luiz Fernando do Vale de Almeida. *Código Civil comentado e anotado*. 2. ed. São Paulo: Manole, 2017, p. 270.

Isto já ocorre, com eficiência, nos casos de escrituras públicas de constituição e dissolução de união estável, separação, divórcio[12] e inventários.[13] A eficiência é tamanha que se busca o mesmo sucesso com a conciliação e mediação notarial, bem como com a criação de novos institutos como usucapião extrajudicial no registro de imóveis e até a execução civil nos tabelionatos de protesto.

A extrajudicialização se diferencia da desjudicialização porque esta última significa a prática de um ato pelo Poder Judiciário ou sob sua rigorosa fiscalização do qual a categoria dos notários e registradores faz parte (artigo 236, § 1º, da Constituição Federal de 1988) e extrajudicialização o ato seria praticado fora da estrutura, inclusive sem possibilidade de fiscalização quanto ao poder administrativo disciplinar, pelo do Poder Judiciário.

Assim, um ato notarial e registral é a rigor e tecnicamente desjudicial porque é fiscalizado pelo Poder Judiciário e não extrajudicial (fora do Poder Judiciário), como comumente tem-se afirmado.

Poderia passar a ocorrer a desjudicialização facultativa e consensual com guarda, direito de visita, curadoria, tutoria e alimentos[14] uma vez que todos esses últimos institutos são direitos indisponíveis que admitem transação e admitem revisão judicial por não formar a quase absoluta e intangível coisa julgada material.

Indo além, pensa-se, inclusive, que essa coisa julgada formal poderia admitir a posterior provocação consensual das partes na via "cartorial", à semelhança do que ocorreu com os inventários judiciais, não havendo do que se violar ou desprestigiar a via judicial. Existe complementariedade e confiança.

---

12. Seção IV. Do Divórcio e da Separação Consensuais, da Extinção Consensual de União Estável e da Alteração do Regime de Bens do Matrimônio. Art. 733. O divórcio consensual, a separação consensual e a extinção consensual de união estável, não havendo nascituro ou filhos incapazes e observados os requisitos legais, poderão ser realizados por escritura pública, da qual constarão as disposições de que trata o art. 731, § 1º A escritura não depende de homologação judicial e constitui título hábil para qualquer ato de registro, bem como para levantamento de importância depositada em instituições financeiras. § 2º O tabelião somente lavrará a escritura se os interessados estiverem assistidos por advogado ou por defensor público, cuja qualificação e assinatura constarão do ato notarial.
13. Atualmente é a instituição mais confiável do país, segundo o instituto Datafolha. O Instituto Datafolha realizou, no final de 2015, pesquisa junto aos usuários de cartórios de Brasília, São Paulo, Rio de Janeiro, Curitiba e Belo Horizonte. Os entrevistados elegeram os cartórios como a instituição mais confiável do país, dentre todas as instituições públicas e privadas. A pesquisa apontou o nível de satisfação dos usuários com as atividades extrajudiciais. Na avaliação da confiança nas instituições públicas, com notas de 0 a 10, os cartórios conquistaram a primeira posição, com média 7, 6, à frente, por exemplo, dos Correios. Já na comparação dos cartórios com todos os demais serviços públicos, 77% dos usuários consideraram os cartórios ótimos ou bons. A pesquisa ainda apurou que 74% dos usuários são contra alterações no sistema atual. Associação dos Notários e Registradores do Brasil – ANOREG/BR. Disponível em: http://www.anoreg.org.br. Acesso em: 23. mar. 2021.
14. Art. 1.590. As disposições relativas à guarda e prestação de alimentos aos filhos menores estendem-se aos maiores incapazes.

Busca-se avançar na evolução negocial atual da boa-fé objetiva para a desjudicialização extrapatrimonial já existente em alguns casos, por exemplo, na socioafetividade (Provimentos 63/2017 e 83/2018, ambos do Conselho Nacional de Justiça – CNJ) e o fato jurídico da transexualidade do não operado com alteração de nome e gênero do Registro Civil das pessoas naturais (Provimento 73/2018 do Conselho Nacional de Justiça – CNJ).

Quanto à transexualidade antes mesmo da normatização administrativa o ministro Luis Felipe Salomão já afirmava em decisões que o Superior Tribunal de Justiça – STJ (Recurso Especial 1.626.739-RS), como tribunal da cidadania, não poderia ser exigida a cirurgia de transgenitalização para reconhecer a cláusula geral da dignidade da pessoa humana, vedada a inclusão mesmo que sigilosa da expressão transexual nas certidões.

Para melhor compreensão do assunto divide-se em fases:

I) Fase de desjudicialização: monopólio absoluto da jurisdição, forçar o acordo entre as partes, a morosidade da conclusão de processos, pressão para o cumprimento de metas, excessivas extinções de processos sem julgamento de mérito, impossibilidade de delegação, confusão conceitual entre extrajudicialização e desjudicialização, desconfiança de delegação aos cartórios de atos de tamanha importância e responsabilidade.

II) Fase atual de desjudicialização cartorial: possibilidade de lavratura ou registros de atos com prévio alvará judicial em todas as hipóteses consensuais.

III) Momento transitório de desjudicialização cartorial: acesso facultativo ao Poder Judiciário quando houver consensualidade, lavratura ou registros de atos independentemente de alvará judicial em todas as hipóteses amigáveis a fim de que o delegatário possa aplicar a lei com rigorosa interpretação literal sob sua responsabilidade civil, administrativa e criminal, que possa vir a ultrapassar, mediante autorização judicial abstrata geral para que se possa praticar atos que avancem à mera administração pelo representante ou assistente legal.

IV) Etapa de desjudicialização cartorial: ampla interpretação, independência efetiva e não apenas formal jurídica da atividade notarial e registral, cautelaridade, juízo prudencial na qualificação de modo a não prejudicar o interesse das partes, liberdade contratual paritária, controle de vontade pelas próprias partes e notários e registradores, exercício do poder familiar pleno ou de poder assistencial e possibilidade de prática de atos que extrapolem o limite da simples administração por mútuo acordo, sem necessidade de alvará judicial.

Não existe uma melhor solução para a pacificação do conflito do que as próprias partes chegarem a esse consenso mútuo e se responsabilizarem por seus próprios atos.[15] Ao comporem um potencial litígio as partes beneficiam não apenas a si mesmos, mas também a toda a coletividade e desoneram o Estado e seus servidores públicos desse dever.

Aumentar as atribuições legais e normativas de notários e registradores é prestigiar o próprio Poder Judiciário que, através dessa rígida estrutura legal e constitucional, fiscaliza, por dever constitucional, os notários e registradores regularmente,[16] bem como o Ministério Público, por essa mútua fiscalização – por exemplo, vista o livro de visitas e correições[17] – que já recebe repasses[18] dos "cartórios" parcela de emolumentos notariais e registrais de todo o Estado de São Paulo. Se o Ministério Público tem o bônus da arrecadação (des)extrajudicial, também deverá ter o ônus de sua maior responsabilidade nessa esfera de atuação na fiscalização de um número maior de atos desjudiciais.

O notário, na atividade normalmente desempenhada, na prática, já tem uma responsabilidade pressuposta,[19] mas a sua utilidade social merece prevalecer e

---

15. Os encargos de sobrevivência da e na sociedade caminham no sentido de compartilhamento e solidariedade social, é fato que por imperativo de valores éticos, mas também pelo reconhecimento de que somente este compartilhamento e solidariedade oferecem a necessária estabilidade aos consensos estabelecidos tornando possível a sobrevivência do sistema. JUCÁ, Francisco Pedro; ISHIKAWA, Lauro. A Constitucionalização do direito seus reflexos e acesso à justiça: *A constitucionalização do direito: uma função social do direito*. Birigui: Boreal, 2015, p. 92.
16. Capítulo XIII Da função correcional; Das disposições gerais; Dos livros e classificadores obrigatórios e dos emolumentos, Custas E despesas das unidades dos serviços notariais e de registro. 2 Seção I Da Função Correcional. 3. O exercício da função correcional será permanente, por meio de correições ordinárias ou extraordinárias, gerais ou parciais, ou, ainda, por visitas. 3.1. A correição ordinária consiste na fiscalização prevista e efetivada segundo estas normas e leis de organização judiciária. 3.2. A correição extraordinária consiste na fiscalização excepcional, realizável a qualquer momento, podendo ser geral ou parcial, conforme abranja todos os serviços notariais e de registro da comarca, ou apenas alguns. 3.3. A visita correcional consiste na fiscalização direcionada à verificação da regularidade de funcionamento da unidade, à verificação de saneamento de irregularidades constatadas em correições ou ao exame de algum aspecto da regularidade ou da continuidade dos serviços e atos praticados. 4. O Juiz Corregedor Permanente deverá, uma vez por ano, efetuar correição ordinária em todos os serviços notariais e de registro sujeitos a sua fiscalização correcional, lavrando-se o correspondente termo no livro próprio, o qual poderá, a qualquer momento, ser solicitado pela Corregedoria Geral da Justiça. 4.1. Na Comarca da Capital, os Juízes Corregedores Permanentes deverão, anualmente, efetuar correição ordinária, no mínimo, em dez serviços notariais e de registro sujeitos a sua fiscalização correcional, de forma alternada, até que todas as serventias tenham sido vistoriadas. 4.2. O Juiz Corregedor Permanente seguirá o termo padrão de correição disponibilizado pela Corregedoria Geral da Justiça e, dentro do prazo determinado em Comunicado a ser publicado anualmente, encaminhará Ata, via 'Sistema de envio de Atas de Correição', à Corregedoria Geral da Justiça.
17. 44. Os serviços notariais e de registro possuirão os seguintes livros: c) Visitas e Correições.
18. Lei 11.331/2.002. Artigo 12. Caberá ao notário ou registrador efetuar os recolhimentos das parcelas previstas no artigo 19, observados os seguintes critérios: IV em relação à parcela prevista na alínea "f" do inciso I, diretamente ao Fundo de Despesa do Ministério Público do Estado de São Paulo, na forma a ser estabelecida pelo Procurador-Geral de Justiça, até o 1º (primeiro) dia útil subsequente ao da semana de referência do ato praticado.
19. Muito embora colacionando lição segundo a qual a atividade a que se refere a teoria da responsabilidade sem culpa é aquela essencialmente perigosa, de resto ao que se tornará em item seguinte, atinente ao

pode ser potencializada ainda mais. A via desjudicializada deveria ser mais prestigiada quando houver facultatividade e consensualidade. E é essa a tendência legislativa, ou seja, pela voluntariedade.

Entende-se que mesmo nas ações de estado (de natureza familiar) todos os esforços (des)extrajudiciais deverão ser compreendidos para a resolução pacífica da controvérsia (artigo 694, do CPC/15)[20] em que prevalece o risco mitigado.[21]

Com amparo nos princípios constitucionais da dignidade da pessoa humana (artigo 1º, inciso III), liberdade (artigo 5º, *caput*) e inafastabilidade da jurisdição (artigo 5º, inciso XXXV – todos da CF/88, além do artigo 3º do CPC/15), as questões que envolvem a atividade notarial e de registro têm relação próxima com a modernização[22] do direito civil em geral. O estímulo ao maior uso do instituto não viola o monopólio estatal da justiça, a vedação à autotutela e a proibição ao princípio do *non liquet* ("não está claro").

Os serviços notariais e de registro são exercidos em caráter privado, por delegação do Poder Público. O ingresso na atividade notarial e de registro depende de concurso público de provas e títulos. Não se permite que qualquer serventia fique vaga, sem abertura de concurso de provimento ou de remoção, por mais de seis meses (artigo 236, § 3º da Constituição Federal de 1988).[23]

São princípios norteadores dos cartórios e especificamente do notariado latino brasileiro congregado à União Internacional do Notariado: 1) A confidencialidade (que consiste na não publicidade ostensiva em meios de comunicação em massa, mas na cognoscibilidade jurídica (publicidade legal), decorrente dos atos judiciais, preservando o interesse e a imagem das pessoas inseridas no conflito); 2) A imparcialidade (artigos 1º, parágrafo único, e 2º,

---

risco perigo, lembra que só se toleram essas atividades perigosas justamente pela sua utilidade social. HIRONAKA, Giselda Maria Fernandes. *Responsabilidade pressuposta*. Belo Horizonte: Del Rey, 2005, p. 299.

20. Capítulo X. Das ações de família. Art. 694. Nas ações de família, todos os esforços serão empreendidos para a solução consensual da controvérsia, devendo o juiz dispor do auxílio de profissionais de outras áreas de conhecimento para a mediação e conciliação.
21. "Já para a teoria do risco mitigado, em oposição ao risco integral, não se tem uma causalidade pura. A ela se agrega uma característica especial, um dado qualificativo". GODOY, Claudio Luiz Bueno de. *Responsabilidade civil pelo risco da atividade*. 42 ed. São Paulo: Saraiva, 2010, p. 82. (coleção Prof. Agostinho Alvim)
22. A necessidade de modernização do direito civil, na esfera negocial, como meio de legitimar a prevalência da tutela da confiança e do direito à informação (*restius*: dever, *informationsplicht*), como autêntico corolário do dever de transparência nas relações jurídicas propiciou, na Alemanha, a maior reforma legislativa operada desde a edição do BGB, em 1896, justamente pela compreensão da necessidade de adaptação e atualização do sistema jurídico. ARRUDA ALVIM NETO, José Manuel de; CLÁPIS, Alexandre Laizo; CAMBLER, Everaldo Augusto. *Lei de Registros Públicos comentada*. Lei 6015/1973. Rio de Janeiro: Forense, 2014, p. 55.
23. BRASIL, Constituição Federal de 1988. Disponível em: http://www.planalto.gov.br/ccivil_03/constituicao/constituicaocompilado.htm. Acesso em: 30 ago. 2019.

inciso I, da Lei 13.140/2015 – o não favorecimento, o que não se confunde com a neutralidade, uma vez que a imparcialidade decorre da lei e a neutralidade é a ausência de preconceitos ou pré-julgamentos); 3) A fé pública (reconhecimento do ato notarial como verdade que tem presunção de veracidade até que haja decisão judicial em sentido contrário); 4) A segurança jurídica (certeza para as partes, a sociedade e o Estado, "o fazer notarial deve, portanto, utilizar técnicas que assegurem certeza sobre elementos subjetivos e objetivos das partes e do negócio que realizam, lançando-os num fiel resumo documental do ato[24]"); 5) Os demais princípios aplicáveis à administração pública: "O Tabelião deverá observar os princípios constitucionais da administração condensados no artigo 37 da Constituição Federal de 1988: legalidade, impessoalidade, moralidade, publicidade e eficiência".[25]

Nesse sentido, existe uma forte similaridade da lei da mediação entre particulares como meio de solução de controvérsias com a lei dos notários e registradores já que os princípios norteadores da mediação e da atividade notarial são praticamente os mesmos. Como exemplo, citemos a independência, a imparcialidade, a confidencialidade, a boa-fé, a isonomia das partes, o consenso, a oralidade e a autonomia privada, todos relacionados à função notarial.

A cláusula de mediação e conciliação notarial, quando pactuada pelos próprios cartórios é vedada. Essa medida visa evitar uma reserva de serviços ou de "mercado". O cartório, contudo, é mais uma alternativa de tutela estatal viável, incontestável e segura para prevenir conflitos.

5.2 O PRINCÍPIO DA OPERABILIDADE NO DIREITO CIVIL CONTEMPORÂNEO

O princípio da operabilidade (facilidade de conhecimento, manuseio das leis pela população e aplicabilidade pelos operadores do direito) com a finalidade de efetivar o maior acesso possível à justiça à população. É a otimização simples e efetiva do exercício dos direitos.

O valor dos emolumentos, inclusive, é uma taxa tributária progressiva de acordo com o valor do negócio, nos casos de negócios jurídicos com valor econômico, o que atende à mocidade de custas, à semelhança das custas do Poder Judiciário.

---

24. FERREIRA, Paulo Roberto Gaiger; RODRIGUES, Felipe Leonardo. *Tabelionato de notas*. São Paulo: Saraiva, 2013, p. 53. (Coleção Cartórios. Coord.: Christiano Cassettari)
25. FERREIRA, Paulo Roberto Gaiger; RODRIGUES, Felipe Leonardo. *Ata notarial*: doutrina, prática e meio de prova. São Paulo. Quartier Latin do Brasil, 2010, p. 15.

Nesse diapasão, como medida propositiva de operabilidade do sistema as pessoas deveriam facultativamente, como medida desburocratizante, pode resolver nas serventias extrajudiciais qualquer assunto de natureza consensual e mediante documentação comprobatória de representação, a dispensar alvará judicial para a prática de atos jurídicos, em especial os notariais e registrais visto que normalmente já decorrem de maior cautela, fé pública, presunção relativa de legitimidade e veracidade, autenticidade, publicidade, eficácia, imparcialidade e segurança jurídica.

Deve-se ultrapassar divergências teóricas e formais, de forma ampla a prática, para gerar maior permissibilidade de atos notariais, registrais e otimizar o princípio da operabilidade.

No caso do pacto antenupcial e sua permissibilidade, sem alvará judicial, da modificação do regime de bens no decorrer do casamento, merece ser delegada de forma ampla para os cartórios, tornando-se mais operável.

O direito foi feito para ser realizado, manuseado e utilizado. Quanto mais simples e fácil de utilizar, maior a sua clareza para a população e quanto maior a clareza mais segurança jurídica, pois mais pessoas terão conhecimento apto a respeitá-lo.

Na solução jurídica a ser apontada pelo Tabelião ou Registrador, diariamente, sempre se busca aquela que, dentro da esfera de proteção jurídica de direitos almejados pelo contribuinte possa ser melhor, economicamente, para o usuário e mais acessível ao maior número de pessoas, desde que não haja forte prejuízo do equilíbrio econômico financeiro da delegação notarial e registral.

5.3 A DESJUDICIALIZAÇÃO E O ACESSO À JUSTIÇA PELOS CARTÓRIOS NA MODERNIDADE LÍQUIDA

O presente estudo busca a simplicidade e ao mesmo tempo a profundidade, o alinhamento entre teoria e prática para a correta compreensão e aplicação. Na sociedade contemporânea produzir é tão importante quanto o saber intrínseco.

Com esse valor de eficiência tanto ao leigo quanto ao cientista e ao operador jurídico, o indivíduo precisa de convívio social e de racionalidade para atingir sua plenitude. O direito não é só puro e nem apenas só moral. A interconexão do geral e do jurídico influenciam as modificações e aperfeiçoamentos sociais.

Como afirma Ricardo Castilho, quando explica Kant,[26] e diferencia liberdade positiva e negativa, aborda a primeira como independência de arbítrio e

---

26. "É esclarecedor o conceito de Kant sobre a liberdade, que a classificava em positiva ou negativa. No livro *Crítica da razão pura*", define liberdade como a independência do arbítrio humano relativamente aos

a segunda como proibição de comportamento. Pode-se trazer esse conceito e comparar com o acesso permitido e proibido aos cartórios, em que se entende que merece prevalecer a facultatividade ao usuário.

O individualismo da sociedade brasileira ainda é grande. Existe mitigado senso de coletividade quando se está diante de uma suposta violação de um direito individual de personalidade. Esse excesso de individualismo reflete no número substancial e crescente de processos judiciais.

Pretere-se, muitas vezes, que a autoridade estatal imponha uma solução e pacifique conflitos. Ocorre que a tendência é de que cada vez mais sejam delegadas funções para os próprios particulares, sejam através de privatizações ou até mesmo o estímulo a autocomposição ou heterocomposição privada de suas questões.

A capilaridade dos cartórios é bem maior do que a do Poder Judiciário uma vez que este último não se encontra em todos os municípios do Brasil e sim em Comarcas que aglomeram municípios.

Ademais, não raro as primeiras orientações, dúvidas, conselhos e ensinamentos sobre direitos básicos da população são perguntados nas serventias extrajudiciais sobre a necessidade ou não de se procurar um advogado ou de como resolver as mais variadas questões desde previdenciárias até o planejamento sucessório.

Faz-se necessário, igualmente, adotar uma base jurídica, filosófica e sociológica para a presente pesquisa uma vez que ao se optar pela explicação da importância da desjudicilização através da modernidade líquida haverá maior compreensão pelo leitor do efetivo e real significado ao qual se busca focar.

Dessa forma, vale frisar que na atualidade não existe garantia e solidez absoluta. A única certeza é a incerteza. A mudança é dinâmica, ou seja, constante, líquida. É líquida porque tem a capacidade de adaptação semelhante ao estado líquido da natureza que muda de forma com facilidade. Tempo, liberdade[27] e poder são fatores de grande valor na modernidade contemporânea.

---

impulsos sensíveis que o afetam, mas vai além, afirmando a capacidade do homem de autodeterminação. A liberdade é positiva quando o homem faz o que lhe dá vontade de fazer, conscientemente, com conhecimento das regras e das leis – liberdade positiva, portanto, é autonomia, mas tem reciprocidade com o conceito de moral. A liberdade é positiva quando o homem faz o que lhe dá vontade de fazer, conscientemente, com conhecimento das regras e das leis – liberdade positiva, portanto, é autonomia, mas tem reciprocidade com o conceito de moral. A liberdade, entretanto, é negativa quando o sujeito não sofre coerção alguma – o indivíduo pode ser um mendigo, morar embaixo de um viaduto e não se banhar, mas ninguém o obriga a nada. Em outras palavras, em sua acepção negativa, liberdade é a ausência de determinações externas ao comportamento. CASTILHO, Ricardo. *Filosofia geral e jurídica*. 7. ed. São Paulo: Saraiva Educação, 2021, p. 155.

27. "Devemos concordar com Rawls, de que a liberdade é igual para todos, mas que o valor da liberdade não é igualitário. O jusfilósofo afirma que aqueles que possuem maior poder e riqueza dispõem de maiores meios para alcançar os seus fins. Ives Gandra Martins esclarece que Rawls procurou "dar menor relevo

Segundo Zygmunt Bauman[28] a necessidade de se realizar tarefas em menor espaço de tempo pode ser inserida nos dias atuais. Pode-se perceber que é inegável o maior número de negócios e relações jurídicas na rotina contemporânea, antes apenas físicos e, atualmente, excessivamente eletrônicos.

Antes o acesso à justiça era apenas o jurisdicional, formalista e garantido por prestação estatal e hoje não mais. Os "cartórios" têm credibilidade e já são valorados como mecanismo líquido de acesso à justiça, ou seja, está ocorrendo a expansão de atribuições das serventias cartorárias para atender a demanda por uma resolução célere de interesses privados.

Nesse sentido aduzem Álvaro Andreucci e Cristian Louback[29] sobre o aumento das atribuições pelas serventias desjudiciais. Inclui-se ainda recentemente a mediação, conciliação, reconhecimento socioafetivo, mudança de nome e gênero por transexual, exclusão de sobrenome do ex-cônjuge pelo(a) viúvo(a) e possível execução extrajudicial nos tabelionatos de protesto, se o projeto de lei for aprovado nesse sentido. Diz-se, corretamente, atribuições cartoriais ao invés de competência jurisdicional porque esta última se refere ao Poder Judiciário propriamente dito por força da técnica do direito processual civil.

Na mediação ou conciliação (análise de dados do relatório "Justiça em números do Conselho Nacional de Justiça"[30]), por exemplo, a experiência de-

---

ao poder e mais à sociedade bem organizada" que busca a justiça por equidade, baseada na liberdade. Em outras palavras, uma sociedade bem estruturada e integrada não deve permitir que os governantes conformem a sociedade que dirigem. Está posta uma questão para reflexão". CASTILHO, Ricardo dos Santos. Teoria do poder e abusos do poder. In: STRASSER, Francislaine de Almeida Coimbra; RIBEIRO, Graziele Lopes; RAVAGNANI, Milton Roberto da Silva Sá (Org.). *As faces do poder*. Rio de Janeiro: Lumen Juris, 2019, p. 18.

28. "Os fluidos, por assim dizer, não fixam o espaço nem prendem o tempo. Enquanto os sólidos têm dimensões espaciais claras, mas neutralizam o impacto e, portanto, diminuem a significação do tempo (resistem efetivamente a seu fluxo ou o tornam irrelevante), os fluidos não se atêm muito a qualquer forma e estão constantemente prontos (e propensos) a mudá-la; assim, para eles, o que conta é o tempo, mais do que o espaço que lhe toca ocupar: espaço que, afinal, preenchem apenas 'por um momento'". BAUMAN, Zygmunt. *Modernidade líquida*. Rio de Janeiro: Zahar, 2001, p. 8.

29. "Visando, portanto, criar meios de solução de litígios fora do âmbito judicial, buscando dar respostas mais céleres ao grande número de processos, alguns mecanismos foram criados, tais como a venda extrajudicial do bem alienado fiduciariamente (Lei 9.514/1997), a retificação bilateral do registro da área (Lei 10.931/2004), os inventários, partilhas, separações e divórcios consensuais (Lei 11.441/2007), a demarcação urbanística administrativa de terrenos públicos da União (Decreto-Lei 9.760/1945, com alterações promovidas pela Lei 11.481/2007), a usucapião administrativa (Lei 11.977/2009, recentemente alterada pela Medida Provisória nº 759, de 22.12.2016), o penhor legal extrajudicial, a consignação extrajudicial, a venda extrajudicial no NCPC e a usucapião extrajudicial introduzida pelo NCPC na Lei 6.015/1973". ANDREUCCI, Álvaro Gonçalves Antunes; LOUBACK, Cristian Lima dos Santos. A desjudicialização pelos cartórios extrajudiciais e o acesso à justiça na modernidade líquida. *Interesse Público-IP*, Belo Horizonte, ano 20, n. 112, nov./dez. 2018, p. 55-71.

30. "Por meio da leitura do gráfico 2 (Índice de conciliação do Poder Judiciário) vê-se que o Poder Judiciário possui a média o índice de 11% de conciliações, merecendo destaque que na Justiça Estadual, os

monstra que o aspecto de competição não deve ser tratado de forma emocional ou antiética, mas com base na racionalidade voltada a maximizar os resultados individuais almejados por cada parte.

Parte-se do pressuposto de que, no início, as partes buscarão resultados ou exclusões de responsabilidades individuais. Depois, se houver o ambiente cooperativo, este tende a propiciar a resolução amigável, de maneira que cada parte faz projeções a respeito do possível comportamento do outro até a finalização por meio de acordo privado.

Desse modo, faz-se necessária uma mudança de mentalidade e cultura sólida da judicialização e uma maior busca pela resolução de conflitos por intermédio da ramificação líquida de soluções na qual os cartórios extrajudiciais estão inseridos e podem continuar a contribuir significativamente, com segurança jurídica e fé pública, na pacificação social.

5.4 O SUBSTANTIVO CONTEÚDO DO CÓDIGO DE PROCESSO CIVIL FAVORÁVEL À ATIVIDADE NOTARIAL E REGISTRAL

Com o Código de Processo Civil 2015, houve maior visualização da atividade notarial e registral, seja pela inclusão da ata notarial como meio de prova típico, seja pela relevante inclusão do dispositivo (artigo 98) com expressa previsão de gratuidade para os emolumentos devidos a notários ou registradores em decorrência da prática de registro, averbação ou qualquer outro ato notarial necessário à efetivação de decisão judicial ou à continuidade de processo judicial no qual o benefício tenha sido concedido e, igualmente, a possibilidade de impugnação do valor à título de gratuidade após praticar o ato, em que se pode requerer, ao juízo competente para decidir questões notariais ou registrais, a revogação total ou parcial do benefício ou a sua substituição pelo parcelamento, caso em que o beneficiário será citado para, em 15 (quinze) dias, manifestar-se sobre esse requerimento.

índices de conciliação foram apenas 9%, sendo que a Justiça do Trabalho foi a que teve maiores índices de conciliação quando comparada com as demais. De maneira geral, os índices de conciliação do Poder Judiciário são baixos. E isso se deve a uma série de fatores que já foram abordados no presente estudo, fatores esses que perpassam desde a cultura geral da população, até a falta de conhecimento e informação dos benefícios das soluções conciliatórias. Viu-se que com o estímulo e respaldo do Conselho Nacional de Justiça, foram criados procedimentos capazes de reger as mediações e conciliações nas serventias extrajudiciais, auxiliando na resolução de conflitos e na redução da demanda de processos levados ao Poder Judiciário". SARDINHA, Cristiano de Lima Vaz. *Cartórios e Acesso à Justiça*. A contribuição das serventias extrajudiciais para a sociedade contemporânea como alternativa ao Poder Judiciário – rev., atual. e ampl. Salvador: JusPodivm, 2018, p. 118 e 119.

Entende-se que esse prazo de 15 (quinze) dias para o delegatário impugnar, como paridade aos demais sujeitos processuais, deve ser de 15 (quinze) dias úteis[31] por previsão expressa no Código de Processo Civil 2015 (não é prazo administrativo que conta em dias corridos,[32] em violação do artigo 15 do Código de Processo Civil 2015[33]).

O notário ou registrador tem, assim, por força de lei, "capacidade postulatória especial" para ingressar no processo judicial, em caráter jurisdicional,[34] independentemente de advogado e eventual certidão expedida por serventia notarial ou de registro relativa a valores de emolumentos e demais despesas devidas pelos atos por ela praticados, fixados nas tabelas estabelecidas em lei, é considerada, inclusive, título executivo extrajudicial, conforme artigo 784, inciso XI, Código de Processo Civil 2015.

O Supremo Tribunal Federal – STF já pacificou que os emolumentos têm natureza jurídica de taxa de serviço pela utilização de um serviço público, ou seja, natureza tributária cuja isenção deve ser interpretada literal e restritivamente (artigo 176, do CTN).

Ademais, conforme entendimento do Supremo Tribunal Federal – STF, o Estado é responsável civil objetivamente e os notários e oficiais de registro são subjetivamente responsáveis por todos os prejuízos que causarem a terceiros, por culpa ou dolo, pessoalmente, pelos substitutos que designarem ou escreventes que autorizarem, assegurado o direito de regresso (artigo 22, da Lei 8.935/94). O

---

31. Art. 219. Na contagem de prazo em dias, estabelecido por lei ou pelo juiz, computar-se-ão somente os dias úteis. Parágrafo único. O disposto neste artigo aplica-se somente aos prazos processuais.
32. Item 19.1., Capítulo XIII, das Normas de Serviço da Corregedoria Geral da Justiça. Contam-se em dias corridos todos os prazos relativos à prática de atos registrários e notariais, quer de direito material, quer de direito processual, aí incluídas, exemplificativamente, as retificações em geral, a intimação de devedores fiduciantes, o registro de bem de família, a usucapião extrajudicial, as dúvidas e os procedimentos verificatórios.
33. Art. 15. Na ausência de normas que regulem processos eleitorais, trabalhistas ou administrativos, as disposições deste Código lhes serão aplicadas supletiva e subsidiariamente.
34. O Juiz Alberto Gentil de Almeida Pedroso entende que o processo deveria ser jurisdicional corrente a qual se entende a correta, porém há quem entenda que esse procedimento de impugnação de gratuidade tem natureza administrativa e não jurisdicional, a saber: "Não nos parece constituir, entretanto, essa disposição, um *incidente processual* em que se estará discutindo a *gratuidade da justiça* concedida ao beneficiário, mas um procedimento de *natureza administrativa*, instaurado de forma independente do processo originário, em que se estará apreciando exclusivamente a questão da *gratuidade emolumentar*, decorrente da gratuidade da justiça inicialmente concedida, desde que o notário ou registrador apresente dúvida fundada quanto à hipossuficiência do beneficiário, de modo que se possa verificar se tem ou não condições de suportar a despesa emolumentar; se pode suportá-la pelo menos em parte ou se poderá pagá-la integralmente, desde que de forma parcelada, o que significa uma quebra ao princípio geral do pagamento integral e antecipado de emolumentos, instituído pelo art. 14 da Lei 6.015/1973 (Lei de Registros Públicos)". LAMANA PAIVA, João Pedro. Coordenação Ricardo Dip. Direito registral e o Novo Código de Processo Civil. *Gratuidade emolumentar no novo CPC*. Rio de Janeiro: Forense, 2016, p. 190.

prazo prescricional da pretensão de reparação civil é de (3) três anos a contar da lavratura do ato notarial ou registral (artigo 22, parágrafo único, da Lei 8.935/94, alterada pela Lei 13.286/2016[35]).[36]

Dessa forma, com base no princípio da legalidade o notário ou registrador cumprirá a ordem judicial que determinou a isenção das despesas emolumentares. Vale ressaltar que não é só a parcela do oficial e registrador que deixará de ser paga, mas de vários outros entes públicos e entidades públicas, como, por exemplo, em São Paulo, o Estado, Tribunal de Justiça, imposto sobre serviço – ISS, IPESP (carteira das serventias não oficializadas), Ministério Público, Registro Civil e Santa Casa.

Outro aspecto que merece destaque é o de que compete ao foro da sede da serventia notarial ou de registro a ação de reparação de dano por ato praticado em razão de seu ofício, ou seja, o Código de Processo Civil 2015, reconhece indiretamente que grande parte dos cartórios tem inviabilidade econômica e financeira para responder à processos judiciais que viessem a ser propostos no

---

35. Desse modo, não restam dúvidas de que foi colocado fim à controvérsia anterior e que foi adotada, quanto à responsabilidade direta e pessoal do notário ou registrador, a quinta corrente acima exposta, ou seja, a sua responsabilidade será subjetiva, mediante dolo ou culpa. Como bem explica Demades Mario Castro, "com fundamento nesta nova redação fica estabelecido por lei, taxativa e expressamente, que a responsabilidade civil dos notários e registradores é subjetiva, ou seja, fundada no dolo ou culpa (em qualquer uma de suas modalidades" por ato próprio ou por ato de seus prepostos (responsabilidade civil por ato de terceiros). CASTRO, Demades Mario. *A responsabilidade civil dos notários e registradores e a edição da Lei 13.286, de 10 de maio de 2016*, cit., p. 349, citado por TARTUCE, Flávio. *Manual de Responsabilidade Civil*. Volume único. Rio de Janeiro: Forense; São Paulo: Método, 2018, p. 1264.

36. Contudo, a jurisprudência brasileira teve a oportunidade de estabilizar definitivamente essa polêmica antiga, mas não o fez, porque modificou o entendimento que vinha sendo aplicado por outros tribunais de justiça do país. O Supremo Tribunal Federal, em recente julgado, no Recurso Extraordinário 842.846/SC, decidiu o mérito do tema com repercussão geral da seguinte forma: "O Tribunal, por maioria, apreciando o tema 777 da repercussão geral, negou provimento ao recurso extraordinário, nos termos do voto do Relator, vencidos, em parte, nos termos e limites de seus votos, os Ministros Edson Fachin e Roberto Barroso, e, integralmente, o Ministro Marco Aurélio. Em seguida, por maioria, fixou-se a seguinte tese: *"O Estado responde, objetivamente, pelos atos dos tabeliães e registradores oficiais que, no exercício de suas funções, causem dano a terceiros, assentado o dever de regresso contra o responsável, nos casos de dolo ou culpa, sob pena de improbidade administrativa"*, vencido o Ministro Marco Aurélio. Não participou da votação da tese o Ministro Gilmar Mendes. Presidência do Ministro Dias Toffoli. Plenário, 27.2.2019". Portanto, segundo o STF, atualmente, o Estado passará a responder direta e objetivamente diante do contribuinte pagador de taxa (emolumentos tem natureza tributária) utilizador do serviço público notarial e de registro, julgado este que deve ser lido harmonicamente do próprio texto legal da redação da Lei 13.286/2016. Ou seja, após o julgado, vislumbra-se que a responsabilidade do notário ou registrador é subjetiva e subsidiária, em relação ao Estado, tendo sido aumentado o âmbito de proteção destes profissionais do direito (à semelhança dos demais funcionários públicos estatais em que notários e registradores são equiparados, inclusive para fins penais, artigo 327, § 1°, do Código Penal). Essa responsabilidade civil não pode ser solidária por falta de previsão em lei ou contratual, conforme artigo 265, do Código Civil: "A solidariedade não se presume; resulta da lei ou da vontade das partes".

domicílio do autor, em qualquer lugar do Brasil, independentemente da polêmica jurisprudencial e doutrina da aplicabilidade ou não do Código de Defesa do Consumidor – CDC aos cartórios, por conta de limitações de publicidade, necessidade de concurso público, dentre outras peculiaridades.

Outro ponto interessante é o procedimento de gratuidade dos emolumentos notariais e registrais não tinha previsão no Código de Processo Civil de 1973. O Código de Processo Civil de 2015 passou a regulamentar o assunto, no artigo 98, o que pode ser considerado um avanço de uma regulamentação de um tema tão importante que era lacunoso anteriormente.

O retrocesso, contudo, foi a falta de compensação econômico financeira nacional para a restituição desses atos notariais e registrais. O Estado pode até conceder gratuidade sobre atos de particulares, mas deverá ser revista uma forma de compensação pelo serviço prestado, ponto de ineditismo proposto por essa pesquisa.

Tanto a pessoa natural quanto a jurídica, seja ela brasileira ou estrangeira, tem direito à gratuidade da justiça, na forma da lei, quando haja insuficiência de recursos para pagar custas, despesas processuais e honorários de advogado.

A gratuidade é pessoal e como isenção fiscal de taxa pela prestação de serviço público que representa não pode abranger terceiros. Assim, a gratuidade de um dos litisconsortes ativos ou passivos não aproveita ao outro.

Por ser um direito personalíssimo extensível à esfera (des)extrajudicial não é diferente no que diz respeito aos emolumentos devidos aos notários ou registradores em decorrência da prática de registro, averbação ou qualquer outro ato notarial necessário à efetivação de decisão judicial ou à continuidade de processo judicial no qual o benefício tenha sido concedido.

Vencido o beneficiário, as obrigações decorrentes de sua sucumbência ficarão sob condição suspensiva de exigibilidade e somente poderão ser executadas se, nos 5 (cinco) anos subsequentes ao trânsito em julgado da decisão que as certificou, o credor demonstrar que deixou de existir a situação de insuficiência de recursos do devedor que justificou a concessão de gratuidade, extinguindo-se, passado esse prazo, tais obrigações do beneficiário.

Na hipótese do § 1º, inciso IX, no artigo 98, do Código de Processo Civil, havendo dúvida fundada quanto ao preenchimento atual dos pressupostos para a concessão de gratuidade, o notário ou registrador, após praticar o ato, pode requerer, ao juízo competente para decidir questões notariais ou registrais, a revogação total ou parcial do benefício ou a sua substituição pelo parcelamento de que trata o § 6º (parcelamento de despesas processuais), caso em que o beneficiário será citado para, em 15 (quinze) dias, manifestar-se sobre esse requerimento.

Dessa forma, ficou regulamentada a antecipação da prática do ato notarial e registral com apenas e tão somente posterior possibilidade de questionamento do direito por parte da autoridade notarial e registral.

O CPC/2015 presumiu, assim, a boa-fé do beneficiário, incumbindo o ônus da prova em sentido contrário por partes dos cartórios (notários e registradores). Na prática, contudo, pouco se aplica o parcelamento das despesas processuais, em especial, as notariais e registrais. Tem-se visto, na prática forense, a "política do tudo ou nada".

Cabe ressaltar, contudo, que os delegatários cartoriais são enquadrados como particulares em colaboração com o poder público que exercem, nos termos do artigo 236 da Constituição Federal de 1988, um serviço público em caráter privado e o exagero na concessão ou o abrandamento na avaliação judicial de parcelamentos de diversas gratuidades pode prejudicar muito as serventias extrajudiciais porque o serviço dos cartórios é mantido através do regime celetista da relação de emprego, aluguéis, água, luz, despesas de telefone, internet entre outras despesas, Instituto Nacional do Seguro Social – INSS, Fundo de Garantia de Tempo de Serviço – FGTS, sistema de software, limpeza, tecnologia, despesas essas todas por conta e risco do empregador (notário e registrador), o que desequilibraria econômica e financeiramente a delegação privada exercida em caráter público.

Como a delegação é privada (particular) deveria haver um fundo de ressarcimento das gratuidades judiciárias concedidas ou, no mínimo, o maior parcelamento das despesas processuais da prática forense.

Logo, a previsão em si do procedimento de gratuidade extrajudicial foi muito bem vindo, mas a falta de previsão de um fundo de restituição dessas gratuidades oneram os cartórios, afinal, o cartório é um particular prestador de serviço público, tem custos e responde com seu patrimônio pessoal pelos atos que pratica e de seus prepostos, o que é bem diferente dos demais servidores públicos em que o ente no qual ele representa é que responde, com direito de regresso, a exemplo de juízes, promotores, defensores públicos, analistas, técnicos entre outros.

Portanto, considerando a possibilidade de aumento da prática de diversos atos que antes eram privativos do Poder Judiciário como inventários, divórcios, usucapião (agora admitida o procedimento extrajudicial) e por exemplo cartas de sentença extrajudiciais destinadas aos Tabeliães de notas com prazo de 5 (cinco) dias úteis no Estado de São Paulo, que retiram milhares de processo do Poder Judiciário anualmente, que provavelmente demorariam meses ou anos para movimentação, faltou essa regulamentação de um fundo nacional de compensação dos atos notariais e registrais que poderiam inclusive ser custeados com parcela dos emolumentos de atos pagos nos próprios cartórios que não oneraria o Estado, mas remuneraria o cartorário, como já ocorre no Estado de São Paulo em verbas destinadas, semanalmente, ao fundo do Tribunal de Justiça de São Paulo, do Ministério Público e, mensalmente, ao Fundo do Registro Civil das Pessoas Naturais.

Além disso ainda existem outros diversos atos de gratuidade legal que seriam incentivados como as regularizações fundiárias de interesse social, arrolamento fiscal de bens para satisfação de créditos tributários, requisições do Ministério Público e do Poder Judiciário, averbação de reserva legal no registro de imóveis antes da inscrição no CAR – Cadastro Ambiental Rural, isenção de emolumentos à fazenda pública em execução fiscal entre outras hipóteses.

Entende-se, igualmente, que a gratuidade pode ser impugnada pelo notário ou registrador dentro do processo judicial sem necessidade de advogado, porque pensar em sentido contrário elevaria sobremaneira o custo de impugnação. A impugnação administrativa pelo notário ou registrador, por sua vez, violaria, em nosso sentir, a coisa julgada material concedida pelo juízo no processo de caráter jurisdicional.

Observe-se, por exemplo, no aumento do número de atos notariais e registrais no decorrer do processo como atas notariais em diligência como meio de prova típico presente no atual Código de Processo Civil de 2015 (antes inexistente no Código de Processo Civil de 1973), gratuita por requisição judicial, um ato de tamanha responsabilidade probatória, com possibilidade de responsabilidade administrativa, civil e criminal do cartorário quando pratica por si ou apenas administrativa e civil, excluída a penal quando algum dos seus prepostos pratica o ato e se o cartorário não for omisso na administração e fiscalização da delegação, oneraria uma determinada delegação privada exercida em caráter público.

Os cartorários tem contribuído muito com a diminuição dos processos judiciais, custos esses financeiros do Estado e emocional para as partes e que ainda aceleram a circulação econômica, circulação de riqueza regular imobiliária e aumenta o produto interno bruto nacional, ou seja, é o acesso célere à justiça que por sua segurança jurídica e credibilidade tem sido aumentado a procura pela população a cada dia.

5.5 DA PROPOSTA LEGISLATIVA DE ALTERAÇÃO DE REGIME DE BENS POR ESCRITURA PÚBLICA

O projeto de lei no Senado (PLS) 19 de 2016 busca retificar alguns pontos e adequá-lo ao Código de Processo Civil de 2015 e ao Código Civil para permitir a alteração do regime de bens por escritura pública no Tabelião de notas.

Faz-se necessária a permissibilidade da alteração do regime de bens por nova escritura pública, conforme projeto de Lei de Desburocratização – Projeto de Lei 69/2016 que delega essa atribuição para as serventias extrajudiciais (cartórios), uma vez que da forma como consta no ordenamento jurídico vigente, ou seja, permitir o divórcio ou a dissolução de união estável seguido de posterior casamento ou nova constituição de união estável, existe mais malefício do que benefício em vedar a liberdade individual dos cônjuges ou companheiros.

Realizar esse ato de ruptura e nova constituição familiar é juridicamente possível, porém com conduta moral e religiosa questionável, além de aparentar indício de má-fé do casal o que não ocorreria se fosse abertamente permitida a alteração mencionada apenas por escritura pública.

Além da operabilidade, igualmente, o projeto visa dar maior concretude individualizada ao ser humano na sua esfera de autonomia privada, respeitando diversos direitos privados de personalidade tais como: a dignidade humana,[37] a liberdade individual e a intervenção mínima no planejamento familiar.

É fundamental relacionar a eficácia horizontal destes direitos fundamentais com o princípio infraconstitucional da boa-fé objetiva por ser pressuposto intrínseco ao dispositivo comentado, sobretudo para melhor decidir as questões referentes a alteração do regime de bens na vigência do casamento.

Eventuais credores prejudicados teriam o benefício da ineficácia perante eles. Essa ressalva a direito de terceiros já existe na separação e no divórcio e independe de justificativa ou dilação probatória.

Se a pessoa pode casar, divorciar e casar novamente (mesmo que no regime da separação obrigatória, se o caso, por falta de partilha de bens), não existe sentido em haver um rito para o ato acessório que seria a alteração consensual do regime de bens e não haver rito para o ato de ruptura da sociedade conjugal ou vínculo matrimonial.

Ademais, em uma eventual situação de eventual alteração do regime da separação convencional de bens para a comunhão universal de bens, terceiros teriam inclusive maior benefício, porque haverá comunicabilidade de bens que

---

37. "No Brasil, o princípio da dignidade humana é positivado e alçado a princípio fundamental na Constituição Federal de 1988, mas até se chegar a esse momento histórico, na constituição chamada de "cidadã", houve um grande e tortuoso percurso, haja vista os diferentes momentos políticos vividos no país. Trata-se de um assunto extremamente rico e de inviável exaustão, que há inúmeras divergências desde o seu conceito até a sua devida aplicabilidade, o seu esgotamento seria impossível visto que novas agressões à dignidade humana são constantes e mutáveis no tempo e no espaço, como as que possibilitaram a criação da teoria do Estado de Coisas Inconstitucional". RÊGO, Carolina Noura de Moraes. *O estado de coisas inconstitucional*: entre o constitucionalismo e o estado de exceção. Rio de Janeiro: Lumen Juris, 2020, p. 20.

elevarriam as chances de êxito em eventual execução judicial na excussão de bens devido ao aumento da parcela de meação de um cônjuge ou companheiro em relação ao outro, ponto esse de inovação no ordenamento jurídico que essa pesquisa visa contribuir.

5.6 DA CONVERSÃO SUBSTANCIAL DE PACTOS ANTENUPCIAIS EM OUTROS NEGÓCIOS JURÍDICOS E EFEITOS SUCESSÓRIOS

Não pode ser objeto de contrato a herança de pessoa viva, nos termos do artigo 426, do Código Civil brasileiro. Como o objeto do negócio é ilícito o vício é de nulidade que implica a invalidade absoluta de tal negócio jurídico em que as partes negociam a herança de alguém vivo.

Contudo, mesmo nos negócios jurídicos nulos de pleno direito, dentro do plano da validade jurídica, o ordenamento privado buscou "salvar" a vontade manifestada pelas partes em alguns casos, até porque de acordo com o artigo 112 do Código Civil nas declarações de vontade se atenderá mais à intenção nelas consubstanciada do que ao sentido literal da linguagem.

A intenção prevalece ao sentido literal da linguagem e quando a forma jurídica também é atendida (instrumento/escritura pública) pensa-se que há inclusive um reforço da legalidade e boa-fé da redação do instrumento redigido por um profissional jurídico imparcial como é o caso do Tabelião de notas.

Dessa forma, acredita-se pela possibilidade de admissão da conversão substancial do negócio jurídico nulo, como se pode pensar a respeito do caso da renúncia de herança em pacto antenupcial.

Primeiramente no contrato (interpretação literal do artigo 426 do Código Civil), existem vontades contrapostas. No pacto, por sua vez, existem duas vontades em acordo com intenções que se somam e não se contrapõe.

O pacto antenupcial é ato acessório ao casamento que também não é puramente contrato (a corrente puramente contratualista não é a que prevalece no Brasil), mas a corrente eclética por isso o pacto antenupcial, com base no princípio da simetria e acessoriedade, merece ser considerado eclético. Importante, então, diferenciar o contrato em que existe oposição de interesses e de pacto antenupcial em que há soma de interesses.

Por segundo, pense-se no caso de casamento sob o regime da separação convencional ou comunhão parcial de bens de um(a) jovem com um(a) senhor(a) de 69 (sessenta e nove) anos e 11 (onze) meses, seria mais protetivo em vida para o idoso que o casamento ocorresse no regime da separação convencional de bens e não na separação obrigatória cujo esforço comum na aquisição de bens presume a comunicabilidade, com eficácia jurídica equivalente a uma comunhão parcial.

Por outro lado, quanto aos efeitos sucessórios, o regime da separação convencional de bens seria mais vantajoso para o(a) jovem (a) cônjuge ou companheiro porque irá herdar os bens particulares em conjunto com os descendentes.

Atualmente, com a imposição legal do regime de bens da separação obrigatória, no exemplo acima mencionado, o cônjuge ou companheiro não irá mear nem herdar nos bens particulares em conjunto com os descendentes. Irá mear nos bens adquiridos onerosamente no decorrer da união, presumido o esforço comum, conforme a súmula 377 do Supremo Tribunal Federal – STF.

Devido ao fato do cônjuge ou companheiro não herdar no regime da separação obrigatória de bens nos bens particulares em conjunto com os descendentes, nesses casos de casamento ou união estável, para os familiares da(o) senhor(a) com a idade um pouco mais avançada, como a probabilidade é de já ter adquirido a maior parte dos seus bens antes da união de forma particular, é mais protetivo e vantajosa a aplicação do regime da separação obrigatória de bens para ampliar a quantidade de bens em que incidirão os efeitos da legítima dos descendentes e ascendentes, ou seja, a proteção seria mais sucessória aos herdeiros do que propriamente familiar (em vida).

Vale ressaltar novamente, para maior clareza, de que de acordo com o Código Civil e a jurisprudência do Superior Tribunal de Justiça – STJ, no caso da concorrência do artigo 1.829, inciso I, do Código Civil, todo cônjuge vai herdar nos bens particulares, seja casado no regime da separação convencional, comunhão parcial de bens ou na comunhão universal, ou seja, no que não mear vai herdar, salvo no regime da separação obrigatória de bens em que não vai mear nem herdar nos bens particulares nessa modalidade concorrencial.

Por conta dessas observações, os atos praticados em vida na esfera do direito de família e o tratamento jurídico dado pelo Código Civil permite a interferência planejada e lícita, de forma indireta, na sucessão.

Isso permite afirmar que tendo em vista que não há direito fundamental absoluto é sim possível arguir e defender a possível inconstitucionalidade do artigo 426 do Código Civil, com base no artigo 5º, inciso XXX, da Constituição Federal de 1988, ou ao menos a ineficácia desse artigo quando se exterioriza de forma direta, específica e especialmente determinada em escritura pública de pacto antenupcial a vontade da parte de não receber a sua herança que é uma expectativa de direito atual de um direito potestativo futuro seu e não uma tratativa ou contrato condicional. A liberdade privada individual merece englobar e potencializar a expectativa de direito de propriedade, presente e futura, sua função social e à herança. O indivíduo deveria ter mais poder sobre seus próprios ou futuros bens do que o Estado.

Nessa hipótese em que comparece, por exemplo, em um pacto antenupcial, deveria, se um dia for regulamentada essa questão, ocorrer a renúncia de herança com a presença duas testemunhas, sendo o instrumento lido em voz alta pelo Tabelião de notas às partes e a duas testemunhas, à semelhança dos requisitos do testamento, para que haja simetria e, se o magistrado assim entender um dia, uma conversão substancial.

Teriam que ser feitos também dois instrumentos, cada um realizaria uma escritura de renúncia acessória ao pacto em ato autônomo, pois se os efeitos pretendidos são sucessórios e equivalentes a um testamento, estas também não poderão ser conjuntivas, recíprocas ou correspectivas. Ou seja, atendidos os requisitos e princípios do testamento, em especial, sua solenidade e unicidade do ato com leitura em voz alta pelo Tabelião e presença de duas testemunhas (que a lei não proíbe o comparecimento nas escrituras públicas, só é dispensável como regra).

Seria, assim, possível interpretar e defender a renúncia de herança como ato jurídico unilateral. Obviamente esse ato acessório ao pacto antenupcial será ineficaz nesse aspecto quanto aos efeitos hereditários futuros, de modo que apenas produzirá efeito caso o renunciante se torne herdeiro um dia de seu cônjuge e em caso de comunicabilidade do bem pela meação, como, por exemplo, a modificação do regime de bens para comunhão universal o ato não seria eficaz porque relacionado à herança e não à meação.

Ademais, como a interpretação de restrição de direitos é restrita (artigo 114, do Código Civil), a renúncia de herança não deve ser confundida e implicar renúncia de meação. O cônjuge continua meeiro e grande parte do patrimônio, como regra, lhe pertencerá.

Outro caso interessante seria a admissibilidade de pactuação expressa e intencional de uma cláusula em escritura pública de união estável com definição de regime de bens convertendo-a em escritura pública de pacto antenupcial para aproveitamento do regime de bens, caso assim as partes estipulem expressamente essa intenção nesse documento público no momento de eventual casamento, da mesma maneira com que fariam em um pacto antenupcial posteriormente. Geraria economia e evitaria de ter que ser feito o segundo ato (pacto antenupcial), com respeito à forma e com igual segurança jurídica no primeiro ato (escritura de união estável com cláusula acessória de conversão substancial em pacto no caso das partes optarem pela conversão da união estável em casamento).

A recíproca também é verdadeira, ou seja, defende-se a possibilidade de aproveitamento do regime de bens do pacto antenupcial, em caso de não ocorrência do casamento posterior, pois o pacto será válido e ineficaz para o casamento, caso as partes permaneçam em união estável e não casem. Merece ocorrer o aproveitamento da intenção em detrimento da forma e nesse sentido já entendeu o Superior Tribunal de Justiça no recurso especial número 1.318.249-GO (2011/0066611-2)[38] e recurso especial 1.483.863/SP.[39] No mesmo sentido, defende Flávio Tartuce.[40]

---

38. "Na hipótese, há peculiaridade aventada por um dos filhos, qual seja, a existência de um pacto antenupcial – em que se estipulou o regime da separação total de bens – que era voltado ao futuro casamento dos companheiros, mas que acabou por não se concretizar. Assim, a partir da celebração do pacto antenupcial, em 4 de março de 1997 (fl. 910), a união estável deverá ser regida pelo regime da separação convencional de bens. Precedente: REsp 1.483.863/SP. Apesar disso, continuará havendo, para fins sucessórios, a incidência do 1829, I, do CC".
39. "Direito civil. Família. Convivência em união estável no período entre casamentos. Comunhão parcial de bens. Pacto antenupcial, durante a união, prévio ao segundo casamento pelo regime de separação total de bens. Vigência imediata. Artigos 1.725, do código civil, e 5º, da Lei 9.278/96. Dissídio jurisprudencial não comprovado. Alimentos. Reexame de provas. Impossibilidade. Óbice da súmula 7, do STJ. 1. O regime de bens vigente na constância da união estável durante o período entre os dois casamentos dos litigantes é o da comunhão parcial, caso não haja contrato escrito estabelecendo de forma diversa (art. 1.725 do Código Civil e 5º da Lei 9.278/96). 2. O contrato pode ser celebrado a qualquer momento da união estável, tendo como único requisito a forma escrita. *Assim, o pacto antenupcial prévio ao segundo casamento, adotando o regime da separação total de bens ainda durante a convivência em união estável, possui o efeito imediato de regular os atos a ele posteriores havidos na relação patrimonial entre os conviventes, uma vez que não houve estipulação diversa.* 3. Inviável a análise do recurso especial quando dependente de reexame de matéria fática da lide (súmula 7 do STJ). 4. Recurso especial a que se nega provimento, na parte conhecida".
40. "O tema tem relação com o art. 1.653 do Código Civil Brasileiro, segundo o qual é nulo o pacto antenupcial se não for feito por escritura pública, e ineficaz se não lhe seguir o casamento. No caso descrito o pacto antenupcial é válido, pois foi feito por escritura pública. De toda sorte, deveria ele ser considerado ineficaz, caso não houvesse qualquer relacionamento entre os envolvidos. Porém, como passaram eles a viver em união estável, deve ser reconhecida a eficácia da sua opção, manifestada por escrito, como contrato de convivência ou contrato de união estável. Trata-se de posição que prestigia a autonomia privada e, como afirmo na obra citada, o princípio da conservação do negócio jurídico, uma das aplicações da eficácia interna da função social do contrato, retirada dos arts. 421 e 2.035, parágrafo único, da codificação material vigente. O último dispositivo, aliás, reconhece que a função social do contrato é princípio de ordem pública, colocado ao lado da função social da propriedade e, portanto, com substrato constitucional no art. 5º, inc. XXIII, do Texto Maior. Quanto ao citado Enunciado n. 22, aprovado na I Jornada de Direito Civil, evento promovido pelo Conselho da Justiça Federal no ano de 2002, tem ele a seguinte redação: "a função social do contrato, prevista no art. 421 do novo Código Civil, constitui cláusula geral que reforça o princípio de conservação do contrato, assegurando trocas úteis e justas". Esclareça-se que o contrato em questão é justamente o pacto antenupcial a ser preservado" (...) Compartilho, assim, da posição doutrinária de Cristiano Chaves de Farias e Nelson Rosenvald, para quem "realmente, caso os noivos não venham a contrair casamento, o pacto antenupcial, a toda evidência, será ineficaz. No entanto, não se pode esquecer a possibilidade de ser estabelecida uma união estável entre eles. Nesse caso, se os nubentes não casam, mas passam a conviver em união estável, o pacto antenupcial será admitido como contrato de convivência entre eles, respeitando a autonomia privada. Até mesmo em homenagem ao art. 170 do Código Civil que trata da conversão substancial do negócio jurídico, permitindo o aproveitamento da vontade manifestada" (FARIAS, Cristiano Chaves; ROSENVALD, Nelson. Curso de direito civil. 7. ed. São Paulo: Atlas, 2015. v. 6: Famílias, p. 315). Os doutrinadores citam o art. 170 do Código Civil, que trata da conversão substancial do negócio jurídico nulo, estabelecendo que "se, porém, o negócio jurídico nulo contiver os requisitos

Critica-se, nesta pesquisa, a enorme força moral produzida pelo artigo 426, do Código Civil, que não é cláusula pétrea e possui forte aversão social, repulsa moral e grande resistência doutrinária, em se pactuar herança não de pessoa viva em si, mas técnica e juridicamente de seu próprio direito potestativo de receber uma eventual herança, com a qual possui mera expectativa de direito e ainda ineficácia total.

Defende-se nesta pesquisa a nulidade, mas com a possível conversão substancial de outros negócios jurídicos em pacto antenupcial e vice-versa, inclusive nos casos de renúncia de herança entre os futuros cônjuges, se houver expressa menção e intenção manifestada, na esteira do artigo 170, do Código Civil, e se atendido todos os requisitos essenciais do testamento público que são: I – ser escrito por Tabelião ou por seu substituto legal em seu livro de notas, de acordo com as declarações do testador, podendo este servir-se de minuta, notas ou apontamentos; II – lavrado o instrumento, ser lido em voz alta pelo tabelião ao testador e a duas testemunhas, a um só tempo; ou pelo testador, se o quiser, na presença destas e do oficial; III – ser o instrumento, em seguida à leitura, assinado pelo testador, pelas testemunhas e pelo tabelião; IV – Ser feito pela inserção da declaração de vontade em partes impressas de livro de notas, desde que rubricadas todas as páginas pelo renunciante, se mais de uma.

Como no pacto antenupcial não há vontade contraditória ou oposta, diferentemente do que ocorre no contrato, (a renúncia tem natureza jurídica de ato unilateral não receptício e o comparecimento da outra parte significa anuência ou cientificação de seu conteúdo, mas que não necessita do reconhecimento ou aprovação de alguém para produzir efeitos).

Cabe ressaltar que tal ato, se admissível em algum momento por lei ou entendimento jurisprudencial, por unidade e coerência lógica do sistema seria revogável em vida e irrevogável e irretratável após a morte de quem transmitiu a herança, à semelhança da renúncia de herança por escritura pública ou termo nos autos (artigo. 1.806, do Código Civil).

Contudo, sob minha ótica, como expectativa de direito que é estaria mais próximo da irrevogabilidade da renúncia de herança após a morte do autor da

---

de outro, subsistirá este quando o fim a que visavam as partes permitir supor que o teriam querido, se houvessem previsto a nulidade". Pelo teor do comando, um negócio nulo pode ser convertido em outro, se as partes quiserem tal conversão – de forma expressa ou implícita – e se o negócio nulo tiver os requisitos mínimos de validade desse outro negócio, para o qual será transformado. TARTUCE, Flávio. *Conversão de pacto antenupcial em contrato de convivência*. Disponível em: https://ibdfam.org.br/artigos/1257/Convers%C3%A3o+de+pacto+antenupcial+em+contrato+de+conviv%C3%A-Ancia#:~:text=No%20entanto%2C%20n%C3%A3o%20se%20pode,eles%2C%20respeitando%20a%20autonomia%20privada. Acesso em: 07 set. 2021.

herança do que uma irrevogabilidade do contrato de mandato (em que o juiz pode revogar mesmo que haja irrevogabilidade constante no instrumento), pois sua conversão substancial expressa se aproxima do testamento e do direito sucessório que é ato jurídico unilateral e revogável.

Ademais, para aqueles que são contrários a essa conversão substancial, o entendimento é de que o ordenamento possui o instrumento próprio para essa renúncia de herança que seria o testamento público, que é revogável.

Indo além, o testamento público é ineficaz até a morte do testador e para que ele receba a herança o herdeiro/testador/renunciante deve estar vivo no momento do falecimento do autor da herança que deseja renunciar, mas morto em seguida antes do inventário e partilha a fim de que o testamento realizado produza efeitos quanto à renúncia de herança, igualmente atingindo e extinguindo o direito de representação de seus descendentes por ser considerado um inexistente sucessório para o direito (renunciante).

A perda da propriedade também pode ocorrer por renúncia, nos termos do artigo 1.275, inciso II, do Código Civil. Existe também a possibilidade do herdeiro não querer receber nada de herança e querer demonstrar isso para seu cônjuge/companheiro em vida, que também seria uma questão moral e "prova" de amor.

Grande prudência seria necessária para a prática desse ato notarial, tal como a verificação da possibilidade de algum vício do negócio jurídico, de consentimento, em especial a coação ou erro, ou social, à exemplo da simulação, avaliação essa de capacidade civil que já ocorre em todos os demais negócios ou atos jurídicos.

Defender a existência, validade e ineficácia de um pacto antenupcial que estipule a renúncia de herança – se por uma das partes, ou em dois instrumentos se ambos decidirem renunciar – não é uma tarefa fácil, porém injusto seria não aproveitar uma vontade manifestada, obrigando o cônjuge a participar da concorrência sucessória, dessa forma posiciono-me por sua possibilidade por testamento.

Com relação a outro tema correlato, aponta-se também pela possibilidade de convalidação de pacto antenupcial realizado entre "A" e "B" para casamento, em que após o pacto antenupcial as partes não distrataram ou extinguiram o instrumento público. Posteriormente, "A" casa com "C" e "B" casa com "D". Após a extinção dos dois casamentos, "A" e "B" se reencontram e querem utilizar o pacto antenupcial primitivo ineficaz para casarem nos moldes que pactuaram no passado. Não se vislumbra vício que impeça que o segundo casamento postergado de ambos possa ser regulamentado após um período de ineficácia longo até porque até a celebração do casamento ele sempre foi ineficaz, uma vez que será apresentado no procedimento de habilitação em que será publicado edital de proclamas e com a celebração produzirá efeitos jurídicos.

O artigo 1.653, do Código Civil, aduz que será ineficaz o pacto antenupcial se não lhe "seguir o casamento" e a interpretação menos onerosa para as partes, com semelhante segurança jurídica é a de inexistência de prazo, uma vez que o pacto antenupcial é ineficaz até a celebração. Há entendimento que defende o prazo de 90 (noventa) dias que seria o prazo do certificado de habilitação matrimonial, mas não há essa limitação na lei. Caberá essa interpretação ao oficial de registro civil das pessoas naturais no momento da apresentação da documentação no procedimento de habilitação e diante da falta de lei que o ampare para uma nota devolutiva, deverá aceitar a certidão do pacto antenupcial apresentada (o que poderia exigir talvez seria um traslado atualizado).

Sustenta-se, igualmente, a eficácia do pacto antenupcial após união estável com terceiro e depois casamento com quem tinha sido feito o pacto antenupcial anteriormente porque o pacto não tem prazo de validade e é ineficaz até o casamento. Logo, o pacto é considerado ineficaz durante todo esse período e sua vigência ocorre apenas com a celebração do casamento com aquela mesma pessoa. Aliás, seu efeito é *ex nunc*, contado da data da celebração para frente.

Por fim, não menos importante, defende-se que no pacto antenupcial possa haver a renúncia assim como entende Rolf Madaleno[41] e Mário Delgado em artigo conjunto com Jânio Urbano Marinho Júnior[42] e Carlos Edison do Rêgo Monteiro

---

41. "Urge atualizar as conclusões legais sobre os efetivos efeitos jurídicos do pacto sucessório inspirado em outra realidade social de um passado que não considerava o cônjuge viúvo e muito menos o sobrevivente da união estável como herdeiros concorrentes e tampouco herdeiros necessários, como efetivamente não o são quando convocados em direito concorrencial com a classe dos descendentes ou ascendentes, só sendo chamada uma classe na falta da outra, nas duas primeiras em concurso com o consorte ou convivente como sucessores irregulares. (...) Fosse realmente reprimido contratar herança de pessoa viva também seria proibido aos sócios de uma empresa de responsabilidade limitada consignarem no contrato social a vedação da incorporação ou não de herdeiros na sociedade, como seria então vedado ao consorte ou ao convivente excluírem do trâmite sucessório uma parte importante do seu patrimônio por meio de um contrato de seguro de vida ou através de uma expressiva e direcionada previdência privada". MADALENO, Rolf. Renúncia de herança no pacto antenupcial. *Revista IBDFAM*: Famílias e Sucessões. v. 27. p. 8. Belo Horizonte: IBDFAM, maio./jun. 2018, bimestral.
42. "Admitir a renúncia à herança em pacto antenupcial ou em contrato de convivência insere-se no âmbito de uma tendência mundial de se flexibilizar a proibição de pactos sobre herança futura. Sob essa perspectiva, deve ser admitida, por não se enquadrar na dicção restritiva do art. 426, a renúncia dos direitos concorrenciais dos cônjuges ou companheiros, em pacto antenupcial ou convivencial, cuja hipótese não se confunde com a situação de ser chamado sozinho à sucessão, como herdeiro único e universal, e que não implica, dessa maneira, violação ao princípio da intangibilidade da legítima, constituindo-se, assim, em direito validamente renunciável. A partir desse cenário, é possível apreender, efetivamente, a existência de novos horizontes para os pactos sucessórios no Brasil, muito mais adequada à nova realidade social e cujo fundamento é encontrado, em linhas gerais, em uma leitura mais restritiva do art. 426 do Código Civil, porque consentânea com o princípio da autonomia privada nas relações familiares e livre das amarras morais que outrora limitavam os pactos sucessórios, em outro contexto

Filho[43] de herança antecipada,[44] mas com possibilidade de revogabilidade futura, ou ao menos maiores estudos sobre esse tema.[45]

Aponta-se como possível, igualmente, a possibilidade de dispensa da necessidade de anuência do cônjuge ou companheiro na alienação dos bens particulares do outro consorte. Esse direito potestativo desemboca em um vício da invalidade privada (anulabilidade) que admite disponibilidade geral e não viola nenhuma norma de ordem pública.

---

histórico". DELGADO, Mário Luiz; MARINHO JÚNIOR, Jânio Urbano. Posso renunciar à herança em pacto antenupcial? *Revista IBDFAM*: Famílias e Sucessões. v. 31. Belo Horizonte: IBDFAM, jan./fev. 2019, Bimestral.

43. "Estender o regime da separação de bens para adiante da meação e admitir a renúncia contratual da herança conjugal em pacto sucessório, externada a renúncia em ato de antecipada abdicação, nada apresenta de odioso e de imoral, como não é igualmente odioso e imoral renunciar à meação. O ato de renúncia factícia da herança futura tampouco instiga a atentar contra a vida do cônjuge ou do convivente, e muito menos estimula a cobiça em haver os bens do consorte, como tampouco restringe a liberdade de testar. Muito pelo contrário, amplia esta liberdade ao permitir afastar um herdeiro irregular de um planejamento sucessório que o consorte se apressa em pôr em prática para excluir por outras vias legais o indesejado herdeiro concorrencial, sem deslembrar que os pactos renunciativos como negócios jurídicos bilaterais, são atos factíveis e irrevogáveis e diferem do testamento que é negócio unilateral e revogável". MONTEIRO FILHO, Carlos Edison do Rêgo; SILVA, Rafael Cândido da. A proibição dos pactos sucessórios: Releitura funcional de uma antiga regra. *Revista de Direito Privado* – RDPriv. v. 72, p. 178. São Paulo: Ed. RT, 2016.

44. "Inconformados com essa situação, alguns nubentes rogam para que haja a renúncia ao direito sucessório ou, no mínimo, ao direito concorrencial (concorrência sucessória entre cônjuge e descendentes ou ascendentes). As partes pretendem convencionar, então, em pacto antenupcial ou em contrato de união estável, que nenhum dos pactuantes concorrerá com os ascendentes ou descendentes do falecido, afastando, assim, a regra de concorrência dos incisos I e II do artigo 1.829. E aberta a sucessão pelo falecimento de qualquer deles, todo o seu patrimônio reverterá exclusivamente para os respectivos descendentes e ascendentes. Ocorre que referida disposição confronta de plano com o disposto no artigo 426 mencionado. E esse vício seria caso de nulidade da cláusula. (...) Em que pese grandes doutrinadores, inclusive o citado [Mário Delgado], defenderem essa possibilidade, o disposto no artigo 426 torna impossível a renúncia à herança, e por consequência, ao direito concorrencial. É a proibição à pacta corvina trazendo limite ao pacto antenupcial" (...) Como sugestão aos tabeliães que forem procurados para dar forma pública à manifestação de vontade dos nubentes dessa maneira, existe a possibilidade de condicionar essa pactuação a alterações legais, normativas e jurisprudenciais futuras. DE MUNNO, Kareen Zanotti. Andrea Elias da Costa... [et al.]; Coordenação Alberto Gentil de Almeida Pedroso. *Direito Civil III*: Os principais instrumentos do planejamento patrimonial familiar e sucessório. São Paulo: Thomson Reuters Brasil, 2021. V. 8, p. 86-87.

45. Além disso, veja-se: Recurso especial – Sucessão – Cônjuge supérstite – Concorrência com ascendente, independente o regime de bens adotado no casamento – Pacto antenupcial – Exclusão do sobrevivente na sucessão do *de cujus* – Nulidade da cláusula – Recurso improvido. 1 – O Código Civil de 2.002 trouxe importante inovação, erigindo o cônjuge como concorrente dos descendentes e dos ascendentes na sucessão legítima. Com isso, passou-se a privilegiar as pessoas que, apesar de não terem qualquer grau de parentesco, são o eixo central da família. 2 – Em nenhum momento o legislador condicionou a concorrência entre ascendentes e cônjuge supérstite ao regime de bens adotado no casamento. 3 – Com a dissolução da sociedade conjugal operada pela morte de um dos cônjuges, o sobrevivente terá direito, além do seu quinhão na herança do de cujus, conforme o caso, à sua meação, agora sim regulado pelo regime de bens adotado no casamento. 4 – O artigo 1.655 do Código Civil impõe a nulidade da convenção ou cláusula do pacto antenupcial que contravenha disposição absoluta de lei.

5.7 DA NECESSIDADE DE DISTRATO DO PACTO ANTENUPCIAL EM FACE DO PRECEDENTE DO RESP 1.483.863 SP PARA QUE NÃO SE APLIQUE O REGIME DE BENS EM UNIÃO ESTÁVEL DO CASAL

Decidiu o Superior Tribunal de Justiça no recurso especial 1.483.863, Estado de São Paulo, que enquanto houver a existência e validade de um pacto antenupcial, aquele determinado regime de bens escolhido pelo casal no pacto antenupcial voltado para um evento futuro e incerto que é o casamento dos pactuantes, mas que não ocorreu, serve como prova plena de existência, validade e eficácia caso o casamento não ocorra e o casal permaneça ou decida posteriormente conviver apenas em uma informal união estável.

Esse precedente busca resguardar mais a intenção das partes do que a forma e ainda equipara a vontade das partes quanto a um casamento futuro para uma situação de fato da ocorrência de uma união estável.

Portanto, eventual arrependimento ou discordância das partes quanto a aplicabilidade do regime de bens escolhido no pacto antenupcial merece ser distratada pela mesma forma pública. Caso não haja o distrato valerá o regime de bens para uma futura união estável vivida pelas partes.

Vale ressaltar que a melhor interpretação desse precedente é o de sua aplicabilidade apenas caso as partes não formalizem expressamente uma união estável com outro regime de bens e até o momento do ato, ou seja, vamos a um caso prático, as partes fizeram um pacto antenupcial na separação convencional de bens, por exemplo, no dia 23 (vinte e três) de maio de 2022, mas não casaram e passaram a conviver em união estável, o regime aplicável à união estável, para o Superior Tribunal de Justiça – STJ, é o da separação convencional de bens a partir daquela determinada data sendo os cônjuges herdeiros nos bens particulares do outro e sem meação mútua, não se enquadrando no regime da comunhão parcial nesse caso que se aplica na omissão das partes, o que não ocorra no caso ora exposto.

Aliás, quanto ao aspecto prático, o tabelião irá realizar uma remissão recíproca entre os atos ou comunicará ao tabelião que lavrou o pacto antenupcial para que futura certidão notarial solicitada por alguém já tenha a informação completa do desfazimento do negócio jurídico.

5.8 O PACTO ANTENUPCIAL E O ESTATUTO DA PESSOA COM DEFICIÊNCIA

O artigo 6º, da Lei Brasileira de Inclusão da Pessoa com Deficiência (Estatuto da Pessoa com Deficiência), permitiu a prática de atos extrapatrimoniais ao aduzir que aqueles atos não afetam a plena capacidade civil da pessoa com deficiência.

A pessoa com deficiência não tem afetada a sua plena capacidade civil, inclusive para casar-se e constituir união estável, exercer direitos sexuais e reprodutivos, exercer o direito de decidir sobre o número de filhos e de ter acesso à informações adequadas sobre reprodução, planejamento familiar, conservar sua fertilidade, sendo vedada a esterilização compulsória, exercer o direito à família e à convivência familiar e comunitária e exercer o direito à guarda, à tutela, à curatela e à adoção, como adotante ou adotando, em igualdade de oportunidades com as demais pessoas.

Na verificação do caso concreto deve ser observada a notoriedade, cognoscibilidade ou não da incapacidade e, se não interditado, a presunção da capacidade de fato ou exercício como instrumento protetivo do sujeito de direito e da segurança jurídica de todo o ordenamento jurídico.

Entre os autores que são propensos ao prestígio das inovações da Lei Brasileira de Inclusão da Pessoa com Deficiência (Estatuto da Pessoa com Deficiência) tem-se Pedro Lôbo, Flávio Tartuce (em que a dignidade-vulnerabilidade se transformou ou em dignidade-liberdade), embora com crítica em alguns outros pontos como a incapacidade relativa daquele que por causa transitória ou permanente não puder exprimir sua vontade, e Cristiano Farias. São contrários ao Estatuto José Fernando Simão e Victor Kümpel.

Acerca do novo panorama geral da Lei Brasileira de Inclusão da Pessoa com Deficiência (Estatuto da Pessoa com Deficiência), da interdição (intervenção estatal mais grave) e da tomada de decisão apoiada (intervenção estatal mais branda, ou seja, mero auxílio), vale a transcrição da conclusão do exposto por Maria Daneluzzi e Maria Mathias[46] sobre o assunto.

---

46. "Com isso, a revelar aparente conflito de normas, teremos o seguinte panorama jurídico em relação à curatela, já que: o Código Civil dispõe sobre a interdição, o Código de Processo Civil de 1973 da mesma forma a contemplou. O vigente Código de Processo Civil que também prevê a interdição, modifica o seu procedimento bem como o rol das pessoas que podem requerer, e, por fim, o Estatuto da Pessoa com Deficiência que não estabelece no texto a palavra, mas se refere à nomeação de curador, possibilitando, inclusive, a solicitação pela própria pessoa a ser curatelada (art. 114 do Estatuto, alterando os arts. 1.768 do CC e 747 do CPC/1973, embora o Estatuto tenha entrado em vigor antes do Código de Processo Civil, sem qualquer menção à alteração processual). Vale trazer, aqui, a valiosa contribuição de Rosa Nery com relação ao direito intertemporal que, ao analisar o pensamento de Serpa Lopes, acerca da validade e eficácia da lei no tempo, enfoca a questão com profundidade, sob o prisma técnico formal, sem se descurar da prudência que exige a análise eficacial. São suas as seguintes palavras: "Assim, em nosso entender, para o processo de interdição, a partir de 18.03.2016 passa a viger o texto dos arts. 747 a 758 do CPC/2015, porque o comando do EPD de especificamente alterar o texto de artigos revogados implicaria repristinação deles e, por isso, as alterações que operou em artigos já revogados não se consideram escritas". (...) 1. A Lei 13.146, de 06.07.2015 instituiu o Estatuto da Pessoa com Deficiência em consonância com as diretrizes do Dec. 6.949, de 25.08.2009 que, por sua vez, promulgou a Convenção Internacional sobre os direitos das pessoas com deficiência e seu protocolo facultativo, assinados em Nova Iorque, em 30.03.2007.

Acerca do tema da intenção manifestada, segundo Pontes de Miranda,[47] inclina-se ao entendimento de que a intenção do fato exprimido pressupôs o pensamento, que tem como premissa a vontade (intenção).

---

2. A linha traçada pelo Estatuto ruma na direção dos princípios da igualdade e da não discriminação. 3. Instaurou-se relativa controvérsia doutrinária acerca do alcance do Estatuto, despontando correntes convergentes, divergentes e intermediárias. 4. O Estatuto estabeleceu vários paradigmas, predominando sobre todos, o de que a pessoa com deficiência não é mais considerada incapaz, acarretando reflexos, notadamente, nas legislações civil e processual civil. 5. A pessoa com deficiência poderá ser considerada relativamente incapaz se, por causa transitória ou permanente, não puder exprimir sua vontade, podendo justificar a nomeação de curador. 6. O processo de interdição, cremos, ainda está em vigor, moldado aos novos paradigmas. 7. Dado o significado depreciativo que o termo interdição granjeou no vocabulário jurídico, melhor seria sua substituição por outro que representasse, adequadamente, o processo de designação da curatela. 8. O aparente conflito de normas entre o Código Civil, Código de Processo Civil e o Estatuto pode ser sanado por meio do diálogo das fontes, juntamente com os princípios estabelecidos pelo referido Estatuto. 9. Inexiste menção da palavra interdição no Estatuto, o que não significa dizer que seu procedimento está revogado para a definição da curatela, nos casos em que ela for necessária, notadamente, quando prevalecer a causa permanente, que impede a declaração de vontade. A despeito de ter sido abolida a palavra interdição, consta do texto legal, entretanto, o vocábulo *interditando*. 10. O processo de decisão apoiada é uma faculdade que poderá ser exercida pela pessoa com deficiência, caso possa expressar, satisfatoriamente, sua vontade para eleger o apoiador e não substitui a interdição. 11. É preocupante a questão relativa ao transcurso do prazo prescricional, bem como a concernente à declaração de nulidade do ato praticado pela pessoa com deficiência, por não ser considerada absolutamente incapaz. Em prol dessas pessoas dever-se-ia conferir uma legislação especial e própria para que os benefícios desse dois institutos possam continuar atuando em favor dessas pessoas. 12. O acréscimo do § 2º ao art. 228 do CC, pelo art. 114 do Estatuto, tem como escopo possibilitar à pessoa com deficiência testemunhar em igualdade de condições com as demais, sendo-lhe assegurada todos os recursos de tecnologia assistida. 13. pelo art. 114 do Estatuto da Pessoa com Deficiência, foi revogado o inc. I do art. 1.548 do CC. Logo, não poderá ser eivado de nulidade o casamento contraído por pessoa incapaz de consentir ou manifestar, de modo inequívoco, o consentimento (art. 1.550 do CC). 14. A própria pessoa pode requerer o processo que define os termos da curatela (inclusão do inc. IV ao art. 1.768, pelo art. 114 do Estatuto). 15. Por fim, dissociou-se, de forma definitiva, a incapacidade da deficiência. Onde houver incapacidade atrelada à deficiência esta sai de cena. A premissa adotada evidencia-se na capacidade da pessoa com deficiência, dissipada somente e quando a vontade externada estiver comprometida pelo discernimento". DANELUZZI, Maria Helena Marques Braceiro; MATHIAS, Maria Ligia Coelho. Repercussão do estatuto da pessoa com deficiência (Lei 13.146/2015) nas legislações civil e processual civil. *Revista de Direito Privado*. v. 66. ano 17. p. 57-82. São Paulo: Ed. RT, abr.-jun. 2016.

47. "Intenção manifestada – A intenção (= vontade de negócio) é elemento relevante, necessário, do suporte fáctico dos negócios jurídicos. Mas a intenção que importa é aquela que está na vontade, que se declarou, ou manifestou. Não se exige, em consequência, a que encheu outra vontade: a intenção que se procura, ou se revela de si-mesma, é a da declaração de vontade ou a da manifestação de vontade (...) Se houve palavras (casos há em que as palavras são fatos concludentes e, pois, instrumento de manifestação de vontade, e não de declaração de vontade), a interpretação passa a ter função de importância, porque se têm de precisar o seu sentido e a sua significação. Houve vontade (= intenção); e o pensamento, que se exprimiu, refere-se a essa vontade: quis-se, pensou-se, exprime-se; ou não houve pensamento *sôbre* a vontade (= que se refere à vontade), e sim pensamento-vontade: a) quis-se, b) pensando-se, e c) exprimiu-se. A exploração do que se exprimiu, ao querer-se pensando, não tem de procurar nas palavras mais do que o fato; ao passo que a exploração do pensamento sôbre a vontade tem de considerar as palavras como pensamento, pensamento *sôbre* a vontade ("claramente", declaração)". MIRANDA, Pontes de. *Tratado de Direito Privado*: Parte Geral. 4. ed. São Paulo: Ed. RT, 1983, v. I, p. 103.

Ademais, é disposição geral no Código Civil, no artigo 112, que nas declarações de vontade mais vale a intenção do que o sentido literal da linguagem e, indo além, a boa-fé objetiva é presumida nas declarações de vontade.

É ilógico não atribuir direitos diretamente patrimoniais ao interditado. Ter e não poder exercer direitos patrimoniais da personalidade diretamente, em todos os atos da vida civil, viola a presunção de discernimento. O próprio juízo deverá delimitar a curatela da pessoa com deficiência, em atendimento a condição subjetiva do curatelado.

Por meio da uma ideia liberatória o instituto da tomada de decisão apoiada não deveria ser apenas judicial, mas também facultativamente extrajudicial (ponto de inovação sugerido por pesquisa).

Os cartórios de notas e oficiais de registro civis das pessoas naturais que deveriam ficar encarregados de desenvolver a prática dessa medida muito útil a agilizar as decisões do curatelado, mesmo com prévia manifestação do Ministério Público na esfera extrajudicial.

Há quem defenda até a desnecessidade dessa manifestação porque a sua nulidade só ocorre se houver prejuízo ao curatelado. Ou seja, ainda que mesmo sem a oitiva do Ministério Público a nulidade só pode ser decretada após a intimação do Ministério Público, que se manifestará sobre a existência ou a inexistência de prejuízo (artigo 279, § 2º, do CPC), o que foi uma novidade no Código de Processo Civil de 2015.

A respeito da tomada de decisão apoiada e da diferenciação da tomada de decisão apoiada e do instituto da autocuratela, após a vigência da Lei Brasileira de Inclusão da Pessoa com Deficiência (Estatuto da Pessoa com Deficiência), segundo Cézar Fiuza[48] e Ana Teixeira, Anna Rettore e Beatriz Silva[49] é mais propensa à autonomia e a liberdade do que à proteção.

---

48. "Em nosso Direito, é fundamental, para que se aplique o instituto da tomada de decisão apoiada que o deficiente seja capaz (cego, tetraplégico, surdo mudo e outros, que sempre forma considerados, em tese, plenamente capazes), ou, quando nada, que detenha alguma capacidade de entendimento e de decisão (outros deficientes, como portadores de grau leve de Síndrome de Down, de Mal de Alzheimer em seu início ou outra enfermidade mental incapacitante, mas não tão incapacitante, que impossibilite o indivíduo de manifestar sua vontade de modo a produzir efeitos jurídicos). (...) Em outras palavras, não se aplica o instituto à categoria daqueles que não possam exprimir sua vontade, por lhes faltarem ou terem reduzido o discernimento, a ponto de não terem vontade (pessoas em coma) ou não poderem ter sua vontade levada em consideração (Síndrome de Down grave, Mal de Alzheimer avançado). Estes deverão ser interditados, como se disse. Trata-se de um instituto mais suave, ou menos grave nos efeitos, que a curatela". FIUZA, Cézar. *Tomada de decisão apoiada*. 2. Ed. Belo Horizonte: D'Plácido, 2018, p. 130 e 131.

49. "Por fim, em vista da promulgação do Estatuto da Pessoa com Deficiência, que prevê mecanismo de auxílio àquele que, detendo alguma limitação, mantém sua higidez mental, impôs-se diferenciar a dita "tomada de decisão apoiada, instituída pelo art. 1.783-A do Código Civil, da autocuratela. Con-

Em se tratando do instituto da incapacidade, com base nas relevantes modificações foram introduzidas pela Lei Brasileira de Inclusão da Pessoa com Deficiência (Estatuto da Pessoa com Deficiência), não se está aqui a defender a prática de atos daqueles que não tem poder de se comunicar por si. O que se deseja atentar é para o fato de que a decisão judicial da interdição acaba por decretar algo próximo a uma "prisão civil" para a prática de atos patrimoniais.

Pensa-se que a expressão interdição é atualmente pejorativa e a designação de curatela é a mais adequada. Algo interditado significa parado, obstruído, inadmitido e, após a Lei Brasileira de Inclusão da Pessoa com Deficiência (Estatuto da Pessoa com Deficiência) essa não é, definitivamente, a lógica da cláusula geral de liberdade, autonomia, dignidade da pessoa humana e solidariedade.

A capacidade civil é direito fundamental de proteção, ou seja, depende de necessidade e proporcionalidade para ser modificado, com limites perfeitamente especificados pelo juízo (conteúdo mínimo da sentença) que transmudam com o tempo.

Outrossim, o Superior Tribunal de Justiça – STJ já admitiu a inafastabilidade do procedimento de interdição, não o revogando expressamente, mas para aplicar a *flexibilização da curatela* que significa, segundo Célia Barbosa Abreu, na obra "Primeiras Linhas sobre a Interdição após o Novo Código de Processo Civil", que quando o próprio curatelado e o grupo social que está inserido fiquem protegidos o magistrado irá aplicar a interdição total mais personalizada, ou seja, extremamente casuísta, individualizada e concreta, ampliando a curatela ao indivíduo com ou sem o transtorno mental, como, por exemplo, aquele com grave histórico de prática de violência e desprezo às regras sociais por mais que não haja previsão legal – Recurso Especial número 1.306.687-MT – que teve como relatora a ministra Nancy Andrighi.

---

quanto ambas encampem as diretrizes constitucionais quanto ao respeito à diferença e à autonomia do portador de deficiência, a autocuratela pressupõe o reconhecimento judicial da impossibilidade do sujeito de se autodeterminar, por ausência de discernimento, ao passo que a "tomada de decisão apoiada" não pode prescindir da capacidade de querer e entender do apoiado, na medida em que visa, precisamente, a resguardar seu direito de decidir. Em suma, a autocuratela é um instrumento que existe, vale e é eficaz em nosso ordenamento jurídico. É o ser humano capaz que, no presente, se impõe diante do imponderável futuro (FACHIN; PIANOVSKI; FACHIN; GONÇALVES). Por isso, a ausência de previsão legislativa expressa sobre o tema não é óbice à sua utilização, na medida em que a principiologia constitucional que tutela a pessoa humana fundamenta o instituto". TEIXEIRA, Ana Carolina Brochado; RETTORE, Anna Cristina de Carvalho; SILVA, Beatriz de Almeida Borges e. *Reflexões sobre a autocuratela na perspectiva dos planos do negócio jurídico*. 2. ed. Belo Horizonte: D'Plácido, 2018, p. 198.

Acerca destes casos extremados, salientam suas opiniões Dante Carbonar[50] e Mariana Lara[51] da qual concordo.

Portanto, com base no princípio do melhor interesse do interditando/interdito e na proteção dos vulneráveis a curatela é medida promocional e inclusiva e não o oposto. Essa ótica integralista do direito material deverá refletir e ser incorporada na hermenêutica das regras de instrumentalização do processo civil.

Deve-se olhar para a pessoa com deficiência com um viés mais humanizado, mais liberatório do que protecionista, antes apreciável exclusivamente perante o magistrado, mas agora pela sociedade. A liberdade, igualdade e propriedade são resistências ao egoísmo anônimo coletivo, segundo preleciona Diogo Campos.[52]

---

50. "Em casos extremados, em que a pessoa não tem mínimas condições de exprimir sua vontade, o que acompanha, normalmente, deficiências físicas, como a impossibilidade de praticar atos de higiene pessoal sem auxílio de terceiro, devido ao grau de deficiência que lhe acomete, o Poder Judiciário tem proferido decisões cujos limites da curatela tem extrapolados os atos de cunho patrimonial, e alcançado atos de natureza pessoal, justamente com fim de promover maior proteção ao deficiente (art. 755, I, do CPC). Nem se poderia cogitar nesses casos de uma verdadeira assistência ao curatelado, uma vez que, pelas suas próprias condições devido a sua deficiência, não se poderia dizer que está em condições de exprimir verdadeira manifestação de vontade em conjunto com o curador, justamente pelo estado em que se encontra o impossibilitar de o fazê-lo, pois lhe falta discernimento. Na prática, portanto, pode-se dizer que tais pessoas, após a decisão judicial, estão equiparadas aos absolutamente incapazes, ainda que a lei preveja que somente os menores de 16 anos estão submetidos ao regime da incapacidade civil. Dessa forma, não poderiam elas ser assistidas, isto é, atuarem em conjunto com o curador, e sim, devem ser representas legalmente. Seria, portanto, uma exceção à regra de que maiores de 16 anos, ou aqueles que já atingiram os 18 anos, não podem ser representados legalmente". CARBONAR, Dante O. Frazon. A representação legal no Código Civil brasileiro. *Revista de Direito Privado*. v. 99. ano 20. p. 19-48. São Paulo: Ed. RT, maio.-jun. 2019.
51. "À luz da Convenção sobre os Direitos das Pessoas com Deficiência, e de modo a não violar a autonomia que ainda pode restar à pessoa, não se deve basear o modelo em esquemas muito restritivos de capacidade, como poderia ser encarado o regime positivado na redação original do Código Civil brasileiro. Em contrapartida, à luz da necessidade de tratar desigualmente os desiguais e com fins a não gerar a desproteção de certas pessoas que não detêm condições de agir de maneira autônoma, também devem ser evitados esquemas excessivamente permissivos, igualando-as formalmente as pessoas dotadas de discernimento e abolindo a figura do substituto de decisão, como pretendeu o Comitê sobre os Direitos das Pessoas com Deficiência da ONU. Na verdade, já se encontram rompidas de maneira irremediável no ordenamento jurídico brasileiro as ideias de incapacidade como solução única, bem como de causa e efeito entre padecer de deficiência mental ou intelectual e ser inevitavelmente incapaz. Todavia, igualmente não se pode aceitar a ideia de plena capacidade de fato para todas as pessoas com deficiência mental ou intelectual, independentemente do grau de comprometimento das faculdades mentais, como pretendeu o Estatuto da Pessoa com Deficiência. Nesse contexto, devem ser previstos mecanismos de proteção intermediários, alternativas menos restritivas, mas que não cheguem ao extremo de impedir que certas pessoas com deficiência mental ou intelectual gozem de um regime protetivo. É preciso, pois, compatibilizar autonomia e proteção em cada situação concreta, como forma de respeitar, ao máximo, a dignidade do sujeito envolvido". LARA, Mariana Alves. *Capacidade civil e deficiência: entre autonomia e proteção*. Belo Horizonte: D'Plácido, 2019, p. 167-168.
52. "O direito afirma-se como o produto da vontade geral, que é o novo soberano omnipotente. Perante este soberano não existem barreiras, nem a dos direitos da pessoa. Antes, o rei, inspirado pela vontade Divina, actuava de ciência certa, não podendo, portanto, violar os direitos de ninguém; hoje, os cidadãos, autorregulando os seus interesses, "não podem", naturalmente, violar os seus direitos – os

A ascensão do instituto da capacidade civil também foi favorecida, igualmente, pelo desenvolvimento do direito das minorias e dos vulneráveis tais como, negros, homossexuais, transexuais, entre outros.

No cenário jurídico atual a pessoa com deficiência pode casar por si, mas não pode realizar um planejamento familiar e sequer estipular em pacto antenupcial seu regime de bens sem curador e com prévia necessidade de alvará judicial (para o curador praticar o ato em representação).

Só consegue casar se não realizar pacto antenupcial, pois não haverá necessidade de representação. Casará, assim, sob o regime da comunhão parcial ou no regime da separação obrigatória de bens se incidir nas hipóteses do artigo 1.641, do Código Civil, o que é completamente incoerente com o sistema.

A pessoa com deficiência depende de curador judicial e alvará judicial específico para o curador representar na escolha de um regime de bens mesmo que mais protetivo como o da separação convencional de bens. Quem se preocupa em casar no regime da separação convencional de bens não teria realmente capacidade civil para escolher e assinar uma escritura pública de pacto antenupcial?! Fica esta reflexão e indignação! Ponto este também de inovação desta pesquisa.

A pessoa com deficiência pode realizar testamento sobre direitos extrapatrimoniais, mas não teria capacidade civil para testar sobre direitos patrimoniais, o que é outra violação da liberdade e da autonomia privada (entendo pela possibilidade). A limitação parcial e legal do conteúdo da vontade que a pessoa com deficiência pode escolher para si e sua família é outra aberração jurídica.

Acredita-se ainda no aperfeiçoamento em bloco e de demonstração de força a Lei 13.146/2015 tratar em legislação especial por "estatuto" toda a categoria das pessoas com deficiências à semelhança do que já ocorreu estatuto da criança e do adolescente e do estatuto do idoso. Com a criação dessas legislações ocorre sim um freio ao preconceito e um novo perfil de desenvolvimento contemporâneo da capacidade civil.

Vê-se, portanto, que existe uma verdadeira tendência de efetivamente haver maior proteção através de uma abordagem funcional, estrutural, individual e dinâmica condizente com a condição atualizada da pessoa com deficiência. A pessoa com deficiência não pode mais ficar presa à noção discriminatória, preconceituosa e abstrata da pessoa como parada, engessada.

---

de todos e os de cada um. Contudo, tal como sob a máscara do soberano se escondia um homem; hoje, sob o anonimato da vontade popular esconde-se um homem ou um grupo. Os direitos políticos de base – liberdade, igualdade, propriedade – surgem como simples instrumentos de luta de egoísmos". CAMPOS, Diogo Leite de. *Nós*: estudos sobre o direito das pessoas. Coimbra: Almedina, 2004, p. 158.

Submete-se à comunidade jurídica mais essa reflexão no sentido de que se desenvolvam maiores estudos a respeito da prática de atos diretamente patrimoniais com pessoas capazes com deficiência ou com incapazes, em especial na esfera extrajudicial.

Essa norma legal visou a inclusão social, cidadania e liberdade às pessoas com deficiência, modificando totalmente o sistema civilista de incapacidades, tendo derrogado os artigos 3º e 4º do código civil.

Apenas os menores de dezesseis anos passaram a ser considerados absolutamente incapazes (artigo 3º). A modificação na parte geral do código civil impactou em todas as áreas do direito, em especial no direito civil, tais como: direito das obrigações, contratos, responsabilidade civil, direito de família e sucessões.

Como já dito, um dos grandes impactos na atividade notarial e registral (cartórios) foi a criminalização da discriminação da pessoa em razão de sua deficiência (artigo 83). A tendência, inclusive, é o surgimento de novas possibilidades de atos extrajudiciais. A melhor ótica é aquela que compatibiliza o acesso à justiça com a solidariedade social e a dignidade da pessoa humana.

Entende-se que é possível esse acesso à justiça extrajudicial com segurança jurídica para pessoas com deficiência capazes ou com pessoas incapazes. Se por um lado pesa a (pseudo) segurança jurídica, por outro necessitar de suprimento judicial, nesses casos, torna demasiadamente lenta a circulação de bens móveis e imóveis, isto porque, na prática, quando existem pessoas com deficiência capazes ou pessoas incapazes, os casos terão, atualmente, que se submeter ao Poder Judiciário.

A tomada de decisão apoiada deveria ser extrajudicial com prévia manifestação do Ministério Público (ou até dispensada a manifestação desse órgão por alguns devido ao interesse privado do curatelado) que também merece ser regulamentada por lei.

A normatização e modificação legal e administrativa são fundamentais para que não haja a responsabilidade do Tabelião de notas (para materializar os atos das pessoas com deficiência capazes), oficiais de registro civis das pessoas naturais (para darem publicidade os atos das pessoas com deficiência capazes – atualmente – em São Paulo registrável no Livro "E" no cartório da sede da Comarca ou do primeiro subdistrito da sede da Comarca) e facilitar a operabilidade também pelos demais profissionais do direito, como advogados, entre outros âmbitos de consultoria e orientação jurídica, compatibilizando segurança jurídica com diminuição efetiva de processos judiciais.

O Brasil optou por não regulamentar as situações em que houve a realização de atos e negócios jurídicos antes da declaração da interdição. Embora a decisão judicial que decreta a interdição tenha efeito retroativo, *ex tunc*, faz-se necessária a desconstituição em concreto dos negócios jurídicos praticados pelo incapaz antes da interdição a fim de que haja efetiva segurança jurídica da nulidade do negócio praticado por agente incapaz atingido pela invalidade (artigo 104, inciso I, do Código Civil).

Dessa forma, o ato de registro devidamente inscrito no registro civil das pessoas naturais do último domicílio do interditado é marco regulamentador cognoscível da boa-fé objetiva. Gera presunção absoluta de conhecimento do registro por força de lei. Isto decorre da publicidade[53] *erga omnes* (efeito perante terceiros decorrente dos atos inscritíveis nos registros públicos, diferentemente das decisões judiciais que tem eficácia *inter partes*, salvo quando a lei prevê diferente[54]).

---

53. "Essa publicidade baseada no domicílio do interessado se justifica pelo fato de que os atos levados a registro no Livro "E" alteram o estado da pessoa natural, tornando-se de extrema relevância seu conhecimento por todos aqueles com quem a pessoa mantém relações sociais ou econômicas" (...) Diante disso, andou bem o legislador ao delimitar o registro do Livro "E" ao domicílio do interessado, e dentro da comarca de domicílio e apenas um Registro Civil, facilitando o conhecimento de fato relevante de alteração do estado da pessoa natural que não é objeto de alteração nos registros utilizados para identificação (nascimento e casamento). Assim é possível saber se determinada pessoa é interdita ou ausente e quem é seu curador, solicitando certidão positiva ou negativa de um único Registro Civil do domicílio do interdito ou do último domicílio do ausente. Há críticas acerca da publicidade baseada no domicílio, que foi muito eficiente outrora, haja vista que diante dos avanços da chamada sociedade da comunicação as relações não são circunscritas a uma única localidade com limitações espaciais, mas podem se dar em diversos estados ou países, o que leva à busca por uma publicidade mais integradora e mais ampla. Outro entrave a esta publicidade domiciliar é o fato de que as pessoas podem mudar de domicílio após algum registro, o que faria que o Livro "E" de domicílio nada contivesse, mas apenas o do domicílio anterior, ou ainda, é possível ter mais de um domicílio como permite a lei. Em face de tais ponderações, não há necessidade de se propor qualquer alteração na sistemática, mas tão somente observar as ferramentas que já existem para uma publicidade adequada, quais sejam, as anotações previstas nos arts. 106 e 107 da Lei n. 6.015/73. Em conformidade com tais artigos, qualquer registro ou averbação realizados no Livro "E" deverá ser anotado nos registros anteriores, de nascimento e de casamento, o que permitirá a todos que obtiverem certidão atualizada daqueles registros o conhecimento de alguma inscrição no Livro "E" e o cartório em que esta foi realizada. É dessa maneira que os registros do Livro "E" são amarrados com os demais registros da pessoa natural, criando-se uma malha firme de informações, com fácil localização destas". CAMARGO NETO, Mario de Carvalho; OLIVEIRA, Marcelo Salaroli de. *Registro Civil das Pessoas Naturais*: habilitação e registro de casamento, registro de óbito e livro "E". São Paulo: Saraiva, 2014. p. 144 e 145, v. 2 (Coleção Cartórios / Coord.: Christiano Cassettari).
54. Capítulo XIX. Itens: 2. No Registro de Títulos e Documentos será feito o registro: g) facultativo, de quaisquer documentos, exclusivamente para fins de mera conservação. 2.2.2. É vedado o registro conjunto de títulos e documentos, salvo na hipótese de registro exclusivamente para fins de mera conservação. 3. O registro facultativo exclusivamente para fins de mera conservação, tanto de documentos em papel como de documentos eletrônicos, terá apenas a finalidade de arquivamento, bem como de autenticação da data, da existência e do conteúdo do documento ou do conjunto de documentos, não gerando publicidade nem eficácia em face de terceiros, circunstância que deve ser previamente esclarecida ao interessado, sendo vedada qualquer indicação que possa ensejar dúvida sobre a natureza do registro ou confusão com a eficácia decorrente do registro para fins de publicidade e/ou eficácia contra terceiros. 3.1. Deverá obrigatoriamente constar na certificação do registro a seguinte declaração:

Cabe ainda, oportunamente, tecer crítica às supostas publicidades, que sob o pretexto de facilitar e concentrar a identificação civil, vem condensar os dados pessoais em cadastros estatais, tal como o Projeto de Lei 1.775 de 2015, que dispõe sobre a criação do Registro Civil Nacional (RCN), que busca, em apertada síntese, controlar e promover a administração de dados pessoais dos cidadãos com os mais variados fins, especialmente o político e o eleitoral, em verdadeiro retrocesso à época do registro do vigário que era instrumento político, conforme Lei de Terras número 601/1850 e Decreto 1.318/1854,[55] em oposição ao Registro de Imóveis que é jurídico e fomentador da atividade econômica.

Enquanto os Registradores Civis atuam preservando o direito à intimidade dos registrados e atendendo a segurança jurídica, o cadastro nacional pretendido almeja justamente o contrário. A publicidade registral do Registro Civil das Pessoas Naturais e do Registro de Imóveis é insubstituível e a única apta a gerar cognoscibilidade.

Indo além, pretende-se por meio do presente estudo propor a constituição, por meio de averbação no registro de imóveis, de patrimônio de afetação do incapaz de forma separada e independentemente da constituição de bem de família para que um administrador/fiduciário possa ajudá-lo em seus interesses. Essa regulamentação depende de lei.

Embora a família em si seja um ente despersonalizado, os seus membros têm personalidade jurídica. O ordenamento jurídico brasileiro prevê diversas formas de proteção do instituto família. Entende-se como família para fins de

---

"Certifico que o registro facultativo exclusivamente para fins de mera conservação, nos termos do art. 127, VII, da Lei dos Registros Públicos, prova apenas a existência, a data e o conteúdo do documento original, não gerando publicidade nem efeitos em relação a terceiros. 3.3. O registro para fins de conservação pode abranger qualquer papel suscetível de microfilmagem ou qualquer tipo de arquivo eletrônico que possa ser inserido em arquivo do tipo PDF-A. 3.5. O registro exclusivamente para fins de mera conservação deverá ser feito em livro específico (Lei 6.015/1973, art. 134), com lançamento do ato em índice também específico, em que constarão apenas a data e número do registro, os dados de identificação do apresentante e, caso indicados, o título ou a descrição resumida do documento ou do conjunto de documentos. 3.6. Não poderão ser registrados exclusivamente para fins de conservação contratos em plena vigência e documentos legalmente sujeitos a registros que exijam publicidade (Lei 6.015/1973, art. 127, I a VI, e parágrafo único, e art. 129), salvo mediante requerimento expresso contendo a declaração de ciência do apresentante quanto ao fato de que o registro não gerará publicidade nem eficácia perante terceiros. 4. O interessado deverá ser previamente esclarecido de que o registro facultativo exclusivamente para fins de mera conservação prova apenas a existência, data e conteúdo do documento, não gerando publicidade nem efeitos em relação a terceiros, sendo vedada qualquer indicação que possa ensejar dúvida sobre a natureza do registro ou confusão com a eficácia decorrente de outras espécies de atos registrais. 24. O registro facultativo, para fins de mera conservação, do contrato de constituição de sociedade simples, no livro "B", será feito mediante a comprovação da regularidade de sua constituição.
55. OLIVEIRA, Marcelo Salaroli de. *Publicidade registral imobiliária*. São Paulo: Saraiva, 2010, p. 115.

impenhorabilidade de bem de família as pessoas solteiras, separadas e viúvas (Súmula 364 do STJ).

O artigo 227 da Constituição Federal estipula como deveres da família a proteção da criança e o reconhecimento de ofício, pelo magistrado, da impenhorabilidade do bem de família, notificação de apenas um dos cônjuges na retificação administrativa[56] e necessidade de outorga conjugal são apenas alguns exemplos.[57] Ou seja, conhecida a proteção civil-constitucional da família entende-se que o único bem/patrimônio de(a) família do incapaz poderia ser doado ou ser de sua propriedade incapaz e ficar afetado à administração de um fiduciário.

O bem de família pode ser legal com base na lei 8.009/90 ou voluntário, dependente de manifestação de vontade por escritura pública ou testamento – artigo 1.711 do CC/02.

O patrimônio de afetação ora proposto seria apenas constituído de forma voluntária. Por exemplo, os pais com filho em situação de vulnerabilidade ou deficiência ou incapacidade que estejam preocupados com eventual falecimento do filho superveniente ao seu poderia doar ao filho determinado bem móvel ou imóvel com estipulação de uma pessoa de sua extrema confiança denominado de fiduciário (com ou sem remuneração) para administrar os interesses do filho (de forma bipartida), confiando ao mesmo esses poderes e desburocratizando através de uma nomeação extrajudicial de fiduciário a exigência legal de alvará para negócios a serem realizados por incapazes, além da necessidade de um seguro de vida, tutela, curatela, tomada de decisão apoiada ou de inventário.

Tal instituto é atrelado ao desejo privado e liberdade individual do fiduciante (aquele que confia) ao terceiro que faça a gestão profissional e especializada (fiduciário)[58] essa administração ou alienação de bens e gera maior segurança

---

56. Item 136.9 c) e d) das Normas de Serviço da Corregedoria Geral da Justiça.
57. "Outra questão moderna que envolve o Direito de Família diz respeito à colocação dela como pessoa jurídica. Savatier, entre outros, sustenta a personalidade jurídica da família de forma distinta da personalidade de seus membros. Alguns dispositivos hoje inseridos em nossa legislação levam a esse entendimento. O art. 227 da Constituição Federal é um deles, ao estabelecer ser dever da família proteger a criança. O instituto do bem de família também se presta ao entendimento de que a proteção deve se dar à família, não a seus membros. E isso porque se vem entendendo possível o reconhecimento de ofício do bem de família, independentemente da invocação da garantia feita pessoalmente pelos seus integrantes. O bem de família é uma norma cogente e de ordem pública. (...) Também se autoriza um cônjuge a invalidar venda feita pelo outro, mesmo que de bem integrante de seu patrimônio particular. Não há, aí, interesse do cônjuge autor da ação, que sequer precisa ser possível herdeiro, mas da família, isto é, da proteção de sua base econômica, que sustenta sua manutenção. ALMEIDA, José Luiz Gavião de. *Direito Civil*. Família. Rio de Janeiro: Elsevier, 2008, p. 14".
58. Nessa esteira, a Convenção de Haia estabelece que (a) os bens em trust constituem patrimônio separado, que não se confunde com o patrimônio pessoal do trustee; (b) a titularidade dos bens em trust fica em nome do trustee ou de outra pessoa por conta do trustee; (c) o trustee tem o poder e o dever, do qual deve prestar contas, de administrar, gerir ou dispor dos bens, de acordo com os termos do

jurídica à parte contrária que contrata com uma pessoa com incapacidade, muitas vezes sob o temor de uma possível invalidade por conta da falta de atendimento de alguma formalidade legal.

Tal mecanismo visa evitar a interdição total do incapaz para negócios patrimoniais até porque entre a incapacidade e a declaração judicial há insegurança e incerteza. Compartilha-se do entendimento de que a afetação maximiza a autodeterminação da pessoa, dinamismo e segurança jurídica ao permitir que um terceiro (fiduciário) possa possuir patrimônio separado do seu cônjuge, herdeiros ou credores do fiduciário em benefício do incapaz de modo a gerar intangibilidade patrimonial.

Para otimizar o funcionamento da sociedade, em atendimento aos princípios da função social do contrato, da continuidade, da preservação e da institucionalidade da pessoa e principalmente da operabilidade, percebe-se que a lei brasileira 13.146/2015 fortaleceu o instituto de amparo das pessoas com incapacidades, com rompimento total da segunda fase segregatória na busca do adentramento da quarta fase inclusiva, pluralista e concretista.

É elogiável iniciativas legislativas do artigo 3º, § 2º, inciso V, da lei 8.666/93, tal qual a estipulação de critério de desempate em licitações às empresas que comprovem cumprimento de reserva de cargos prevista em lei para pessoas com deficiência ou para reabilitados da previdência social e que atendam às regras de acessibilidade previstas na legislação.

A aprovação do projeto de Lei 2.761/2015 que tramita na Câmara dos Deputados a fim de que haja dedução maior de imposto de renda às empresas que contratarem pessoas com deficiência acima dos percentuais exigidos por lei (artigo 93, da Lei 8.213/91) é um dos incentivos necessários para o aperfeiçoamento ainda maior da categoria.

Merece ser permitida a prática de atos diretamente patrimoniais mais "restritivos" e acessórios aos principais já admitidos de forma que um pacto antenupcial (ato acessório) no regime de separação convencional de bens por

---

trust e com os deveres específicos que lhe são impostos pela lei; (d) os credores pessoais do trustee não podem excutir os bens em trust; (e) os bens em trust não serão arrecadados na hipótese de insolvência ou falência do trustee; (f) os bens em trust não integram o patrimônio da sociedade conjugal nem o espólio do trustee. Tais efeitos podem ser incorporados por países da família romano-germânica por intermédio do expediente da separação patrimonial – também conhecido como patrimônio autônomo, segregado, destacado, destinado, afetado ou especial –, com a consagração do negócio de fidúcia, que traduz esquema geral pelo qual os indivíduos podem estipular titularidade fiduciária com patrimônio separado. OLIVA, Milena Donato. A proteção dos incapazes e a utilidade da incorporação do trust pelo direito brasileiro. *Revista dos Tribunais*. v. 938. p. 59-76. dez. 2013. DTR\2013\10486. Disponível em: http://www.tepedino.adv.br/wpp/wp-content/uploads/2017/07/Protecao_incapazes_utilidade_incorporacao.pdf. Acesso em: 14 jan. 2020.

escritura pública merece ser prestigiado já que o casamento (ato principal) no regime da comunhão parcial de bens é possível e independe de representação.

Outro ato como o reconhecimento de filho, seja em vida ou por testamento, por ter caráter extrapatrimonial é permitido pelo novo estatuto. Atos patrimoniais dependem de representação e ainda alvará judicial quanto extrapolarem a mera administração.

Como o testamento é ato personalíssimo e não admite nem assistência legal merece ser admitido, em caráter excepcional, como exceção, o testamento com caráter patrimonial inclusive. O reconhecimento de filho afeta diretamente a partilha de bens na herança e o ordenamento jurídico é lacunoso nesse aspecto e também porque a liberdade privada é presumida.

Portanto, o ordenamento jurídico tem se apegado à restrição dos atos específicos, como por exemplo, doação e compra e venda dos bens, mas admite o casamento com comunicação completa de bens adquiridos onerosamente por força de lei, o que é um contrassenso.

Outrossim, entende-se ser viável a regularização da aceitação do recebimento de bens transmitidos legalmente em decorrência de inventário com partilha ou adjudicação extrajudicial no tabelionato de notas, por ser ato jurídico declaratório e já existem decisões judiciais iniciais sobre o assunto que admitem inventários extrajudiciais com pessoas incapazes com alvará judicial (Processo 1002882-02.2021.8.26.0318 – Leme/São Paulo). A cessão de direitos hereditários, por sua vez, dependeria de alvará judicial por ser ato que extrapola a mera administração.

Especificamente quanto à esta questão, por cautela, a lei poderá estabelecer a necessidade de alvará judicial sempre que o ato for extrajudicial ou a necessidade de apoiador, mas não proibir por completo a prática do ato nos cartórios.

O instituto facultativo da tomada de decisão apoiada está subutilizado na prática forense e poderia ser extrajudicial com ou sem oitiva do Ministério público, ou, se judicial, ser utilizado para permitir que os 2 (dois) apoiadores nomeados judicialmente pudessem participar obrigatoriamente no inventário extrajudicial à semelhança da prática de qualquer outro ato em nome da pessoa com deficiência, caso as partes desejassem sair da esfera judicial, o que se visualiza como o ápice da operabilidade, funcionalização, liberdade e dignidade humana.

Logo, acredita-se ser possível o inventário extrajudicial, sem cessão de direitos hereditários ou renúncia de herança, com pessoa com deficiência mental, exclusivamente para receber a herança, de acordo com a divisão legal e quando não houver testamento, uma vez que são relativamente incapazes e podem ser assistidos.

Ressalte-se que o menor emancipado já participa do inventário extrajudicial e acredita-se que a pessoa com deficiência poderia participar na posse de um alvará judicial ou, de posse da nomeação judicial dos apoiadores, com posterior registro no Livro "E" (item 42, alínea "F", do capítulo XVI, combinado com os itens 1, alínea "L", e 115.2, do capítulo XVII das Normas de Serviço da Corregedoria Geral da Justiça de São Paulo), para ter cognoscibilidade e eficácia perante terceiros, uma vez que o Ministério Público, inclusive, já é ouvido previamente na designação judicial dos apoiadores (artigo 1.783-A, §3º, do Código Civil).

O estatuto também merece ser criticado quando extrapolou a proteção no caso daqueles que, por causa transitória ou permanente, não puderem exprimir sua vontade, uma vez que estes deveriam ter permanecido como absolutamente incapazes. A solução momentânea é a declaração da inexistência[59] do ato jurídico por absoluta falta de vontade, dentro do "primeiro plano da escada ponteana", na linha do entendimento de Cristiano Farias,[60] Álvaro Villaça Azevedo e Zeno Veloso.[61]

---

59. "Se um ato produz efeitos jurídicos, necessariamente existe no plano jurídico. Mesmo uma sentença pode ser juridicamente inexistente. Um caso que não suscita dúvidas maiores é o da "sentença" proferida por quem não é juiz. "Sobre sentenças inexistentes, não pesa autoridade de coisa julgada", com razão afirma Teresa Arruda Alvim. A sentença inexistente não produz nenhum efeito jurídico. Se produz algum efeito jurídico, necessariamente existe no plano jurídico. É a sentença *nula* que, como a lei inconstitucional, produz efeitos jurídicos, não obstante sua nulidade". TESHEINER, José Maria Rosa; THAMAY, Rennan Faria Krüger. *Teoria geral do Processo*. 6. ed. São Paulo: Saraiva Educação, 2021, p. 263.
60. "Assim, o inciso I desse art. 1.767 determina que se sujeitam a curatela "aquelas (pessoas) que, por causa transitória ou permanente, não puderem exprimir sua vontade", ficando, consequentemente, revogados o inciso II, passando seu texto ao inciso I, e o inciso IV. Nesse caso, como vimos, cuidam-se de atos ou negócios inexistentes (e não nulos), devendo a curatela processar-se pelo modo da interdição prevista no atual Código de Processo Civil. Vimos que, saindo do casuísmo do Código Civil, na verdade o que se exige é que o curatelado não tenha condições de manifestar sua vontade". FARIAS, Cristiano; CUNHA, Rogério Sanches; PINTO, Ronaldo Batista. *Estatuto da Pessoa com Deficiência Comentado artigo por artigo*. 2. rev., ampl. e atual. Salvador: JusPodivm, 2016, p. 239-240.
61. Um deficiente mental, que tem comprometido absolutamente o seu discernimento, o que sofre de insanidade permanente, irreversível, é considerado relativamente incapaz. Bem como o que manifestou a sua vontade quando estava em estado de coma. Ou o que contratou, ou perfilhou, ou fez testamento, sendo portador do mal de Alzheimer em grau extremo. São casos em que não me parece que essas pessoas estejam sendo protegidas, mas, ao contrário, estão à mercê da sanha dos malfeitores, podendo sofrer consideráveis e até irremediáveis prejuízos. Se o agente praticou um negócio, declarou a sua vontade, em alguma daquelas situações, acima exemplificadas, não é lógico nem de boa política legislativa considerar que tais negócios sejam apenas anuláveis, produzindo efeitos, enquanto não anulados. Os atos anuláveis, relembre-se, não podem ser conhecidos *ex officio* pelo juiz, nem podem ser alegados pelo Ministério Público, e convalescem pelo decurso do tempo. Para o problema gravíssimo que estou apontando, é uma consequência muito tímida, carente. O que transmite a sua vontade tem de ter um mínimo de liberdade, compreensão, discernimento. E se tiver sido nomeado curador ao deficiente, não há intervenção do assistente que supra a questão principal de o agente não possuir vontade consciente, de não ter a mínima compreensão a respeito do significado, extensão, efeitos do negócio jurídico. Na falta de uma intervenção corretiva do legislador (que sempre é tardia), minha primeira

5.9 CLÁUSULAS EXISTENCIAIS EM PACTOS ANTENUPCIAIS

É possível a pactuação de cláusulas existenciais em pactos antenupciais, de acordo com o enunciado 635, da VIII Jornada de Direito Civil do Conselho da Justiça Federal, desde que não sejam violados os princípios da dignidade da pessoa humana, igualdade entre os cônjuges e da solidariedade familiar.

A grande dificuldade não é a estipulação como um desejo de ambas as partes, mas a problemática de executividade das consequências jurídicas das cláusulas pactuadas no caso de sua violação, expressa ou tática, pois ela ainda é considerada nula de pleno direito em muitos casos porque os deveres do casamento e da união estável são indisponíveis e de ordem pública.

Interpreta-se, assim, que dentro das cláusulas e matérias de ordem pública que vigoram no direito de família brasileiro, não afronta o artigo 1.655, do Código Civil, a estipulação de qual escola deverão, por exemplo, estudar os filhos, qual religião deverão seguir entre outros diversos aspectos não econômicos ou não patrimoniais, caso em que o pacto antenupcial visa a maior consecução da felicidade objetiva do casal.[62]

---

impressão sobre a questão que estou apresentando, é de que, para evitar graves distorções e evidentes injustiças, temos de invocar a teoria da inexistência, e privar de qualquer efeito negócios jurídicos cuja vontade foi extorquida e nem mesmo manifestada conscientemente. Para ser nulo ou anulável, é preciso que o negócio jurídico exista. A inexistência é uma categoria jurídica autônoma. Como adverte o doutíssimo Pontes de Miranda, o problema de ser ou não ser, no direito como em todos os ramos do conhecimento, é o problema liminar (Tratado de Direito Privado, tomo 4, § 358). A inexistência não é um *tertim genus*, ao lado da anulabilidade e da nulidade. O plano da inexistência não é o da validade, mas o da existência dos negócios jurídicos. Sem que tenha havido manifestação de vontade, o negócio não apresenta um requisito essencial, inafastável para que tivesse ingresso no mundo jurídico. Era o *nec ullus* do direito romano clássico. Não é nem que seja ruim ou péssimo o que se apresenta; é nada, nenhum. O negócio inexistente não produz quaisquer efeitos – nem parciais, secundários –, não se lhes aplicando as figuras da redução e da conversão. Já desenvolvi o tema em meu livro *Invalidade do Negócio Jurídico – nulidade e anulabilidade* (2. ed., 2005, Del Rey, Belo Horizonte, n. 23, p. 133), e disse, ali, que negócio inexistente é aquele em que falta elemento material, um requisito orgânico para a sua própria constituição. Há déficit de elemento fundamental para a formação do negócio. Não se trata de ele ter nascido com má formação; trata-se de ele não se ter formado. Na inexistência – apesar da aparência material – o que falta é um elemento vital, o próprio requisito essencial (objeto, forma, consentimento) para a configuração do negócio. VELOSO, Zeno. Disponível em: https://ibdfam.org.br/artigos/1111/Estatuto+da+Pessoa+Com+Defici%C3%AAncia-+uma+nota+cr%C3%ADtica. *Estatuto da Pessoa com Deficiência*. Uma nota crítica. Publicado em: 12.05.2016. Acesso em: 21 mar. 2021.

62. "A Justiça Geral correspondia à Justiça inerente a todos os preceitos de lei. A atribuição da nomenclatura de *justa* à toda norma jurídica e a toda conduta a ela condizente fundamentava-se no entendimento de que todas as leis tinham por objeto comportamentos que visavam à consecução do bem da *polis*, o Bem Comum. Na esteira das lições de Sócrates, Aristóteles afirma que as leis constituem a ferramenta do legislador por meio da qual este vincula os cidadãos à observância das condutas tendentes ao Bem Comum, identificado este com a produção e a conservação da vida *boa* (*eudaimonia*) para cada um dos indivíduos. As prescrições legais trariam, tanto quanto possível, mandamentos de comportamentos conformes à virtude, uma vez que é pela prática desta que se consegue chegar ao sumo escopo da vida em sociedade: a construção e a manutenção da situação em que todos os cidadãos, sem exceção, estão

Entende-se que não são nulas essas cláusulas por não afrontarem diretamente disposição absoluta de lei, mas poderão ser nulas, contudo, eventuais consequências jurídicas ou sanções desejadas pelas partes. Ou seja, é possível combinar quem irá realizar determinada tarefa acordada, mas não a nulidade do casamento por conta desse descumprimento. O casamento independe de condição.

Aliás, defendo a possibilidade de gerar efeito e possível consequência indenizatória para depois do casamento, posterior ao divórcio ou a separação, de modo que seria possível ensejar uma responsabilidade civil pós-contratual. Prescrição que não se inicia no decorrer da sociedade conjugal (artigo 197, inciso I, do Código Civil).

A intervenção mínima do Estado na família deve se estender aos bens jurídicos essenciais e básicos de modo a atingir aspectos materiais e imateriais,[63] para que essa liberdade individual ou familiar alcance a plenitude do poder de escolha do casal, possa prevenir litígios, efetivar direitos e materializar a dignidade humana.

Em outras palavras, entende-se como cabível a ampliação dos limites objetivos de abrangência do pacto antenupcial. Uma norma justa busca tutelar a segurança jurídica e o preenchimento de aspectos materiais e imateriais para potencializar a felicidade objetiva e minimizar a intervenção do Estado no planejamento familiar.

Por falta de estabilidade, certeza e previsibilidade da ação de execução, como título executivo extrajudicial, ainda é relativamente temerário, atualmente, o tabelião constar essas cláusulas existenciais nos pactos antenupciais que venha a elaborar. Pode constar, todavia, que o ato depende de posterior alteração legislativa expressa.

Defende-se, contudo, a inclusão desse tipo de cláusula programática para fins de transparência, de pretensão ou de desejo firmados em caráter de programação futura e metas do casal para com seus filhos até que exista precedente jurispru-

---

dotados de *bens materiais e imateriais suficientes para que possa viver feliz, sem quaisquer carências*. Esta primeira tentativa de construção de uma ideia de justiça voltada à consecução da *felicidade objetiva* de cada cidadão, fim do Estado e da própria lei, pôde ser identificada com o gérmen remoto da concepção moderna de Justiça Social". CASTILHO, Ricardo. *Justiça Social e Distributiva: Desafios para concretizar direitos sociais*. São Paulo: Saraiva, 2009, p. 110.

63. "Com efeito, tanto os bens objeto de liberdade individuais quanto aqueles objetos dos direitos sociais, econômicos e culturais mantêm entre si relação recíproca de instrumentalidade, que determina, de um lado, que os direitos sociais só podem ser exercidos plenamente com a plena liberdade do indivíduo, e, de outro lado, que as liberdades fundamentais não podem alcançar sua plenitude se não contar o indivíduo com mínimas condições materiais e imateriais de existência". CASTILHO, Ricardo. *Justiça Social e Distributiva: Desafios para concretizar direitos sociais*. São Paulo: Saraiva, 2009, p. 104-105.

dencial[64] consolidado e apto a assegurar segurança jurídica para que o tabelião venha a lavrar incondicionalmente pactos antenupciais com essas cláusulas, com ou sem consequências jurídicas para alguma das partes, a critério delas.

Logo, em contraponto, entende-se como claramente nula a consequência da perda de meação no caso de infidelidade conjugal/traição que é dever do casamento, nos termos do artigo 1.566, inciso I, do Código Civil, ou no caso de quebra da lealdade, nos termos do artigo 1.724, do Código Civil. O direito à meação é indisponível e não comporta disponibilidade antecipada.

Quanto a infidelidade, defendo, contudo, a possibilidade de livre estipulação pelo casal de indenização material em virtude de descumprimento de cláusula penal, que independe de comprovação de prejuízo, de acordo com a autonomia privada das partes e *pacta sunt servanda*.

O casamento tem natureza jurídica mista (eclética) com aspectos contratuais e aspectos institucionais e estando as cláusulas indenizatórias dentro da autonomia privada das partes, com efeito para ambas, seria possível estipular essa responsabilização civil.

Assim, o tabelião tem independência jurídica para lavrar pactos antenupciais com cláusulas penais. Cabe realizar essa explicação para as partes de que o tema é polêmico sem regramento legal literal e que eventual execução dependerá também de interpretação judicial a respeito do assunto, com negrito ou até sublinhado, para maior ênfase.

Ainda quanto ao dever de fidelidade, como regra, não é devido dano moral pela quebra da fidelidade, embora já haja decisão no interior de São Paulo, em Ribeirão Preto, de primeiro grau, em que houve a condenação no valor de R$ 50.000,00 (cinquenta mil reais) tendo em vista a traição ter ocorrido na cama do casal, com foto dos filhos ao lado, dentro da residência da família.

É nula, igualmente, a cláusula que estipula prêmio de um dos cônjuges para o outro de acordo com o tempo de permanência juntos e não comporta execução

---

64. "Assim, segundo nos parece, em um primeiro momento, a decisão, para ser considerada efetivamente precedente, deve, obrigatoriamente, observar as decisões proferidas pelos Tribunais (superiores ou locais, inclusive, a depender da situação), em julgamento realizado em controle concentrado de constitucionalidade, ou de enunciado de súmula vinculante, as decisões proferidas em sistema de demandas repetitivas, com repercussão geral, ou em assunção de competência, bem como as orientações do plenário ou órgão especial aos quais vinculados. Da mesma forma, em um segundo momento, a decisão judicial deve possuir o efeito vinculante geral, cuja aplicação não ocorra de forma direta e indiscriminada, por mero silogismo, mas, sim, dependente da análise das circunstâncias de fato que embasam a controvérsia individual, ou seja, o caso concreto, bem como da própria consolidação das teses normativas decididas naquela decisão (*ratio decidendi*)". TESHEINER, José Maria Rosa; THAMAY, Rennan Faria Krüger. *Teoria geral do Processo*. 6. ed. São Paulo: Saraiva Educação, 2021, p. 493.

por título executivo extrajudicial (escritura pública) porque não se admite cláusula de condição para permanência de casamento ou na união estável.

No pacto/escritura pública de namoro, contudo, como não há intuito de família, opina-se, contudo, por essa possibilidade de cláusula condicional por remuneração financeira de acordo com o tempo de permanência, devido à inexistência de constituição expressa de família, permitida a retribuição financeira apta a uma obrigação de fazer na seara do direito contratual e obrigacional.

A liberdade das partes merece ser ampliada e amparada nesse caso de namoro, como no caso, por exemplo, do que se pode denominar, em alguns casos, de cláusula de *sugar daddy* e *sugar baby* que é um relacionamento com honestidade e transparência entre duas pessoas que com objetivos e interesses claros e que desejam experiências em que uma das partes tem interesse sexual e na companhia da outra e a outra parte tem interesse em presentes, mimos, patrocínio em projetos pessoais ou profissionais, como financiamento de estudos ou bens.

Ignorar essa "parceria" através do relacionamento "*Sugar*" seria um retrocesso do direito civil aos fatos sociais, pois geraria insegurança jurídica quanto a possível constituição de união estável devido a sua informalidade. Nesse relacionamento "*Sugar*" pode existir a formalização da vontade para maior proteção jurídica quanto à incomunicabilidade de bens, o que não ocorre na união estável e dela se diferencia completamente.

Entende-se que nesse 'rol' de cláusulas abusivas que não poderia ser ampliado, por exemplo, um pedido antecipado de dissolução matrimonial ou divórcio, mesmo que seja unilateral, direito potestativo independente de motivação, mas atemporal ou extemporâneo (antes do casamento) quando feito antecipadamente em pacto antenupcial, por uma das partes, condicionado a quebra do respeito, assistência, guarda, sustento ou educação dos filhos expressamente a algum fato como, por exemplo, o esquecimento de buscar os filhos na escola em um número determinado de vezes estipulado pelo casal ou o castigo imoderado dos filhos por um dos cônjuges, pois o Estado deve zelar pela preservação da família e sua intervenção mínima.

Outra cláusula nula é a cláusula de "*vale night*" em que um ou ambos os cônjuges se permitem quebrar, em igualdade de condições, esses deveres de fidelidade ou lealdade, em um número determinado de vezes por mês ou ano, assunto esse que também é polêmico. Contudo, de acordo com o princípio da monogamia, conforme decisão recente do Supremo Tribunal Federal – STF, no Recurso Extraordinário 1.045.273, por voto de 6 x 5, foi negado o direito ao benefício previdenciário à união estável paralela de boa-fé, o que permite observar que seriam interpretadas de forma sistemática como nulas essas cláusulas de "*vale night*" no cenário jurisprudencial atual.

Também não é permitido estipular indenização por danos morais como cláusula penal na violação do dever de fidelidade/lealdade ou como consequência de um determinado ato como aquisição de dívida condicionada a determinado valor pecuniário à antecipada mutação/alteração do regime de bens, porque este depende atualmente de ação judicial para que haja essa modificação conforme foi visto anteriormente.

O Conselho Nacional de Justiça – CNJ, inclusive, ainda, proibiu os Tabeliães de notas à lavratura de escrituras públicas de poliafetividade, em todo o território nacional, com base no princípio da monogamia.

Logo, é preciso muito cuidado na pactuação de cláusulas existenciais em pactos antenupciais para que ela não seja *"letra morta"* com expectativa de exequibilidade e que fomente o conflito no relacionamento afetivo ao invés de prevenir litígios familiares.

5.10 A DESCONSIDERAÇÃO DO REGIME DE BENS E A DISPENSA DE OUTORGA DE CONJUGAL PARA AQUISIÇÃO IMOBILIÁRIA NOS CASOS DO PROGRAMA CASA VERDE E AMARELA

Cabe tecer comentário, mesmo breve, de que em doze de janeiro de dois mil e vinte e um (22.01.2021) foi publicada a Lei 14.118/2021, denominado Programa Casa Verde e Amarela, que substituiu o Programa Minha Casa Minha Vida, e estipulou como critério para concessão de inserção no programa determinadas faixas de renda mensal e anual, tanto para famílias residentes em áreas urbanas quanto rurais, para a contratação de financiamento habitacional.

O contrato, nos termos do artigo 13 da mencionada lei, será formalizado preferencialmente no nome da mulher e, na hipótese de esta ser chefe de família, poderão ser firmados independentemente da outorga do cônjuge, afastada a aplicação do disposto nos artigos 1.647, 1.648 e 1.649 do Código Civil, ou seja, a lei especial, através de uma técnica de especialidade, determinou a ignorância e dispensa da outorga conjugal, quando for o caso.

Ainda quanto ao Programa Casa Verde e Amarela o contrato será registrado no cartório de registro de imóveis competente, sem a exigência de dados relativos ao cônjuge ou ao companheiro e nem quanto ao regime de bens.

Caso haja a aquisição da propriedade imobiliária por meio do Programa Casa Verde e Amarela, no decorrer do casamento ou da união estável e, em seguida, aconteça o rompimento da união estável, ou a separação ou o divórcio, a propriedade será registrada em nome da mulher ou a ela transferido, independentemente do regime de bens aplicável, excetuadas as operações de financiamento habitacional firmadas com recursos do FGTS.

No caso de haver filhos do casal e a guarda ser atribuída exclusivamente ao homem, o título da propriedade do imóvel construído ou adquirido será registrado em seu nome ou a ele transferido, revertida a titularidade em favor da mulher caso a guarda dos filhos seja a ela posteriormente atribuída. Os prejuízos sofridos pelo cônjuge ou pelo companheiro nesses casos serão resolvidos em perdas e danos.

Sob essa ótica acredita-se que essa não foi a melhor solução protetiva para os filhos, uma vez que o bem poderá ser alienado por qualquer dos pais que tiverem com a guarda, além de gerar a disputa pela guarda com interesse econômico do bem.

Além disso, a lei ignora a pressão que a mulher pode sofrer para se desfazer do bem, que vai muito além da solução legislativa encontrada. A realidade de violência doméstica e/ou familiar é intensa no Brasil.

Diante disso, a melhor solução seria a transmissão do usufruto vitalício para os pais e a nua propriedade para os filhos, de modo a melhor compatibilizar interesses de modo a evitar uma violência patrimonial em face da mulher que é caracterizada quando ocorre qualquer conduta que configure retenção, subtração, destruição parcial ou total de seus objetos, instrumentos de trabalho, documentos pessoais, bens, valores e direitos ou recursos econômicos, incluindo os destinados a satisfazer suas necessidades (artigo 7º, inciso IV, da lei 11.340/2006).

Primeiro porque os pais poderiam renunciar o usufruto para o fim de consolidação parcial para os filhos ou eventual direito de acrescer ao outro pai/mãe se a lei assim permitisse para o outro ex-cônjuge ou ex-companheiro.

Segundo porque os pais ficariam como administradores dos bens dos filhos com possibilidade de prática de atos de mera administração como usar e fruir do bem (receber renda de aluguéis e também pagamento de dívidas por exemplo), vedada a alienação salvo com autorização judicial, que geraria maior proteção sob a ótica da criança ou adolescente.

Terceiro porque com 18 (dezoito) anos, com a maioridade o bem poderá ser vendido sem necessidade de autorização judicial, ou seja, haveria apenas uma inalienabilidade transitória ou temporária.

Por fim, com a necessidade de autorização judicial haveria o melhor controle preventivo de violência doméstica e/ou familiar pelo Poder Judiciário, de modo que a lei deve avançar no aspecto preventivo do conflito.

5.11 CASAMENTO COMO INSTITUTO ECLÉTICO: CLÁUSULAS INSTITUCIONAIS VEDADAS E CLÁUSULAS CONTRATUAIS PERMITIDAS

É considerado cláusula institucional vedada a escolha do regime da separação convencional de bens por casal, se uma das partes tiver mais de 70 (setenta) anos e desejar casar ou constituir união estável. É de incidência obrigatória o regime da separação obrigatória de bens.

Não podem as partes escolherem regime menos gravoso para os cônjuges. A principal consequência jurídica que o ordenamento jurídico visa proteger é a não concorrência sucessória, pelo outro cônjuge ou companheiro, nos bens particulares deixados pelo cônjuge que deseja casar após os setenta anos.

O que é permitido é o afastamento expresso da incidência da súmula 377 do Supremo Tribunal Federal (cláusula contratual permitida), conforme recurso administrativo número 1018564-40.2019.8.26.0100, da Corregedoria Geral da Justiça do Estado de São Paulo (Parecer 299-2019-E).

A possibilidade de incidência de regime de bens diverso ao da separação legal de bens para os maiores de setenta anos ocorre no caso da conversão da união estável em casamento cuja união está escrita e comprovadamente demonstrada e as partes realizam o pedido de conversão de união estável em casamento com protocolo do procedimento de habitação antes das partes completarem a idade de setenta anos.

Defendo ainda que, se formalizaram a união estável for por escritura pública e dessa união estável com regime de bens escolhido se solicitou a conversão em casamento antes ou depois da completude dos setenta anos a forma pública da escolha do regime de bens (pacto antenupcial com cláusula nesse sentido) estaria atendido e o casamento poderia ter o mesmo efeito da união estável. Uma vez equiparada a união estável ao casamento o que importa é o regime de bens e não o modelo familiar. Se já conviviam no regime de bens "X" porque não casar no mesmo regime de bens "X" antes escolhido. Não haveria razão para eventual proteção que já existia e a Constituição Federal aduz que deve ser facilitada a conversão de união estável em casamento (artigo 226, § 3º). Incidiria o mesmo regime de bens no casamento com segurança jurídica até porque a união estável sempre foi sobre determinado regime de bens.

Outra cláusula institucional vedada é a pactuação que na data "X" determinada haverá modificação do regime de bens. No estágio atual da legislação qualquer modificação do regime de bens depende de autorização judicial, oitiva do Ministério Público, publicação de editais e não prejudicar terceiros.

Vale ressaltar ainda como cláusula contratual permitida a possibilidade de residência em locais separados como estilo de vida alternativo (exemplo, um mora no apartamento do 1º andar e outro no 2º) como em casos já vistos no meio artístico (exercício profissional), a exemplo dos casais Di Ferrero e Isabeli Fontana ou Caio Blat e Luisa Arraes em que os dois moram no mesmo andar, do mesmo prédio, mas cada um em seu apartamento. Mesmo sem a coabitação que é dever do casamento (artigo 1.566, II, do CC/02) não há que se cogitar em grave preceito impossível de pactuação com base em interesses particulares relevantes de ambas as partes (artigo 1.569, do CC/02).

É vedado cláusula de infidelidade por ser institucional, violadora do princípio da monogamia adotado pelo Estado brasileiro. Contudo, pelo artigo 7º, da LINDB, como a lei do país em que domiciliada a pessoa determina as regras sobre o começo e o fim da personalidade, o nome, a capacidade e os direitos de família, logo, um pacto antenupcial cujo domicílio das partes seja em país que admita poligamia então seria possível de efeito perante a legislação estrangeira, passível de redação no Brasil.

6
JULGADOS RELEVANTES RELACIONADOS AO REGIME DE BENS NA ESFERA EXTRAJUDICIAL

A seguir serão vistos alguns julgados, judiciais e extrajudiciais, relacionados ao objeto desta pesquisa que é o regime de bens, pactos antenupciais (sua ampliação objetiva) e efeitos sucessórios.

Cabe ressaltar que o intuito é trazer também de forma prática os temas mais corriqueiros e atuais sobre o tema sem a pretensão de esgotar o assunto, mas correlacionar a teoria anteriormente vista com a realidade social e jurisprudencial.

6.1 IMPOSSIBILIDADE DE ALTERAÇÃO DE REGIME DE BENS ATRAVÉS DE ALVARÁ JUDICIAL EXPEDIDO NA ESFERA ADMINISTRATIVA

Como visto a alteração do regime de bens até pode ocorrer na vigência do Código Civil de 2002, uma vez que era imutável no Código Civil de 1916. Essa alteração depende de alvará judicial expedido em sede de jurisdição voluntária[1] do magistrado, no exercício de seu poder jurisdicional (e não administrativo).

No Pedido de Providências número 1071611-55.2021.8.26.0100, da 2ª Vara de Registros Públicos da comarca da capital do Estado de São Paulo, julgado em quinze de julho de dois mil e vinte e um (15.07.2021), que teve como relator o juiz Marcelo Benacchio, responsável por decidir as questões referentes ao Registro Civil das Pessoas Naturais ocorridas na cidade de São Paulo, ficou decidido que nos casos de casamentos em que haja o pedido de alteração do regime de bens a competência para decidir é jurisdicional.

---

1. "Terceira categoria compreende os casos em que a jurisdição voluntária se apresenta como participação do juiz em atos privados que constituem exercício de faculdades jurídicas ou manifestações da capacidade de agir, bem como a atividade judicial dirigida à documentação ou publicidade de fatos jurídicos. Enquadram-se, aí, os casos dos registros públicos, das fundações, do casamento, da alienação de imóveis do cônjuge, da extinção do usufruto, dos protestos, da separação e divórcio consensuais, da alienação de quinhão em coisa comum e da especialização da hipoteca legal, em que falta o elemento "lide". A separação de corpos, conforme a concepção que dela se tenha, entra nessa categoria, por ausência de direito subjetivo, podendo ou não haver lide". TESHEINER, José Maria Rosa; THAMAY, Rennan Faria Krüger. *Teoria geral do Processo*. 6. ed. São Paulo: Saraiva Educação, 2021, p. 155.

No caso concreto, com o objetivo de alterar o regime de bens do casamento de comunhão parcial para comunhão universal de bens, mediante invocação do artigo 1.639, § 2º, do Código Civil, e sob a alegação de que não haverá qualquer prejuízo a direito de terceiros o casal buscou consensualmente a alteração na esfera administrativa na 2ª Vara de Registros Públicos de São Paulo.

Ficou decidido que a apreciação da ação, de natureza jurisdicional, refoge do âmbito de atribuições do exercício da Corregedoria Permanente dos Registros Civis das Pessoas Naturais da Capital, que se desenvolve na esfera administrativa na 2ª Vara de Registros Públicos.

Dessa forma, a alteração almejada não teve sequer seu mérito apreciado para possível decisão naquela Vara. Explicou-se no julgado que a modificação do regime de bens dos cônjuges é de competência de ação de natureza jurisdicional, de âmbito da Vara da Família e das Sucessões.

Na esfera de atuação administrativa da Corregedoria Permanente dos Registros Civis e Tabelionatos de Notas da Capital não se admite sequer essa apreciação. Em razão da natureza do pedido foi indeferido o pedido e determinado o arquivamento dos autos por não haver providência administrativa a ser tomada na Vara de Registros Públicos.

Embora a decisão não seja vinculativa aos demais juízes das demais comarcas de todo o Estado de São Paulo, por ter sido proferida em sede de Vara e não no âmbito da Corregedoria Geral da Justiça do Estado de São Paulo, esta sim que tem efeito disciplinador e orientativo geral, merece ser levada em consideração pelos demais juízes corregedores permanentes para não permissão, incoerência sistemática, em violação e conflito de decisões no atual sistema de precedente.

6.2 COMPRA E VENDA SOB O REGIME DA COMUNHÃO PARCIAL DE BENS COM POSTERIOR ADITAMENTO DE ESCRITURA APÓS A INDISPONIBILIDADE DE BENS E IMPOSSIBILIDADE DE MUDANÇA DA NATUREZA DE COMUNHÃO PARA BEM PARTICULAR

Foi decidido pela Egrégia Corregedoria Geral da Justiça do Estado de São Paulo, que tem competência para decidir, em recursos administrativos de pedidos de providências, as questões referentes a averbação estrito senso no Estado de São Paulo como o julgado de número 1002137-39.2019.8.26.0238, datado de quinze de julho de dois mil e vinte e um (15.07.2021) pelo relator Ricardo Mair Anafe, com base nos artigos 1.659, inciso I, do Código Civil de 2002, artigo 167, inciso I, da lei 6.015/73, e artigo 405, do Código de Processo Civil, ocasião em que ficou decidido pela impossibilidade de aditamento de escritura após a indisponibilidade de bens que se comunicou o bem adquirido pelo regime da comunhão parcial de bens.

O fato do caso foi: Se buscou uma averbação referente a um imóvel adquirido de forma onerosa pela recorrente, à época casada em regime de comunhão parcial de bens. Após a compra parcelada do imóvel surgiu uma pendência de indisponibilidade sobre o patrimônio do marido.

Foi feito um pedido de averbação para que constasse que a aquisição original do imóvel estaria excluída da comunhão, tendo sido realizada escritura pública de aditamento do negócio jurídico primitivo. A indisponibilidade de bens impediu a mutação patrimonial pretendida e com isso foi negado provimento ao recurso administrativo.

A recorrente era casada em regime de comunhão parcial de bens com o marido, e adquiriu, por compra e venda, o imóvel. Em 2014, o imóvel foi parcelado em dez lotes, dos quais foram alienados quatro. Sobre os seis restantes pende, desde 2017 e 2018, indisponibilidade decretada na esfera administrativa, em desfavor de seu cônjuge, a quem os imóveis se comunicaram por força do regime de bens no matrimônio com a esposa.

Em 2019, foi apresentado ao ofício de registro de imóveis uma escritura pública de aditamento, acompanhada de ata retificadora, constando que o imóvel havia sido adquirido com recursos doados pelo pai da proprietária (esposa), de modo que constituiria bem particular dela e não se haveria comunicado com o patrimônio de seu marido.

Entendeu o Oficial que, não obstante o teor desses atos, ocorreu a comunicação dos bens entre os cônjuges, e que não se havia de admitir retificação ou aditamento que alterassem, como pretendido, uma parte essencial de negócio jurídico já inscrito, razões pelas quais os títulos apresentados não podiam ser dados a registro.

De tudo se tira, assim, a conclusão de que o imóvel em questão foi adquirido onerosamente e ficou indisponível, de maneira que não se pode falar em bens exclusivos e não teve lugar a averbação pretendida.

Em seu recurso administrativo, a interessada alega que seu pedido de averbação visa ao saneamento de vício constante do registro, uma vez que o imóvel foi adquirido somente com os recursos que lhe doara seu pai, mas, em razão da confiança entre os cônjuges e de erros na lavratura dos instrumentos, não constou, naquele tempo, que o verdadeiro intuito da recorrente era ver o numerário sub-rogado no imóvel, e para isso é que agora se fizeram os atos notariais em discussão, mediante os quais se quer retificar esse erro material e adequar os fatos e o direito à realidade registral.

Aduziu que a pendência de indisponibilidade não impediria a averbação da sub-rogação, pois esta teria eficácia anterior à daquela constrição e, de qualquer forma, a regra do inciso II do art. 1.659 do Código Civil, permitiria fazer prevalecer a manifestação de vontade expressa pelos cônjuges, mesmo que posterior às inscrições registrais, como indicam precedentes (Conselho Superior da Magistratura CSM, Apelações Cíveis AC 96.913-0/4 e 1038270-77.2017.8.26.0100; Superior Tribunal de Justiça STJ, Recurso Especial REsp 1.324.222).

Insistiu em que nunca houve comunicação desse imóvel entre o seu patrimônio e o cônjuge (Cód. Civil, art. 1.659, I), o que foi desconsiderado pelo juízo a quo, o que significou negar a força probante da escritura pública (Código de Processo Civil, artigo 405).

Mencionou que o decidido pela Corregedoria Geral da Justiça nos Processo n. 2011/95456 e o que consta no item 121 e 2.1 (*sic*) das Normas de Serviço dos Cartórios Extrajudiciais, e concluiu que, não se buscando alterar a substância do negócio, mas apenas corrigir um equívoco, a averbação pretendida é possível, como ficou decidido pelo CSM na AC 1132901-47.2016.8.26.0100. A Procuradoria de Justiça opinou pelo desprovimento do recurso.

Ficou decidido então que o título aquisitivo outorgado em favor da recorrente que foi uma compra e venda celebrada em março de 2011, foi corretamente registrada em abril de 2011, e o domínio assim transmitido comunicou-se ao seu marido *ipso iure*, por força do regime de bens adotado no matrimônio (Código Civil, artigo 1.658).

Esta é a situação jurídica, perfeita e acabada, que resultou do título e da sua inscrição (Lei 6.015, de 31 de dezembro de 1973, art. 167, I, 29), e que se reproduziu nas matrículas que vieram depois do parcelamento da gleba original.

Ora, a indisponibilidade que atingiu o marido impede que se faça a averbação pretendida com o ingresso do título em discussão, pois a constrição, enquanto lhe pesar sobre o patrimônio, vedará qualquer alteração dominial que afaste dele a titularidade sobre os bens e prejudique a finalidade da providência.

Não se nega que a possibilidade, em tese, de retificação do título e, com isto, de retificação do registro, nos casos em que um erro na instrumentação do negócio jurídico (por exemplo, por falta de menção a alguma das circunstâncias do Código Civil, artigo 1.659, I e II) tenha levado a uma inverdade da inscrição e de seus efeitos (por exemplo, levando a considerar-se como aquesto o que efetivamente não se comunicaria).

É o que diz, entre outros (CSMSP, Apel. Cív. n. 96.913-0/4 e Apel. Cív. 1038270-77.2017.8.26.0100), o seguinte julgado, verbis: "Registro de imóveis – Pedido de retificação do registro no qual constou tratar-se de aquisição de imóvel comum ao casal, dado o regime da comunhão parcial – Inobservância pelo registrador da expressa e taxativa declaração dos cônjuges, constante do título, de que se tratava de bem adquirido com capital exclusivo de um deles – Circunstância que afasta a comunicação e leva à hipótese de bem particular – Registro que não pode se divorciar da manifestação da vontade do casal aposta no título – Não caracterizada ofensa às regras legais para referido regime de bens do casamento – Dado provimento ao recurso" (CGJSP, Processo n. 95.456/2011, Des. Maurício Vidigal, j. 10.11.2011).

Entretanto, para que assim se procedesse, seria necessário, a superação da indisponibilidade. Não favoreceu a interessada a alegação de que a indisponibilidade passou a recair depois da data do negócio jurídico aquisitivo. Admitida a retificação, a aquisição seria atingida desde a origem, a fim de esclarecer-se que, *ab initio* (desde 2011), a única adquirente foi a interessada (e não a interessada e seu marido).

Contudo, perante terceiros, por força do que expressamente dispõe o art. 252 da Lei de Registros Públicos, essa ratificação só produzirá efeitos a partir da data em que for averbada e entre esses terceiros estão, justamente, aqueles que possam ser beneficiados pela constrição sobre os bens do marido.

A indisponibilidade prevaleceu sobre o título em que se quis averbar, de modo que essa averbação não foi possível e não houve razão para ser modificada a sentença, que manteve a recusa do Ofício de Registro de Imóveis. Dessa forma, o recurso foi conhecido e, no mérito, não provido.

6.3 POSSIBILIDADE DE QUALIFICAÇÃO REGISTRAL NO REGISTRO DE TÍTULO JUDICIAL COMO SUCESSÃO E PARTILHA E A NECESSIDADE DE ESPECIALIZAÇÃO DE MEAÇÃO E DA HERANÇA DE MODO A ABRANGER A TOTALIDADE DOS BENS

Foi decidido na 1ª Vara de Registros Públicos de São Paulo no processo: 1056409-38.2021.8.26.0100, em catorze de julho de dois mil e vinte e um (14/07/2021) que no título objeto de registro, mesmo que judicial, deve constar a parte específica de meação e a parte específica objeto de partilha no inventário.

Houve negativa em se proceder ao registro do formal de partilha dos bens deixados pelo falecido, expedido no processo de autos 1038884-17.2019.8.26.0002, referente ao imóvel objeto de registro daquele processo.

O óbice registrário referiu-se à necessidade de aditamento do formal, tendo em vista que a partilha abrangeu somente a metade ideal do referido bem. Afirmou a parte suscitante que o falecido era casado pelo regime da comunhão parcial de bens com a viúva meeira, razão pela qual seu aquinhoamento foi reservado (50%), passando à partilha apenas a metade relativa à legítima pertencente aos seus filhos herdeiros, de que existe sentença judicial transitada em julgado e de que não houve oposição da Fazenda Estadual.

Ficou decidido então: Que os títulos judiciais não estão isentos de qualificação, positiva ou negativa, para ingresso no fólio real. O Egrégio Conselho Superior da Magistratura já decidiu que a qualificação negativa do título judicial não caracteriza desobediência ou descumprimento de decisão judicial (Apelação Cível 413-6/7).

Neste sentido, também a Apelação Cível 464-6/9, de São José do Rio Preto: "Apesar de se tratar de título judicial, está ele sujeito à qualificação registrária. O fato de tratar-se o título de mandado judicial não o torna imune à qualificação registrária, sob o estrito ângulo da regularidade formal. O exame da legalidade não promove incursão sobre o mérito da decisão judicial, mas à apreciação das formalidades extrínsecas da ordem e à conexão de seus dados com o registro e a sua formalização instrumental".

E, ainda: "Registro público – Atuação do titular – Carta de adjudicação – Dúvida levantada – Crime de desobediência – Impropriedade manifesta. O cumprimento do dever imposto pela Lei de Registros Públicos, cogitando-se de deficiência de carta de adjudicação e levantando-se dúvida perante o juízo de direito da vara competente, longe fica de configurar ato passível de enquadramento no artigo 330 do Código Penal – crime de desobediência –, pouco importando o acolhimento, sob o ângulo judicial, do que suscitado" (STF, HC 85911 / MG, Relator: Min. Marco Aurélio, j. 25.10.2005, Primeira Turma).

Logo, ficou fundamentado que a mera existência de título proveniente de órgão jurisdicional não basta para autorizar automaticamente seu ingresso no registro tabular e no caso do formal de partilha levado a registro, há necessidade de seu aditamento com a finalidade de se arrolar a integralidade do patrimônio, com inclusão da meação do cônjuge.

A meação do cônjuge não se enquadra no conceito de herança. O valor da meação não deve ser considerado na base de cálculo das custas judiciais ou de tributo. No caso decidido o imóvel foi adquirido na constância do casamento em comunhão (indivisível), que não se confunde com o condomínio civil (divisível).

Assim, com a morte de um dos cônjuges, foi necessário inventariar a totalidade do imóvel, o que incluiu o quinhão dos herdeiros mais a parte do cônjuge sobrevivente, de modo que a universalidade seja partilhada, retificando-se a distribuição das respectivas partes ideais.

Neste sentido, foi citada ainda a lição de Afrânio de Carvalho: "Não importa que, em se tratando de cônjuge sobrevivente casado no regime da comunhão de bens, metade do imóvel já lhe pertença desde o casamento, porque o título reúne essa parte ideal, societária, com a outra, sucessória, para recompor a unidade real do "de cujus".

A partilha abrange todo o patrimônio do morto e todos os interessados, desdobrando-se em duas partes, a societária e a sucessória, embora o seu sentido se restrinja por vezes à segunda.

É incorreto dar em pagamento ao cônjuge sobrevivente ambas as metades, ou seja, o valor global da operação. A ordem de pagamento é de dívidas, a meação do cônjuge e, em seguida, a meação do falecido que, na hipótese, passa também ao cônjuge".[2]

No mesmo sentido é a orientação do C. Conselho Superior da Magistratura: "Registro de Imóveis – Dúvida – Registro de formal de partilha – Transmissão de parte ideal de imóvel a viúva e herdeiros – Partilha que recai sobre a totalidade do bem e "Registro de imóveis. Ação de inventário/arrolamento. Formal de partilha. Situação de universalidade dos bens, com necessidade de que seja inventariada a totalidade do patrimônio, para, em seguida, proceder-se à sua partilha, de modo a retificar as partes ideais. Recurso desprovido (TJSP; Apelação Cível 9000001-04.2018.8.26.0646".

6.4 COMPRA E VENDA. DIVÓRCIO. PARTILHA. MANCOMUNHÃO. DEVER DE OBEDIÊNCIA AO PRINCÍPIO DA CONTINUIDADE

Foi decidido pela 1ª Vara de Registros Públicos de São Paulo no processo 1056883-09.2021.8.26.0100, em vinte e dois de junho de dois mil e vinte e um (22.06.2021) em que se buscou o registro de um registro de instrumento particular de compra e venda e financiamento com alienação fiduciária de imóvel.

O caso decidido diz respeito a partilha de um divórcio consensual em que se negou o registro do título com base no princípio da continuidade[3] uma vez que o bem estava em mancomunhão na medida em que, ao tempo da aquisição, os proprietários eram casados sob o regime da comunhão parcial de bens, mas ao tempo da venda, estavam divorciados, de modo que ficou decidido pela necessidade do registro prévio da partilha dos bens do casal.

---

2. *Registro de Imóveis*. 3. ed. Rio de Janeiro: Forense, 1982, p. 281.
3. Segundo Afrânio de Carvalho: "O princípio da continuidade, que se apoia no de especialidade, quer dizer que, em relação a cada imóvel, adequadamente individuado, deve existir uma cadeia, de titularidade à vista da qual só se fará a inscrição de um direito se o outorgante dele aparecer no registro como seu titular. Assim, as sucessivas transmissões, que derivam umas das outras, asseguram a preexistência do imóvel no patrimônio do transferente". CARVALHO, Afrânio de. *Registro de Imóveis*. Comentários ao sistema de registro em face da Lei 6.015, de 1973, com as alterações da Lei n. 6.216, de 1975. 4. ed. Rio de Janeiro: Forense, p. 254.

Os divorciados alegaram que inexistia exigência legal para a providência que lhes foi imposta porque ambos os proprietários compareceram ao negócio de venda e compra, com requerimento de averbação da alteração de estado civil e que não haveria diferença entre a venda feita antes ou depois do divórcio.

Concluiu-se que os registros necessitam observar um encadeamento subjetivo decorrente do divórcio, o que configura situação de mancomunhão e que a matéria já foi decidida pelo Superior Tribunal de Justiça[4] e pelo Egrégio Conselho Superior da Magistratura[5] pela necessidade de registro prévio da partilha após o fim do casamento para que futuras alienações possam ingressar no fólio real.

Ou seja, sem a apresentação da partilha, não houve como averiguar se houve divisão igualitária dos bens do casal, continuando o acervo patrimonial em sua totalidade à disposição de ambos os ex-cônjuges.

Logo foi decido como correta a decisão do Oficial de Registro de Imóveis, com a exigência de registro prévio da partilha dos bens do casal, não sendo suficiente mera averbação de alteração do estado civil.

O impedimento foi mantido a fim de se preservarem os princípios da continuidade e da segurança jurídica que regem os registros públicos e a dúvida administrativa foi julgada procedente (a favor do Oficial).

6.5 COMPRA E VENDA. ESTADO CIVIL. DIVÓRCIO. SEPARAÇÃO DE FATO. AQUESTOS

Foi decidido pela 1ª Vara de Registros Públicos de São Paulo, no processo 1062571-86.2020.8.26.0002, julgado em 22/06/2021 (vinte e dois dias do mês de junho de dois mil e vinte e um) um caso de compra e venda com alienação fiduciária em que adquiriu o bem como casada, mas alegou ter ocorrido a separação de fato por abandono de lar, tendo sido proposta ação de separação de corpos e

---

4. "Rompida a sociedade conjugal sem a imediata partilha do patrimônio comum, ou como ocorreu na espécie, com um acordo prévio sobre os bens a serem partilhados, verifica-se - apesar da oposição do recorrente quanto a incidência do instituto – a ocorrência de mancomunhão. 2. Nessas circunstâncias, não se fala em metades ideais, pois o que se constara é a existência de verdadeira unidade patrimonial, fechada, o que dá acesso a ambos ex cônjuges à totalidade dos bens" (RESP 1.537.107/PR, Rel. Min. Nancy Andrighi, 3ª T., DJE. 25.11.2016)".

5. "Dúvida – Registro de imóveis – Imóvel registrado em nome de casal divorciado, sem registro de partilha – Escritura de doação feita pelo ex-marido na condição de divorciado, pretendendo a doação de sua parte ideal da propriedade à ex-cônjuge – Partilha não registrada – Necessidade de prévia partilha dos bens do casal e seu registro – Comunhão que não se convalida em condomínio tão só pelo divórcio, havendo necessidade de atribuição da propriedade exclusiva, ainda que em partes ideais, a cada um dos ex-cônjuges – Impossibilidade do ex-cônjuge dispor da parte ideal que possivelmente teria após a partilha – Ofensa ao princípio da continuidade – Exigência mantida – Recurso não provido" (Apelação Cível: 1012042-66.2019.8.26.0562, Relator: Des. Ricardo Mair Anafe, DJ: 14.04.2020).

que comprou o bem com recurso particular decorrente de FGTS (bem fora do aquesto).

Concluiu-se no caso que o casal se divorciou judicialmente em decisão com resolução de mérito, sem partilha de bens e que a aquisição ocorreu após esse momento com recursos particulares de FGTS e que a transação do bem é posterior à separação de fato do casal e não impediu o registro.

Ficou ponderado que, embora somente o divórcio ponha fim à sociedade conjugal, quando há separação cautelar de corpos, é desde esta decisão que se considera encerrado o regime de bens, sendo possível, por esse fundamento, entender pela superação do óbice registrário.

Destacou-se que ao transigirem sobre o divórcio, as partes concordaram que a separação de fato se efetivou na sequência do casamento, e, por essa razão, desde então, não constituíram patrimônio comum a ser partilhado.

Ficou ressalvada a possibilidade de se resguardar em ação própria. Por esses fundamentos, não há como exigir a propositura de ação declaratória de incomunicabilidade de bem, porquanto o contrato de transação da compra pela suscitante foi firmado depois do término do casamento e dentro de período abarcado por decisão judicial sobre a inexistência de patrimônio comum.

6.6 ADJUDICAÇÃO E VIOLAÇÃO DO PRINCÍPIO DA CONTINUIDADE. FALTA DE PARTILHA E REGISTRO PRÉVIO DE INVENTÁRIO DE CÔNJUGE PRÉ-MORTO. EXIGÊNCIAS COM IMPUGNAÇÃO PARCIAL E TÍTULO JUDICIAL QUE SE SUBMETE A QUALIFICAÇÃO REGISTRÁRIA FORMAL

A 1ª Vara de Registros Públicos de São Paulo decidiu no processo número 1022725-25.2021.8.26.0100 em 18/06/2021 (dezoito de junho de dois mil e vinte e um) após a negativa de registro de carta de adjudicação com base no princípio da continuidade registral de hipótese de cônjuge pré-morto sem prévio registro da partilha dos bens deixados.

A parte aduziu, ainda, que a dispensa do inventário do coproprietário não violaria o princípio da continuidade, já que o bem continuaria recaindo à herdeira universal e porque o art. 672 do CPC dispensaria a necessidade de inventários sucessivos. O Ministério Público opinou pela prejudicialidade da dúvida ante a impugnação parcial das exigências do registrador e, no mérito, pela procedência do pedido.

A análise da questão encontrou-se prejudicada em razão do inconformismo voltado com exclusividade a uma das exigências constantes da nota devolutiva.

Isso porque o procedimento visa à apreciação, como um todo, de eventuais óbices apontados pelo registrador para ingresso direto do título.

Não se presta à determinação condicionada a uma conduta futura, uma vez pendentes providências que não foram objeto da irresignação. Contudo, a resposta ao caso concreto se mostrou possível a fim de evitar a reapresentação futura do tema, notadamente diante da natureza administrativa do procedimento.

No mérito, assistiu razão ao Registrador, pois os títulos judiciais não estão isentos de qualificação, positiva ou negativa, para ingresso no fólio real e estão sujeitos à qualificação registrária sob o estrito ângulo da regularidade formal. O exame da legalidade não promove adentra ao mérito da decisão judicial, mas à apreciação das formalidades extrínsecas da ordem e à conexão de seus dados com o registro e a sua formalização instrumental. O Egrégio Conselho Superior da Magistratura, por sinal, já decidiu que a qualificação negativa do título judicial não caracteriza desobediência ou descumprimento de decisão judicial (Apelação Cível n. 413-6/7).

Nessa linha, também a posição do E. STF no HC 85911/MG, Relator: Min. Marco Aurélio, j. 25.10.2005, Primeira Turma. Ocorre que na carta de sentença referente ao inventário conjunto dos bens deixados pela mãe e seu filho houve a partilha da integralidade do referido sem que, primeiramente, tivesse havido partilha da meação do cônjuge pré-morto.

Os bens de todos os falecidos devem ser partilhados conforme a ordem de falecimentos, ressalvada a hipótese de comoriência, o que não ocorreu no caso concreto. Assim, pelo princípio da continuidade registrária, haveria que se prever a transmissão das meações de ambos os proprietários tabulares ao herdeiro-filho para, então, ocorrer a transmissão à herdeira deste último, ora suscitada.

Importante ressaltar que o CPC, em seu art. 672, apenas permite a cumulação de inventários visando economia processual, tal como ocorreu com a sucessão, mas não dispensa, em qualquer hipótese (principalmente sob o ponto de vista registrário), a previsão de partilhas distintas, sucessivas e sequenciais.

Sem adentrar no mérito do contido na carta de sentença, para a preservação da continuidade registrária, mostrou-se imprescindível a prévia análise do título relativo à sucessão do pré-morto, tendo em vista que era casado sob o regime da comunhão de bens na ocasião da aquisição do imóvel e em conformidade com o disposto no art. 237 da LRP: "Art. 237. Ainda que o imóvel esteja matriculado, não se fará registro que dependa da apresentação de título anterior, a fim de que se preserve a continuidade do registro".

Considerando-se, assim, que a forma de transmissão dos quinhões hereditários segue disciplina diversa daquela apresentada à partilha, justifica-se a exigência da prévia protocolização do formal de partilha dos bens deixados pelo cônjuge pré-morto, sob pena de violação do princípio da continuidade registrária.

Não se tratou de emissão de juízo de valor acerca da validade da sentença judicial, mas apenas se constatou a impossibilidade do acesso de tal título ao fólio real por meio do devido exame formal. Ficou mantido o óbice registrário.

6.7 ARREMATAÇÃO COMO MODO DERIVADO DE AQUISIÇÃO DE PROPRIEDADE. PRINCÍPIO DA CONTINUIDADE REGISTRAL E NECESSIDADE DE PARTILHA E REGISTRO PRÉVIO DE TRANSMISSÃO PARA O CÔNJUGE PRÉ-MORTO. TÍTULO JUDICIAL QUE SE SUBMETE A QUALIFICAÇÃO REGISTRÁRIA FORMAL

O Conselho Superior da Magistratura de São Paulo decidiu na apelação cível número 1093685-40.2020.8.26.0100 em 08/06/2021 (oito de junho de dois mil e vinte e um) com relação a uma carta de arrematação judicial em decorrência de uma ação de extinção de condomínio que se sujeitou à qualificação registral.

Ficou estabelecido que a carta de arrematação judicial é modo derivado de aquisição da propriedade e deve observar o princípio da continuidade.

Dúvida julgada procedente (a favor do oficial de registro de imóveis). As partes aduziram ter arrematado a parte ideal correspondente a 33,33% do imóvel pertencente aos condôminos. Sustentaram que expedida a carta de arrematação o ato estaria perfeito, acabado, pois a arrematação seria modo originário de aquisição de propriedade. Ainda afirmam que inexistiu ofensa ao princípio da continuidade porque os arrematantes já figuravam na matrícula do imóvel como coproprietários.

Diante do princípio da continuidade de que tratam os artigos 195 e 237 da lei de registros públicos, o registro da arrematação pelos autores, de 1/3 pertencente aos réus, ficou condicionado ao prévio registro da partilha por sucessão e devia ser apresentado o competente formal de partilha.

A origem judicial do título não o tornou novamente o título imune à qualificação registral, ainda que limitada a seus requisitos formais e sua adequação aos princípios registrais, conforme o disposto no item 117, do Capítulo XX, das Normas de Serviço da Corregedoria Geral da Justiça: "Item 117 – Incumbe ao oficial impedir o registro de título que não satisfaça os requisitos exigidos pela lei, quer sejam consubstanciados em instrumento público ou particular, quer em atos judiciais".

O Conselho Superior da Magistratura tem decidido, inclusive, que a qualificação negativa não caracteriza desobediência ou descumprimento de decisão judicial (TJSP; Apelação Cível 0003968-52.2014.8.26.0453; Relator (a): Pereira Calças; Órgão Julgador: Conselho Superior de Magistratura; Foro de Pirajuí – 1ª Vara; Data do Julgamento: 25/02/2016; Data de Registro: 13/04/2016).

Sobre o tema, foi destacada a lição de Afrânio de Carvalho transcrita na sentença recorrida, sendo também importante lembrar que a arrematação judicial constitui forma de alienação forçada, que, segundo Araken de Assis, revela negócio jurídico entre o Estado, que detém o poder de dispor e aceitar a declaração de vontade do adquirente.[6]

Não se desconhece que, em data relativamente recente, o Conselho Superior da Magistratura chegou a reconhecer que a arrematação constituía modo originário de aquisição da propriedade.

Contudo, tal entendimento acabou não prevalecendo, pois o fato de inexistir relação jurídica ou negocial entre o antigo proprietário e o adquirente (arrematante ou adjudicante) não é o quanto basta para afastar o reconhecimento de que há aquisição derivada da propriedade.

E se assim é, tratando-se a arrematação judicial de modo derivado de aquisição de propriedade, mantido o vínculo com a situação pretérita do bem, há que ser respeitado o princípio da continuidade.

São diversos os precedentes deste Conselho Superior da Magistratura, sempre no sentido de impossibilidade de registro de carta de arrematação ou de adjudicação quando o imóvel não se encontra em nome daqueles que figuraram no polo passivo da lide: "Registro de imóveis – Carta de arrematação – Modo derivado de aquisição da propriedade – Observância do princípio da continuidade – Indispensável recolhimento do ITBI – Entendimento do Conselho Superior da Magistratura – Recurso não provido. (TJSP; Apelação Cível 1020648-60.2019.8.26.0602; Relator (a): Ricardo Anafe (Corregedor Geral); Órgão Julgador: Conselho Superior de Magistratura; Data do Julgamento: 28.04.2020; Data de Registro: 14.05.2020".

6.8 UNIÃO ESTÁVEL COM POSTERIOR DISSOLUÇÃO. REGIME DE BENS DA COMUNHÃO PARCIAL. MANCOMUNHÃO. CONTINUIDADE REGISTRAL E NECESSIDADE DE PARTILHA DE BENS

A 1ª Vara de Registros Públicos de São Paulo decidiu no processo: 1046938-95.2021.8.26.0100 em 07/06/2021 (sete de junho de dois mil e vinte e um) que em sede de registro de escritura de compra e venda no oficial de registro de

---

6. *Manual da Execução*. 14. ed. São Paulo: Ed. RT, 2012. p. 819.

imóveis em que haja união estável e posterior dissolução existe mancomunhão (indivisível) e não condomínio civil (divisível/partes ideais) mesmo que conste fração ideal na matrícula.

Existe violação ao princípio da continuidade registral quando o interessado adquire 50% (cinquenta por cento) do imóvel de sua ex-companheira, após a dissolução de união estável, mesmo que na matrícula em questão haja divisão do quinhão condominial entre as partes (50% para cada). Não há condomínio do bem com partes certas e determinadas, mas sim mancomunhão devendo ser exigida partilha do bem para o registro da escritura.

Antes do registro da escritura de compra e venda é necessário o registro da partilha do bem entre os ex-companheiros. O ingresso de título ao fólio real depende da observância dos preceitos registrários, com especial destaque, no caso, ao princípio da continuidade.

Segundo tal princípio, deve haver um encadeamento entre os registros na matrícula ou transcrição do imóvel, de modo que determinado direito só pode ser alienado ou transferido caso seu titular dele tenha disponibilidade, assim constatado no fólio registral, a fim de evitar que qualquer pessoa transmita a terceiros mais direitos do que possui.

À união estável aplica-se, em regra geral, o regime da comunhão parcial de bens (art. 1.725 do Código Civil), no qual os bens adquiridos pelos companheiros passam a integrar o patrimônio comum do casal. Em que pese tenha constado do registro da aquisição o percentual de 50% (cinquenta por cento) para cada adquirente, o imóvel, na realidade, passou a ser patrimônio comum do casal (em mancomunhão).

Com a dissolução da união estável existe necessidade de partilhar o bem imóvel, ou seja, o bem foi adquirido em mancomunhão e não em condomínio, mesmo que ambos constem solteiros na matrícula.

Tal questão foi objeto de decisão pelo Colendo Superior Tribunal de Justiça: "1. Rompida a sociedade conjugal sem a imediata partilha do patrimônio comum, ou como ocorreu na espécie, com um acordo prévio sobre os bens a serem partilhados, verifica-se- apesar da oposição do recorrente quanto a incidência do instituto – a ocorrência de mancomunhão. 2. Nessas circunstâncias, não se fala em metades ideais, pois o que se constara é a existência de verdadeira unidade patrimonial, fechada, e que dá acesso a ambos ex-cônjuges, à totalidade dos bens" (REsp 1.537.107/PR, Rel. Min. Nancy Andrighi, 3ª T., DJE. 25.11.2016).

Concluiu-se que, sem a apresentação da partilha dos bens do casal, não há como averiguar se houve a partilha igualitária dos bens, continuando o acervo patrimonial em sua totalidade à disposição de ambos os cônjuges.

Logo, a fim de se preservar o princípio da continuidade e da segurança jurídica que dos registros públicos se espera, foi decidido como correto o óbice imposto pelo Registrador, devendo haver o prévio registro da partilha do bem, de modo a se prever a fração ideal atribuída a cada um dos ex-companheiros.

6.9 UNIÃO ESTÁVEL. DECLARAÇÃO POR ESCRITURA PÚBLICA. MODIFICAÇÃO DO REGIME DE BENS. ALTERAÇÃO EXTRAJUDICIAL. DIREITO DE TERCEIROS. NECESSIDADE DE INTERVENÇÃO JURISDICIONAL EM ANALOGIA AO ARTIGO 1.639, § 2º, DO CÓDIGO CIVIL. ERRO MATERIAL. ERRO SUBSTANCIAL. AINDA QUE IMPOSTO O REGIME LEGAL DE BENS, AS PARTES PODEM ESCOLHER O REGIME CONVENCIONAL DE BENS, POR SER MAIS GRAVOSO. PEDIDO INDEFERIDO

Cuida-se de pedido de providências formulado por Tabelião de notas de São Paulo, que suscitou dúvida quanto ao pedido de retificação e ratificação em relação ao regime de bens escolhido em escritura pública de declaração de união estável.

Narrou o Tabelião que aos 21 de outubro de 2020, foi lavrada em sua serventia de notas a escritura declaratória de união estável, escolhendo os conviventes o regime da separação de bens.

Ocorre que, aos 11 de janeiro de 2021, o consorte retornou à unidade e referiu que se equivocou quanto ao acordo patrimonial escolhido para a convivência do casal, posto que desejava, na realidade, que a separação obrigatória regesse a união.

Destacou o Tabelião que, em razão da idade do convivente, maior de 70 anos, não se cuidaria, então, propriamente de escolha de regime, mas sim de mera aceitação dos efeitos patrimoniais decorrentes dos dispositivos legais que incidem sobre a matéria.

Não obstante todo o explanado, os senhores interessados desejam ver a escritura declaratória retificada no que tange ao acordo patrimonial, para que dela passe a figurar a separação obrigatória de bens na regência da união estável entre os conviventes.

De sua parte, compreendeu ao delegatário que, embora houvesse a afirmação pelas partes de que cometeram um engano na declaração anterior, a mudança não pode ser feita na via extrajudicial, sendo necessária a manifestação do Poder Judiciário, razão pela qual suscitou a presente dúvida.

O Colégio Notarial do Brasil – São Paulo se manifestou na mesma esteira do Notário, isto é, pela impossibilidade de alteração do regime de bens na via extrajudicial, não sendo caso de se aplicar o procedimento previsto no item 55, do Capítulo XVI, das NSCGJ, que trata da feitura da escritura de rerratificação, não sendo possível se deduzir, de pronto, que houve erro, inexatidão material ou irregularidade na confecção do ato, tal como lavrado. Nesse sentido, ressaltou o Colegiado que a escritura de retificação e ratificação (item 55) não pode ser utilizada para inovar no ato anteriormente praticado, resultando em modificação na vontade das partes.

Ademais, por analogia, aplica-se à união estável a vedação atinente à alteração do regime de bens do casamento, que somente pode se dar na via judicial, por previsão expressa do artigo 1.639, § 2º, do Código Civil.

No mesmo sentido opinou o Ministério Público, aduzindo que a retificação, tal qual pretendida, é inviável na via extrajudicial. Pontou o Promotor de Justiça importante ponto que merece instrução processual adequada, qual seja, o momento de início da união, que pode ensejar, ou não, a obrigatoriedade do regime de bens.

A dúvida levantada pelo Notário foi considerada pertinente e foi acolhida, com o indeferimento do pedido efetivado pelos interessados, na via administrativa.

O item 55, Cap. XVI, das Normas de Serviço da Corregedoria Geral da Justiça (NSCGJ), é claro em sua dedução de que o instituto da retificação e retratificação se utiliza para a correção de erros, inexatidões materiais e irregularidades.

Veja que não se cuida de, por meio do documento, realizar novo ato, desconectado do instrumento anterior, inclusive sendo necessário se proceder às anotações e remissões em ambas as notas, em consonância aos itens 55.1 e 55.2, Cap. XVI, das NSCGJ.

A despeito do explicitado, mesmo que se insista na alegação da existência de erro, não se deve olvidar que o mesmo não se cuidaria, se o caso, de erro material, tal qual disposto no item 55, supra, mas sim de um *error in negotia*, isto é, um erro substancial, ou seja, um defeito do negócio jurídico, em conformidade ao artigo 139 do Código Civil.

Nesse sentido, refere o mencionado artigo: "Artigo 139. O erro é substancial quando: I – interessa à natureza do negócio, ao objeto principal da declaração, ou a alguma das qualidades a ele essenciais; II – concerne à identidade ou à qualidade essencial da pessoa a quem se refira a declaração de vontade, desde que tenha influído nesta de modo relevante; III – sendo de direito e não implicando recusa à aplicação da lei, for o motivo único ou principal do negócio jurídico".

O equívoco sobre o qual se pretendeu fazer recair a retificação é parte essencial do contrato de convivência, sendo termo fundamental e indissolúvel da declaração de vontade firmada pelas partes, restando sobremaneira inviável que a alteração se dê da forma singela como pretendeu os consortes, haja vista o impacto jurídico que dela pode advir.

No que tange à vontade das partes, que se diz manifestada da forma incorreta, resultando num embate entre eventual vontade real e alegado resultado errôneo, ensina Silvio Rodrigues [in: Direito Civil Parte Geral] que, na moderna teoria civil, aplicável ao presente caso, o declarante se responsabiliza pelo pacto firmado, em especial se suposto erro decorre de culpa ou dolo do interessado. In verbis: "Embora partindo do pressuposto de que o ordenamento jurídico busca realizar a autonomia da vontade, tal teoria [teoria da responsabilidade] reconhece que, mesmo desacompanhada da vontade, pode a declaração ter efeito obrigatório quando a disparidade entre ela e a vontade real decorrer de culpa ou dolo do declarante".

Em tal caso, o declarante vincula-se, a despeito de não querer, por isso que é responsável pelo desacordo entre o que disse e o que quis. Não se pode aproveitar de sua própria torpeza (se houver dolo), ou de sua própria incúria (se houver culpa), para promover a ineficácia do ato, com prejuízo para os terceiros de boa-fé que confiaram na verdade da declaração emitida.[7]

Dentre desse contexto, o regime de bens pactuado entre os cônjuges não se cuida de mera liberalidade íntima, de modo que seus efeitos ultrapassam, e muito, o âmbito do casal e os laços familiares, podendo afetar terceiros sem qualquer relacionamento com os integrantes da avença realizada.

Nessa toada, Silvio Rodrigues [idem, P. 186, sobre teoria da confiança], em continuação, indica que quando "a declaração difere da vontade, é a declaração que deve prevalecer, pois a pessoa a quem é dirigida [terceiro, neste caso concreto] decerto não tinha elementos para verificar tal disparidade." É por isso mesmo, pelo impacto jurídico que se estende para além da relação conjugal, que a alteração do regime patrimonial aplicado ao casamento somente pode ocorrer na via judicial, na decisão do legislador, por força do artigo 1.639, §2º, do Código Civil.

Com efeito, sublinhe-se que após longa evolução histórica, que se iniciou com mudanças sociais, seguidas do reconhecimento da união estável como entidade familiar pela Constituição Federal, culminando em recente decisão do Supremo Tribunal Federal (RExt 646.721 e 878.694), que equiparou ambos os institutos União Estável e Casamento para fins de sucessão, na atualidade, não se pode dizer que há distinções de cunho civil relevantes entre a convivência estável, para fins de constituição de família, e o matrimônio.

---

7. RODRIGUES, Silvio. *Direito Civil*. 34. ed. atual, de acordo com o novo Código Civil (Lei 10.406, de 10.01.2002). São Paulo: Saraiva, 2003. v. 1. Parte geral, p. 185.

Assim sendo, igualmente, o regime de bens da união estável também não pode ser mudado na via extrajudicial ou administrativa, sem a participação da supervisão judicial, em analogia ao indicado no supramencionado artigo 1.639, § 2º, do Código Civil.

Assim também apontou o Promotor de Justiça, ao mencionar o REsp 1.383.624/MG, em julgado do Superior Tribunal de Justiça – STJ e concordou com o mesmo entendimento.

Por fim, não verificada a ocorrência de ilícito funcional ou falha na prestação do serviço pelo Tabelião na lavratura do ato fazendo constar o regime da separação convencional, em situação de existência de causa suspensiva em razão da idade do convivente varão, uma vez que é possível o entendimento de que esse acordo patrimonial é mais gravoso que o estabelecido legalmente, sendo, então, permitida sua escolha, nos termos do Enunciado 634 CJF, aprovado na VIII Jornada de Direito. In verbis: É lícito aos que se enquadrem no rol de pessoas sujeitas ao regime da separação obrigatória de bens (art. 1.641 do Código Civil) estipular, por pacto antenupcial ou contrato de convivência, o regime da separação de bens, a fim de assegurar os efeitos de tal regime e afastar a incidência da Súmula 377 do STF.

Dessa forma, foi acolhida a dúvida do Tabelião e indeferido o pedido de alteração do regime de bens da união estável na via extrajudicial ou mesmo diante da via administrativa, junto do Juízo Corregedor Permanente, uma vez que o requerimento demanda a análise na via jurisdicional pertinente.

Diante desse caso, seria então possível apenas e tão somente a forma judicial de alvará autorizador da modificação do regime bens, mesmo nas escrituras públicas de união estável, que não tem previsão no Código Civil, por conta de sua informalidade e falta de restrição taxativa de lei.

Ocorre que com a tendência de equiparação da união estável com o casamento, assemelham-se não só os direitos como a questão do(a) companheiro(a) ser herdeiro necessário, mas também os deveres patrimoniais em proteção da família, uma vez que a lei tem um objetivo claro quanto às uniões estáveis que é facilitar a sua conversão em casamento.

Discordo da parte final da decisão administrativa e do Superior Tribunal de Justiça – STJ, o cônjuge ou companheiro sob o regime da separação obrigatória de bens não tem direito à herança. Já o cônjuge ou companheiro sob o regime da separação convencional de bens é herdeiro. Isso é uma grave e substancial mudança, que extrapola em muito a mera pactuação de presunção de esforço comum, decorrente da súmula 377 do Supremo Tribunal Federal – STF, logo o regime da separação convencional de bens é mais 'gravoso' após a morte do companheiro(a) e menos 'gravoso' em vida e o regime da separação obrigatória de bens é mais 'gravoso' em vida (sem meação) e após a morte do companheiro(a) (sem herança).

7
JULGADOS RELEVANTES RELACIONADOS AO REGIME DE BENS NA ESFERA JURISDICIONAL

7.1 RECURSO ESPECIAL. DIREITO DAS SUCESSÕES. INVENTÁRIO E PARTILHA. REGIME DE BENS. SEPARAÇÃO CONVENCIONAL. PACTO ANTENUPCIAL POR ESCRITURA PÚBLICA. CÔNJUGE SOBREVIVENTE. CONCORRÊNCIA NA SUCESSÃO HEREDITÁRIA COM DESCENDENTES. CONDIÇÃO DE HERDEIRO. RECONHECIMENTO. EXEGESE DO ART. 1.829, I, DO CC/02. AVANÇO NO CAMPO SUCESSÓRIO DO CÓDIGO CIVIL DE 2002

O Superior Tribunal de Justiça – STJ decidiu, com base no princípio da vedação ao retrocesso social, nos termos do artigo 1.829, I, do Código Civil de 2002 que ao cônjuge casado sob a égide do regime de separação convencional a condição de herdeiro necessário, que concorre com os descendentes do falecido independentemente do período de duração do casamento, com vistas a garantir-lhe o mínimo necessário para uma sobrevivência digna.

Em decisão épica, os ministros interpretaram o artigo 1.829, inciso I, do Código Civil de 2002, no intuito de plena comunhão de vida entre os cônjuges (artigo 1.511, do Código Civil) conduziu o legislador a incluir o cônjuge sobrevivente no rol dos herdeiros necessários (artigo 1.845), o que reflete irrefutável avanço do Código Civil de 2002 no campo sucessório, à luz do princípio da vedação ao retrocesso social.

O pacto antenupcial celebrado no regime de separação convencional somente dispõe acerca da incomunicabilidade de bens e o seu modo de administração no curso do casamento, não produzindo efeitos após a morte por inexistir no ordenamento pátrio previsão de ultratividade do regime patrimonial apta a emprestar eficácia póstuma ao regime matrimonial.

O fato gerador no direito sucessório é a morte de um dos cônjuges e não, como cediço no direito de família, a vida em comum. As situações, porquanto distintas, não comportam tratamento homogêneo, à luz do princípio da especificidade, motivo pelo qual a intransmissibilidade patrimonial não se perpetua *post mortem*.

O concurso hereditário na separação convencional impõe-se como norma de ordem pública, sendo nula qualquer convenção em sentido contrário, especialmente porque o referido regime não foi arrolado como exceção à regra da concorrência disposta no artigo 1.829, inciso I, do Código Civil.

O regime da separação convencional de bens escolhido livremente pelos nubentes à luz do princípio da autonomia de vontade (por meio do pacto antenupcial), não se confunde com o regime da separação legal ou obrigatória de bens, que é imposto de forma cogente pela legislação (artigo 1.641, do Código Civil) e no qual efetivamente não há concorrência do cônjuge com o descendente.

Houve a aplicação da máxima hermenêutica de que não pode o intérprete restringir onde a lei não excepcionou, sob pena de violação do dogma da separação dos Poderes (artigo 2º da Constituição Federal de 1988).

O novo Código Civil, ao ampliar os direitos do cônjuge sobrevivente, assegurou ao casado pela comunhão parcial cota na herança dos bens particulares, ainda que os únicos deixados pelo falecido, direito que pelas mesmas razões deve ser conferido ao casado pela separação convencional, cujo patrimônio é, inexoravelmente, composto somente por acervo particular.

7.2 UNIÃO ESTÁVEL – AÇÃO DE RECONHECIMENTO E DISSOLUÇÃO CUMULADA COM PARTILHA DE BENS – DIVERGÊNCIA DAS PARTES RESTRITA À PARTILHA DE BENS – IMÓVEL ADQUIRIDO PELO AUTOR ANTES DO INÍCIO DA UNIÃO ESTÁVEL – PAGAMENTO PARCELADO DO PREÇO – CABIMENTO DA PARTILHA DO VALOR DO BEM PAGO NA CONSTÂNCIA DA UNIÃO – PRESUNÇÃO DE ESFORÇO COMUM DO CASAL – ART. 5º, DA LEI 9.278/96 – VALORES DEPOSITADOS EM CONTA BANCÁRIA NA DATA DA DISSOLUÇÃO DA UNIÃO – PARTILHA CABÍVEL – VERBAS TRABALHISTAS DEPOSITADAS NA CONTA

Proposta ação de reconhecimento de união estável cumulada com dissolução e partilha de bens, houve divergência das partes restrita à partilha de bens imóveis adquirido pelo autor antes do início da união estável com pagamento parcelado do preço.

Questionou-se o cabimento de partilha do valor do bem pago na constância da união estável, sob o argumento da presunção de esforço comum do casal, nos termos do artigo 5º, da Lei 9.278/96. Os valores depositados em conta bancária na data da dissolução da união estável geraram presunção de comunicabilidade. A partilha foi cabível, mesmo sendo decorrente de verbas trabalhistas depositadas na conta.

O direito de família trata de conteúdos sociais que se espelham em outras estruturas que permeiam a sociedade e o Estado. A família é um elemento nuclear que inspira outros institutos e talvez até a estrutura do Estado, de reconhecimento permanente.

Os proventos do trabalho pessoal de cada cônjuge sob o regime da comunhão parcial de bens são incomunicáveis, mas o dinheiro economizado produto do salário é comunicável.

7.3 PARTILHA DE BENS – DIVÓRCIO – IMÓVEL ADQUIRIDO COM O PRODUTO DA CESSÃO DE BEM DE EXCLUSIVA PROPRIEDADE DA REQUERIDA – RECONHECIMENTO DO DIREITO DO AUTOR À 50% (CINQUENTA POR CENTO) DAS PARCELAS PAGAS DURANTE A CONSTÂNCIA DO MATRIMÔNIO, TANTO DO IMÓVEL CEDIDO QUANTO DO POSTERIORMENTE ADQUIRIDO – AUTOMÓVEL COMPRADO MEDIANTE CONSÓRCIO – DIVISÃO DAS PARCELAS PAGAS ATÉ A DATA DA SEPARAÇÃO DE FATO DO CASAL – PARTILHA DOS DEMAIS BENS E DÍVIDAS NA PROPORÇÃO DE 50% (CINQUENTA POR CENTO) PARA CADA UMA DAS PARTES

Partilha de bens e divórcio de imóvel adquirido com o produto da cessão de bem de exclusiva propriedade da requerida. Houve o reconhecimento do direito do autor à 50% (cinquenta por cento) das parcelas pagas durante a constância do matrimônio, tanto do imóvel cedido quanto do posteriormente adquirido.

Automóvel comprado mediante consórcio. Divisão das parcelas pagas até a data da separação de fato do casal. Partilha dos demais bens e dívidas na proporção de 50% (cinquenta por cento) para cada uma das partes.

Atribuiu-se para cada parte 50% (cinquenta por cento) do imóvel, bem como dos móveis que o guarnecem; do veículo; da motoneta; de uma geladeira duplex; do produto da alienação do veículo e eventuais dívidas e encargos referentes aos referidos bens.

Alegou a requerida, em seu recurso, que as partes foram casadas no período de 05.11.2005 a 1º.06.2014 e o apartamento adquirido por R$ 128.000,00, em 03.05.2007, sendo que o pagamento foi feito em parte com o produto da cessão de outro imóvel, adquirido por ela antes do casamento, no montante de R$ 109.000,00 e integralmente quitado, pelo que o direito do autor sobre o referido bem corresponde a 20,31% do imóvel; como o bem estava avaliado em R$ 320.000,00 e há débito pendente de R$ 110.082,00, coube ao ex-cônjuge o montante correspondente a R$ 42.634,35; no que se refere ao veículo Citroen C4 Pallas, foi adquirido através de consórcio e parte das prestações foram pagas após a separação do casal (junho/2014), pelo que o direito do autor se limitou às parcelas pagas durante o matrimônio; que deveriam ser excluídos da partilha os bens móveis que foram retirados do lar conjugal pelo autor.

Cuidou-se de ação de partilha de bens decorrente de divórcio das partes. As partes foram casadas no período de 05/11/2005 a 25/08/2014. Referidos direitos foram cedidos, conforme contrato de cessão, pelo valor de R$ 109.000,00. Com o produto da cessão foi adquirido logo em seguida, em 05/05/2007, o imóvel em discussão, situado no mesmo endereço, mas sendo o apartamento pelo montante de R$ 128.000,00.

Parte do imóvel foi paga com o produto da cessão do apartamento que pertencia exclusivamente à requerida, o que foi considerado, já que no regime da comunhão parcial de bens comunicam-se apenas os bens adquiridos na constância do matrimônio.

Não houve prova, efetivamente, de que o apartamento cedido estivesse completamente quitado por ocasião da cessão a terceiros, mesmo porque constou do referido contrato de cessão que a cessionária se responsabilizaria por "eventual" saldo residual.

Assim, se eventualmente durante o período do casamento houve o pagamento de parcelas decorrentes da aquisição deste primeiro imóvel, o autor tem direito a 50% (cinquenta por cento) do valor das mencionadas parcelas.

O mesmo se aplica ao imóvel em discussão, comprovadamente adquirido durante o período do casamento, pago em parte com o produto de cessão de bem pertencente exclusivamente à requerida, cuja partilha dos direitos deve levar em consideração apenas o valor das prestações pagas durante a convivência das partes, remanescendo a titularidade em nome da requerida.

Quanto à partilha de bem imóvel financiado, a jurisprudência é no sentido de que somente se comunicam os valores pagos durante a convivência: "Apelação. Divórcio. Partilha de bens. Parte do bem imóvel adquirido com esforço comum. Aquisição De imóvel financiado na constância do casamento. Partilha obrigatória das parcelas adimplidas no período da convivência conjugal. Ré que assumiu com exclusivamente o pagamento das prestações remanescentes. Autor tem direito ao crédito decorrente apenas das parcelas pagas durante o casamento. A partir do divórcio, a quitação se deu apenas com o esforço da ré (...) improvido o recurso do autor e provido em parte o recurso da ré" (Apelação Cível 0006468-

80.2014.8.26.0586, 2ª Câmara de Direito Privado, Rel. Des. Rosangela Telles, j. 28.06.2016).

Partilha decorrente de divórcio. As dívidas contraídas na constância da união conjugal presumem-se feitas em benefício do matrimônio, devendo ser imputadas meio a meio aos ex-cônjuges, à míngua de prova de terem beneficiado apenas um deles. A partilha de imóvel comprado mediante financiamento deve ser feita apurando-se o quanto do preço foi pago apenas por um dos ex-cônjuges após a separação de fato do casal.

Na proporção do que foi quitado na constância da união o imóvel comunica-se; não se comunica quanto à parte paga após, com recursos apenas de um deles. Precedentes do TJSP: "Sentença reformada neste ponto, uma vez que, embora reconhecendo o pagamento desigual, deu à partilha outra solução. Apelação da ex-mulher parcialmente provida. Recurso adesivo do ex-marido desprovido" (Apelação Cível 0002820-02.2009.8.26.0220, 10ª Câmara de Direito Privado, Rel. Des. César Ciampolini, j. 15.12.2015)".

Também a 1ª Câmara de Direito Privado, decidiu: "União Estável Partilha Imóvel objeto de alienação fiduciária, mediante escritura lavrada antes da convivência parcelas do financiamento quitadas no curso da união – Meação devida Art. 1725 do Código Civil – Presunção de esforço comum Partilha determinada, atribuídos à autora 20,89% do bem imóvel – Recurso provido em parte" (Apelação Cível 0009408-73.2013.8.26.0191, j. 16.02.2016).

Quanto ao veículo Citroen C4 Pallas, adquirido mediante consórcio, a interpretação é exatamente a mesma, ou seja, partilham-se apenas as prestações pagas durante o período do casamento, excluídos da meação eventuais valores quitados após junho/2014, data da separação do casal. Houve, por fim, a determinação da partilha dos demais bens móveis ou do produto de sua venda (motoneta, geladeira duplex e motocicleta), bem como das respectivas dívidas.

7.4 AÇÃO DE DIVÓRCIO E PARTILHA DE BENS – INSURGÊNCIA COM RELAÇÃO ÀS BENFEITORIAS EM BEM DE PROPRIEDADE DE TERCEIRO – EVENTUAL INDENIZAÇÃO QUE DEVE SEGUIR A VIA PRÓPRIA – INTELIGÊNCIA DO ARTIGO 1255 DO CÓDIGO CIVIL

Trata-se de ação de divórcio e partilha, para o fim de decretar o divórcio do casal, bem como partilhar o veículo especificado na inicial na proporção de 50% (cinquenta por cento) para cada parte e conceder a guarda unilateral definitiva dos filhos menores do casal à parte autora, que voltará a usar seu nome de solteira.

Recorreu a parte-apelante, e alegou, em síntese, que contraiu matrimônio no ano de 2002, com o nascimento de três filhos, e construíram duas casas no terreno pertencente a terceiro, o que foi admitido pela outra parte.

Acrescentou que faz jus à partilha do valor das benfeitorias efetuadas em referido terreno e invocou a legislação civil e jurisprudência favorável à sua tese. O recurso não mereceu ser provido. Isso porque, de acordo com o que constou da sentença, cujo teor se transcreve: "Por fim, quanto aos supostos imóveis, incabível a discussão, nestes autos, de eventual pedido de indenização pelas benfeitorias realizadas no imóvel de terceira, pois esta não foi parte no feito, logo, tal pleito deve ser realizado em ação autônoma".

Neste sentido: Apelação. União Estável. Partilha. Caso em que se debate a partilha de edificação construída sobre terreno registrado em nome de terceiro, que não foi citado como parte, e que nem teve oportunidade de defender seu direito em potencial no processo.

É inviável decidir com mérito sobre a partilha de edificação construída em terreno registrado em nome de terceiro, quando este terceiro não foi citado e nem intimado, não participou do processo, não fez pedidos e nem teve oportunidade de produzir provas. O mais lógico, econômico e instrumental é excluir da partilha o bem potencialmente de terceiro, por decisão sem mérito, e deixar que as partes e a questão sejam deduzidas em ação de sobrepartilha, a qual, se for ajuizada, deverá contar com a participação obrigatória do terceiro em nome de quem está registrado o bem. Precedentes jurisprudenciais. (...). Deram parcial provimento. (ApC 70051564987, 8ª Câmara Cível, TJRS, Relator: Rui Portanova, Julgado em 27.02.2014) Apelação. União Estável. Período. Partilha. Benfeitorias em terreno de terceiro. Veículo. Não há como reconhecer que a união estável havida entre as partes foi entremeada por períodos de ruptura, com separações e reconciliações, se a prova que está nos autos não demonstrou absolutamente nada sobre isso.

Caso em que se debateu a partilha de benfeitorias erguidas sobre terreno que incontrovertidamente pertence a terceiros, que não foram citados como parte, e que nem tiveram oportunidade de defender seu direito em potencial no processo.

Se não reconhecidos os períodos de ruptura na união estável, via de consequência não se reconhece que um veículo foi adquirido em meio a um tal período, razão pela qual correta a determinação de partilha.

As benfeitorias foram realizadas em terreno de terceiro e com o seu conhecimento, o que foi admitido. Assim, eventual pedido indenizatório deve seguir a via própria e em face do proprietário, nos termos do artigo 1255 do Código Civil.

7.5 INVENTÁRIO – PLANO DE PARTILHA – HOMOLOGAÇÃO – INSURGÊNCIA DE HERDEIRA QUANTO À MEAÇÃO DE BEM SOBRE O QUAL PESA CLÁUSULA RESTRITIVA DE INALIENABILIDADE – FALECIDO CASADO SOB O REGIME DA COMUNHÃO UNIVERSAL DE BENS, COM PACTO ANTENUPCIAL – AQUISIÇÃO ANTERIOR DE IMÓVEL PELO *DE CUJUS* E SEUS TRÊS IRMÃOS, IMPONDO CLÁUSULA DE INALIENABILIDADE, BEM COMO USUFRUTO VITALÍCIO EM PROL DA GENITORA COMUM – MEAÇÃO AFASTADA – NECESSIDADE – PROPRIEDADE QUE NÃO SE COMUNICA, AINDA QUE FALECIDO O CÔNJUGE – MEAÇÃO QUE NÃO SE CONFUNDE COM A HERANÇA – RETIFICAÇÃO DO PLANO DE PARTILHA PARA CONSTAR A DIVISÃO DA NUA PROPRIEDADE – ADMISSIBILIDADE – EXISTÊNCIA DE USUFRUTO VITALÍCIO EM PROL DE TERCEIRO – PARTILHA SOMENTE DA NUA PROPRIEDADE – FILHOS COMO HERDEIROS EXCLUSIVOS DESTE BEM

Em autos de inventário, reconheceu que o bem imóvel indicado entrou na comunhão, uma vez que as restrições de inalienabilidade e incomunicabilidade não mais subsistem diante da morte do beneficiário.

Sustentou a recorrente, em síntese, que se manifestou contrária ao plano de partilha apresentado pela viúva e inventariante ora agravada, quanto ao pagamento da meação referente ao imóvel matriculado descrito no plano de partilha, pois sobre ele pesa cláusula de inalienabilidade, que implica na incomunicabilidade.

Diz que não há direito de meação sobre dito imóvel, sendo certo ainda que o direito do falecido deveria corresponder apenas a 25% (vinte e cinco por cento) da nua propriedade, diante da existência do registro de usufruto sobre dito imóvel, e não 25% (vinte e cinco por cento) da plena propriedade como constou.

Narra que o imóvel foi vendido ao de cujus e seus três irmãos, todos solteiros à época, constando do registro "que, o imóvel adquirido fica gravado com as cláusulas restritivas de inalienabilidade e impenhorabilidade", bem como que os adquirentes instituíram usufruto vitalício em favor de sua mãe, ressaltando que a época da aquisição (24.03.1982) os três primeiros eram menores relativamente incapazes e o último absolutamente, a luz do Código Civil anterior 1916.

Defendeu que embora as cláusulas de inalienabilidade e impenhorabilidade tenham origem em escritura de venda e compra, ocorreu o que a doutrina denomina de doação modal, na espécie é a doação da quantia para que com ela fosse adquirido determinado imóvel, com cláusulas e usufruto, não passando de gravame imposto pela doadora da pecúnia para aquisição do imóvel, conforme bem esclarecido na escritura, obviamente em ato de liberalidade, a impedir que este bem integrasse o patrimônio comum do beneficiário e seus cônjuges, independente do regime de bens contratado.

Acrescentou que essa cláusula imposta quando da aquisição do imóvel, prevalecerá enquanto viver a usufrutuária conforme convencionado na escritura e tem como escopo a proteção do bem da família. Está condicionada à vontade do instituidor e não do beneficiário falecido, embora permitido na disposição de última vontade, testamento, fato não ocorrido no caso.

Aduziu que a cláusula de inalienabilidade imposta quando da aquisição do imóvel, que implicou em incomunicabilidade, afastou o direito de meação sobre o imóvel partilhado, ainda que o regime entre os cônjuges tenha sido o da comunhão de bens.

Ressaltou, ainda, que nos termos do artigo 1.655 e 1.668, I, do Código Civil, não obstante a escritura de pacto antenupcial do casal contenha disposição no sentido de que todos os bens ficarão sujeitos a comunicação entre ambos, não afasta a cláusula de incomunicabilidade imposta pela doadora quando do fornecimento do dinheiro para sua aquisição, mesmo porque a própria disposição antenupcial do casal a época previa: "Observadas todas as disposições legais, as quais ambos outorgantes reciprocamente outorgados expressamente se sujeita, como de direito", portanto, legal a imposição da cláusula deve ela ser respeitada.

Disse que não há qualquer averbação no sentido de cancelamento das cláusulas restritivas de inalienabilidade e impenhorabilidade que, assim, continuam em pleno vigor, de modo que esse bem sempre integrará o patrimônio particular do beneficiário.

Assevera que não se desconhece que as cláusulas restritivas de direito como as de inalienabilidade e incomunicabilidade, prevalecem apenas enquanto vivo for o beneficiário, devendo o imóvel ser objeto de partilha livre das cláusulas restritivas aos respectivos herdeiros, todavia, no presente caso não se trata de herança e sim meação, e que a limitação prevaleceria em relação ao cônjuge sobrevivente.

Cuidou-se de inventário dos bens deixados pelo falecido em 29/11/2019, o qual era casado sob o regime da comunhão universal de bens em 18/02/2012. Almejou a agravante a retificação do plano de partilha, para excluir a meação do cônjuge supérstite, em relação ao imóvel matriculado, diante das cláusulas de inalienabilidade e impenhorabilidade que pesam sobre o bem, assim como a correção para que conste a inclusão no monte de 25% (vinte e cinco por cento) da nua propriedade e não da propriedade plena, diante do usufruto em prol da genitora do falecido.

Da leitura da matrícula do imóvel, extraiu-se que em 24/03/1982 citada propriedade foi adquirida, declarando-se que "o imóvel adquirido fica gravado com as cláusulas restritivas de inalienabilidade e impenhorabilidade". No mesmo ato os adquirentes instituíram o usufruto vitalício à recorrente.

Observou-se que em 18.02.2012 o falecido se casou com a agravada, sob o regime da comunhão universal de bens, conforme escritura de pacto antenupcial lavrada em 06.12.2011, declarando o casal: "Não haver contra tal disposição qualquer impedimento, que, não há necessidade de quaisquer bens dos outorgantes reciprocamente outorgados, uma vez que todos eles, quaisquer que sejam, ficarão sujeitos a comunicação entre ambos, observadas as disposições legais, as quais ambos os outorgantes reciprocamente outorgados expressamente se sujeitam como de direito".

Ocorre que o casamento celebrado sob o regime da comunhão universal de bens, ainda que sob os termos da escritura do pacto antenupcial, não afasta a restrição de inalienabilidade imposta quando da aquisição do imóvel, mesmo que instituída em ato de compra e venda.

Vale ressaltar que também os bens adquiridos antes do casamento, com a cláusula de inalienabilidade não se comunicam, sendo que no pacto antenupcial acima ajustaram os nubentes a observância das disposições legais.

E, nos termos do artigo 1.911 do Código Civil: "A cláusula de inalienabilidade, imposta aos bens por ato de liberalidade, implica impenhorabilidade e incomunicabilidade". Questão que também restou sumulada pelo STF na Súmula 49 "A cláusula de inalienabilidade inclui a incomunicabilidade dos bens".

No caso em comento verificou-se do plano de partilha que a inventariante designou que 50% (cinquenta por cento) da parte ideal (25% [vinte e cinco por cento] da propriedade) do imóvel, refere-se à meação da agravada, devendo a outra porção ser partilhada entre os herdeiros, o que deve ser retificado, uma vez que a viúva não tem direito à meação referente a esta propriedade.

Frisou-se que meação não se confunde com a herança. Também foram acolhidas as razões do inconformismo quanto à retificação do plano de partilha, de modo a constar a divisão de "25% (vinte e cinco por cento) da nua propriedade do bem acima citado", considerando a instituição do usufruto vitalício em favor da genitora do falecido.

7.6 VALORIZAÇÃO DE COTAS DE EMPRESA ADQUIRIDA ANTES DA UNIÃO ESTÁVEL NÃO ENTRA NA PARTILHA DE BENS

A Terceira Turma do Superior Tribunal de Justiça (STJ) reformou decisão do Tribunal de Justiça do Rio Grande do Sul (TJRS) que considerou a valorização de cotas sociais de empresas, durante o período de convivência em união estável, como acréscimo patrimonial que deve integrar o patrimônio comum a ser partilhado.

Segundo os autos, a companheira moveu ação de reconhecimento e dissolução de sociedade de fato contra a sucessão do seu companheiro falecido. O TJRS reconheceu a existência da união estável no período de 1993 até a morte do companheiro, em agosto de 1997, e determinou a partilha da valorização das cotas sociais das empresas tituladas pelo falecido no período de duração da união estável.

O espólio do companheiro morto interpôs recurso especial no STJ contra o acórdão do tribunal gaúcho, alegando que o regime de comunhão parcial de bens aplicável à união estável determina que os bens e direitos que cada um dos companheiros possuir no início do relacionamento não se comunicam. Sustentou, ainda, que a valorização das cotas sociais seria fato meramente econômico, que não representaria acréscimo patrimonial a ser partilhado.

Segundo o relator do recurso, ministro Paulo de Tarso Sanseverino, aplica-se à união estável as regras atinentes ao regime da comunhão parcial de bens do casamento, ressalvado contrato escrito, conforme disposto no artigo 1.725 do Código Civil: "Na união estável, salvo contrato escrito entre os companheiros, aplica-se às relações patrimoniais, no que couber, o regime da comunhão parcial de bens".

Sendo assim, consignou o relator em seu voto, que se deve estar atento aos princípios que regem tal regime como premissa inicial para a partilha em julgamento, em especial ao do patrimônio adquirido pelo esforço comum dos companheiros.

O ministro explicou que, nesse regime, apenas os bens comuns se comunicam, ficando excluídos da comunhão os bens que cada companheiro já possuía antes do início da união estável, bem como os adquiridos na sua constância, a título gratuito, por doação, sucessão ou os sub-rogados em seu lugar.

Para o relator, uma vez comprovado e reconhecido nos autos que as cotas sociais do companheiro falecido já lhe pertenciam antes do início do período de convivência, o acórdão deve ser reformado para retirar da partilha de bens a valorização das cotas sociais.

Quanto ao esforço comum Paulo de Tarso Sanseverino destacou que a figura de bens comuns também exige a presença de um segundo requisito: "O de que esse crescimento patrimonial advenha do esforço comum, mesmo que presumidamente".

Para o ministro, a valorização de cota social é decorrência de um fenômeno econômico, que não tem nenhuma relação com a comunhão de esforço do casal. Logo, não se faz presente, mesmo que de forma presumida, o segundo requisito orientador da comunhão parcial de bens, que é o esforço comum.

O ministro também citou trecho do voto vencido no TJRS, do desembargador José Ataíde Siqueira Trindade, como exemplo bem elucidativo da questão: "Fosse um imóvel adquirido antes do início do período de convivência, certamente, nem ele (imóvel) nem sua valorização imobiliária seriam objeto de partilha, devendo ser aplicada a mesma lógica às cotas sociais".

7.7 SEPARAÇÃO DE BENS NÃO É OBRIGATÓRIA PARA IDOSOS QUANDO O CASAMENTO É PRECEDIDO DE UNIÃO ESTÁVEL

O regime de separação de bens deixa de ser obrigatório no casamento de idosos se o casal já vivia um relacionamento em união estável, iniciado quando os cônjuges não tinham restrição legal à escolha do regime de bens, segundo decisão unânime da Quarta Turma do Superior Tribunal de Justiça (STJ).

Nesse caso, de acordo com o entendimento dos ministros, não há necessidade de proteger o idoso de "relacionamentos fugazes por interesse exclusivamente econômico", interpretação que "melhor compatibiliza" com o sentido da Constituição Federal, segundo o qual a lei deve facilitar a conversão da união estável em casamento.

A decisão colegiada foi tomada no julgamento de processo que envolvia um casal que viveu em união estável por 15 (quinze) anos, até 1999, quando se casaram pelo regime de comunhão total de bens.

Na época do matrimônio, o marido tinha 61 anos e filhos de outro relacionamento. Buscou-se a anulação após o falecimento do pai, por um dos filhos do primeiro relacionamento que foi à Justiça para anular o regime de comunhão universal, sob a alegação de que o artigo 258 do Código Civil de 1916, vigente à época, obrigava o regime de separação total de bens quando o casamento envolvesse noivo maior de 60 (sessenta) ou noiva maior de 50 (cinquenta) anos.

A relatora do caso no STJ, Ministra Isabel Gallotti, ressaltou em seu voto que essa restrição também foi incluída no artigo 1.641, do atual Código Civil, para nubentes de ambos os sexos maiores de 60 (sessenta) anos, posteriormente alterada para alcançar apenas os maiores de 70 (setenta) anos: "Como sabido, a intenção do legislador foi proteger o idoso e seus herdeiros necessários dos casamentos realizados por interesse estritamente econômico", disse a ministra.

Ao ressaltar que, no caso em julgamento, o casal já vivia em união estável por 15 (quinze) anos: "Não havendo que se falar, portanto, na necessidade de proteção do idoso em relação a relacionamentos havidos de última hora por interesse exclusivamente econômico". A Ministra Isabel Gallotti destacou ainda que aceitar os argumentos do recurso acarretaria: "Incoerência jurídica".

Isso porque, durante a união estável, o regime era o de comunhão parcial. Ao optar pelo casamento: "Não faria sentido impor regime mais gravoso", ou seja, o da separação obrigatória, "sob pena de estimular a permanência na relação informal e penalizar aqueles que buscassem maior reconhecimento e proteção por parte do Estado, impossibilitando a oficialização do matrimônio".

A relatora ressaltou que a lei ordinária deve merecer interpretação compatível com a Constituição: "No caso, decidir de modo diverso contrariaria o sentido da Constituição Federal de 1988, em seu artigo 226, parágrafo 3º, a qual privilegia, incentiva e, principalmente, facilita a conversão da união estável em casamento", concluiu.

7.8 O REGIME DE BENS ESCOLHIDO EM ESCRITURA PÚBLICA DE UNIÃO ESTÁVEL NÃO RETROAGE. APLICA-SE O REGIME DA COMUNHÃO PARCIAL DE BENS ENQUANTO NÃO HOUVER CONTRATO ESCRITO QUE DIGA SER A UNIÃO ESTÁVEL DISCIPLINADA POR REGIME DISTINTO

Erro, fraude, dolo ou sub-rogação de bens particulares. Formalização da união estável. Desnecessidade. Caracterização que independe de forma. Efeitos patrimoniais da união estável. Regime de bens. Aplicabilidade da regra do artigo 1.725, do Código Civil de 2002, ou seja, o regime da comunhão parcial, na ausência de disposição expressa e escrita das partes.

Submissão ao regime de bens impositivamente estabelecido pelo legislador. Ausência de lacuna normativa que sustente a tese de ausência de regime de bens. Celebração de escritura pública de incomunicabilidade patrimonial com eficácia retroativa. Impossibilidade, pois configurada a alteração de regime com eficácia *ex tunc*, ainda que sob o rótulo de mera declaração de fato pré-existente.

Os propósitos recursais consistiram em definir, para além da alegada negativa de prestação jurisdicional: (i) se houve erro, fraude, dolo ou aquisição de bens particulares sub-rogados e de efetiva participação da companheira; (ii) se a escritura pública de reconhecimento de união estável e declaração de incomunicabilidade de patrimônio firmada entre as partes teria se limitado a reconhecer situação fática pretérita, a existência de união estável sob o regime da separação total de bens, e não a alterar, com eficácia retroativa, o regime de bens anteriormente existente.

O acórdão recorrido não reconheceu a existência de erro, fraude ao direito sucessório, dolo ou aquisição de patrimônio por meio de bens particulares sub--rogados e nem efetiva participação da companheira. Conquanto não haja a exigência legal de formalização da união estável como pressuposto de sua existência, é certo que a ausência dessa formalidade poderá gerar consequências aos efeitos patrimoniais da relação mantida pelas partes, sobretudo quanto às matérias que o legislador, subtraindo parte dessa autonomia, entendeu por bem disciplinar.

A regra do artigo 1.725 do Código Civil de 2002 concretiza essa premissa, uma vez que o legislador, como forma de estimular a formalização das relações convivenciais, previu que, embora seja dado aos companheiros o poder de livremente dispor sobre o regime de bens que regerá a união estável, haverá a intervenção estatal impositiva na definição do regime de bens se porventura não houver a disposição, expressa e escrita, dos conviventes acerca da matéria.

Em razão da interpretação do artigo 1.725 do Código Civil de 2002, decorre a conclusão de que não é possível a celebração de escritura pública modificativa do regime de bens da união estável com eficácia retroativa, especialmente porque a ausência de contrato escrito convivencial não pode ser equiparada à ausência de regime de bens na união estável não formalizada, inexistindo lacuna normativa suscetível de ulterior declaração com eficácia retroativa.

Em suma, às uniões estáveis não contratualizadas ou contratualizadas sem dispor sobre o regime de bens, aplica-se o regime legal da comunhão parcial de bens do artigo 1.725 do Código Civil de 2002, não se admitindo que uma escritura pública de reconhecimento de união estável e declaração de incomunicabilidade de patrimônio seja considerada mera declaração de fato preexistente, a saber, que a incomunicabilidade era algo existente desde o princípio da união estável, porque se trata, em verdade, de inadmissível alteração de regime de bens com eficácia *ex tunc*.

Na hipótese, a união estável mantida entre as partes entre os anos de 1980 e 2015 sempre esteve submetida ao regime normativamente instituído durante sua vigência, seja sob a perspectiva da partilha igualitária mediante comprovação do esforço comum (Súmula 380/STF), seja sob a perspectiva da partilha igualitária com presunção legal de esforço comum (art. 5º, *caput*, da Lei 9.278/96), seja ainda sob a perspectiva de um verdadeiro regime de comunhão parcial de bens semelhante ao adotado no casamento (artigo 1.725 do Código Civil de 2002).

7.9 CASAMENTO. REGIME DE BENS. MODIFICAÇÃO. NEGATIVA DE PRESTAÇÃO JURISDICIONAL. NÃO OCORRÊNCIA. CONTROVÉRSIA ACERCA DA INTERPRETAÇÃO DO ARTIGO 1.639, § 2º, DO CÓDIGO CIVIL. EXIGÊNCIA DA APRESENTAÇÃO DE RELAÇÃO DISCRIMINADA DOS BENS DOS CÔNJUGES. INCOMPATIBILIDADE. AUSÊNCIA DE VERIFICAÇÃO DE INDÍCIOS DE PREJUÍZO AOS CONSORTES OU A TERCEIROS. PRESERVAÇÃO DA INTIMIDADE E DA VIDA PRIVADA

De acordo com a jurisprudência consolidada do Superior Tribunal de Justiça – STJ, é possível a modificação do regime de bens escolhido pelo casal – autorizada pelo artigo 1.639, § 2º, do Código Civil de 2002 – ainda que o casamento tenha sido celebrado na vigência do Código Civil anterior.

Para tanto, estabelece a norma precitada que ambos os cônjuges devem formular pedido motivado, cujas razões devem ter sua procedência apurada em juízo, resguardados os direitos de terceiros.

A melhor interpretação que se pode conferir ao § 2º, do artigo 1.639, do Código Civil de 2002 é aquela no sentido de não se exigir dos cônjuges justificativas ou provas exageradas, desconectadas da realidade que emerge dos autos, sobretudo diante do fato de a decisão que concede a modificação do regime de bens operar efeitos *ex nunc*.

Isso porque, na sociedade conjugal contemporânea, estruturada de acordo com os ditames assentados na Constituição de 1988, devem ser observados – seja por particulares, seja pela coletividade, seja pelo Estado – os limites impostos para garantia da dignidade da pessoa humana, dos quais decorrem a proteção da vida privada e da intimidade, sob o risco de tolher indevidamente a liberdade dos cônjuges no que concerne à faculdade de escolha da melhor forma de condução da vida em comum.

Considerando a presunção de boa-fé que beneficia os cônjuges e a proteção dos direitos de terceiros conferida pelo dispositivo legal em questão, bem como que as partes apresentaram justificativa plausível à pretensão de mudança de regime de bens e acostaram aos autos farta documentação (certidões negativas das Justiças Estadual e Federal, certidões negativas de débitos tributários, certidões negativas da Justiça do Trabalho, certidões negativas de débitos trabalhistas, certidões negativas de protesto e certidões negativas de órgãos de proteção ao crédito), revela-se desnecessária a juntada da relação pormenorizada de seus bens, ocasião em que o recurso especial foi provido (REsp 1904498/SP, Rel. Ministra Nancy Andrighi, Terceira Turma, julgado em 04.05.2021, DJe 06.05.2021).

7.10 PARTILHA. EXCLUSÃO DA VIÚVA. REGIME DE SEPARAÇÃO OBRIGATÓRIA. SÚMULA 377/STF. NECESSIDADE DE PROVA DO ESFORÇO COMUM. APLICAÇÃO DA ATUAL JURISPRUDÊNCIA DO SUPERIOR TRIBUNAL DE JUSTIÇA E COMENTÁRIOS A SÚMULA 655

No regime de separação legal de bens, comunicam-se os adquiridos na constância do casamento, desde que comprovado o esforço comum para sua aquisição. Por observar que a ex-companheira não teve oportunidade de comprovar o esforço comum, deverá ser assegurado a ela tal direito, para que demonstre a participação na aquisição de eventuais bens passíveis de serem compartilhados.

Dessa forma, conforme dito anteriormente, podemos sintetizar de três formas:

1) De acordo com o Conselho Superior da Magistratura do Estado de São Paulo – CSM-SP, o qual as serventias extrajudiciais se submetem com base em seu dever hierárquico e fiscalizatório, o entendimento predominante é o de que presume-se o esforço comum e a comunicação dos bens adquiridos onerosamente na constância do *casamento* sob o regime da separação obrigatória, conforme súmula 377 do STF (aplicável ao casamento – *No regime de separação legal de bens, comunicam-se os adquiridos na constância do casamento*). Sendo o divórcio ou inventário, de forma consensual, as partes tem liberdade para definir o que decorreu de esforço comum e o que foi objeto de aquisição isolada e particular;

2) O Superior Tribunal de Justiça, através de algumas decisões como, por exemplo, a da 2ª Seção do Superior Tribunal de Justiça (STJ) aprovou, em 9 de novembro de 2022, uma nova súmula acerca da *união estável*, mais especificamente sobre aquela contraída pelos maiores de 70 (setenta) anos, nos seguintes termos: Súmula número 655: "Aplica-se a união estável contraída por septuagenário o regime da separação obrigatória de bens, comunicando-se os adquiridos na constância, quando comprovado o esforço comum". Chama-se atenção para o fato de constar na súmula quando 'comprovado' esforço comum, dando a entender que não se presume o esforço comum, interpretação esta que seria discriminatória em face do casamento que pela súmula 377 do STF se presume o esforço comum. São entidades familiares diferentes, mas que devem ter a mesma lógica. A melhor interpretação, sob minha ótica, é a do CSM-SP, mais benéfica ao cônjuge ou companheiro nas aquisições onerosas, presumindo o esforço comum, salvo pacto antenupcial que afaste a súmula 377 do STF, ou consenso no momento da partilha. Para o STJ, portanto, tanto no casamento como na união estável não se presume o esforço comum, depende de comprovação.

3) Caso ocorra a subtração da oportunidade de comprovação do esforço comum, a jurisprudência do STJ tem aplicado a presunção de esforço comum (AgInt nos EDcl no AgInt no AREsp 1084439/SP, Rel. Ministro Marco Aurélio Bellizze, Terceira Turma, julgado em 03.05.2021, DJe 05.05.2021);

Ademais, vale lembrar que o STF analisa a (in)constitucionalidade da obrigatoriedade da imposição do regime da separação total aos maiores de 70 (setenta) anos, com foco nos princípios da dignidade da pessoa humana e da igualdade (ARE 1309642), caso já com repercussão geral reconhecida, sem data para julgamento ainda, por isso ainda não comentada nesta edição.

7.11 A UNIÃO CIVIL E A CONVIVÊNCIA DE FATO CIVIL. PARTILHA DE BENS. CAUSA SUSPENSIVA DO CASAMENTO PREVISTA NO INCISO III DO ART. 1.523 DO CC/02. APLICAÇÃO À UNIÃO ESTÁVEL. POSSIBILIDADE. REGIME DA SEPARAÇÃO LEGAL DE BENS. NECESSIDADE DE PROVA DO ESFORÇO COMUM. PRESSUPOSTO PARA A PARTILHA. PRECEDENTE DA SEGUNDA SEÇÃO

Na hipótese em que ainda não se decidiu sobre a partilha de bens do casamento anterior de convivente, é obrigatória a adoção do regime da separação de bens na união estável, como é feito no matrimônio, com aplicação do disposto no inciso III do artigo 1.523 c/c 1.641, inciso I, do Código Civil de 2002.

Determinando a Constituição Federal (art. 226, § 3º) que a lei deve facilitar a conversão da união estável em casamento, não se pode admitir uma situação em que o legislador, para o matrimônio, entendeu por bem estabelecer uma restrição e não aplicá-la também para a união estável. Vale ressaltar que esse entendimento diverge do adotado no Estado de São Paulo, como visto anteriormente nesta pesquisa.

A Segunda Seção, no julgamento do REsp 1.623.858/MG, pacificou o entendimento de que no regime da separação legal de bens, comunicam-se os adquiridos na constância do casamento/união estável, desde que comprovado o esforço comum para a sua aquisição (REsp 1616207/RJ, Rel. Ministro Moura Ribeiro, Terceira Turma, julgado em 17.11.2020, DJe 20.11.2020).

CONCLUSÃO

Foi delineado, assim, no estudo sobre o pacto antenupcial a multiplicidade de efeitos, momento de início e término, plano de validade e eficácia, capacidade civil, legitimação, conceito, proibições, possibilidades, impedimentos e polêmicas tanto na relação de união estável quanto no casamento.

Quanto ao direito material foi adentrado em todos os regimes de bens, aspectos existenciais, diversas formas teóricas de posicionamentos doutrinário e jurisprudencial, seja administrativa ou judicial, aspectos tributários, conversões substanciais, diferença entre meação e herança com seus respectivos efeitos e reflexos familiares e sucessórios.

Por primeiro aspecto a ser afirmado tem-se que o Tabelião de notas é o elaborador oficial e exclusivo de pactos antenupciais, tendo em vista a exigência de forma pública, já devidamente justificada de sua importância pelo relevante cuidado e maior segurança jurídica existente com um documento público arquivado de forma perene no cartório, razão pela qual houve um profundo estudo e se concluiu pela absoluta necessidade de manutenção da obrigatória da forma pública, pela imparcialidade, capacitação do profissional do direito que elabora o documento público e segurança jurídica gerada, entrelaçado com vários princípios civis, tais como da autonomia privada e função social do contrato, e com base nos princípios notariais e registrais acima vistos, tais como, da conservação, publicidade, a fácil acessibilidade e cautelaridade, além de ínfimo índice de nulidades ou anulabilidades quando comparados com documentos particulares.

Por segundo, defende-se a possibilidade de redação de pacto antenupcial que abranja tanto para aspectos patrimoniais e extrapatrimoniais (cláusulas existenciais), desde que não se viole normas de ordem pública como a alteração da ordem de vocação hereditária, defende-se também a renúncia de herança (tema atualmente polêmico), tendo em vista o novo entendimento do Superior Tribunal de Justiça – STJ, de que todo cônjuge é herdeiro, salvo no caso do regime da separação obrigatória de bens.

Por terceiro, não é possível a realização ainda de pacto antenupcial que conste violação do princípio da monogamia, condição (evento futuro e incerto) de término antecipado de casamento ou condicionado a reconhecimento de filho, ou cláusula de casamento por prazo determinado, ou condição de casamento vinculado à pagamentos periódicos, ou à procriação, por exemplo.

Quarto: defende-se que é permitido que conste na escritura pública declaratória de união estável a possibilidade expressa de conversão substancial no pacto antenupcial para que se aproveite o regime de bens daquela união estável que não chegou a ser convertida em casamento para que a real intenção patrimonial das partes possa ser utilizada quando da partilha dos bens na dissolução da união estável.

Quinto: Igualmente é admissível que conste expressamente no pacto antenupcial que a partir dele e até que ocorra o casamento, caso esteja caracterizada a união estável que seja aplicável o regime de bens escolhido no pacto antenupcial.

Por sexto ponto tem-se: Merece incidir no direito civil contemporâneo o novo princípio da mutabilidade injustificada do regime de bens com base no princípio da operabilidade. O divórcio que é muito mais gravoso já ocorre de forma potestativa e injustificada, sem apuração de culpa, ressalvado direito de terceiros. O projeto de lei no Senado (PLS) 19 de 2016 merece ser aprovado e convertido em lei, de modo a alterar o Código de Processo Civil de 2015 e ao Código Civil para permitir a alteração do regime de bens por escritura pública no Tabelião de notas.

A sétima inquietação é a de que: Quanto ao pacto antenupcial e o Estatuto da Pessoa com deficiência merece ser permitida a possibilidade de realização de pacto antenupcial por presentação (sem curador) pela pessoa com deficiência, tendo em vista que ela já pode casar sob o regime da comunhão parcial de bens, logo merece poder escolher um regime de bens mais protetivo em vida que é o regime da separação convencional de bens, embora essa escolha modifique e gere os efeitos sucessórios.

Oitavo: No caso da desconsideração do regime de bens e a dispensa de outorga conjugal para aquisição imobiliária nos casos do programa casa verde e amarela, caso de haver filhos do casal e a guarda ser atribuída exclusivamente à alguém, o título da propriedade do imóvel construído ou adquirido será registrado em seu nome dessa pessoa e a ela transferido, o que gerará uma disputa maior pela guarda dos filhos em caso de divórcio ou separação com partilha de bens de um pequeno patrimônio, porque quem tem a guarda ficará com o bem e o outro cônjuge ou companheiro que sofrer prejuízo terá que cobrar indenização nesses casos e serão resolvidos em perdas e danos. Existe o benefício patrimonial indireto para quem ficar com a guarda.

O legislador fomentou erroneamente a disputa pelos filhos com o prêmio da transmissão e titularidade da propriedade o que pode fomentar a triste realidade brasileira e mundial da violência doméstica. A nua propriedade para os filhos com o usufruto vitalício para ambos os pais ou para apenas um deles, quando devidamente fundamentada essa retirada, seria a melhor solução caso em que um poderia renunciar o usufruto que se consolidaria ao outro ou geraria eventual direito de acrescer legal se a lei assim o autorizasse e os filhos estariam melhor protegidos pela inalienabilidade temporária e característica de direito personalíssimo do usufruto dos pais e pela dificuldade mercadológica e jurídica de alienação das nuas propriedades dos filhos ou da propriedade na íntegra em conjunto com os pais para um terceiro, uma vez que dependeria de alvará judicial para alienação dos bens dos menores, permanecendo os pais na administração conjunta do uso e fruto (recebimento de aluguéis e pagamento de despesas, por exemplo).

Em caso de filhos menores como a alienação do bem ainda dependerá de alvará judicial geraria uma maior proteção para a mulher que pode se ver coagida a alienar o bem para o ex-cônjuge ou ex-companheiro ou para terceiro (interposto ou não) ou abandoná-lo para o ex-cônjuge ou ex-companheiro por conta de eventual violência doméstica, infeliz realidade brasileira, de merece ser combatida já de forma preventiva pelo sistema civilista, notarial e registral.

REFERÊNCIAS

LIVROS E REVISTAS

ABBOUD, Georges; CARNIO, Henrique Garbellini; OLIVEIRA, Rafael Tomaz de. *Introdução ao direito*: teoria, filosofia e sociologia do direito. 5. ed. rev., atual. e ampl. São Paulo: Thomson Reuters Brasil – Revista dos Tribunais, 2020.

ALMEIDA, José Luiz Gavião de. SILVA, Marcelo Rodrigues da. REIS, Jordana Maria Mathias dos Reis. A (im)possibilidade da responsabilidade civil do profissional de saúde em razão do *wrongful birth / wrongful life / wrongful conception* frente à microcefalia decorrente do vírus zica e anencefalia. In: SILVA, Marcelo Rodrigues da; OLIVEIRA FILHO, Roberto Alves de (Coord.); FIUZA, César (Org.). *Temas relevantes sobre o Estatuto da Pessoa com deficiência*: reflexos no ordenamento jurídico brasileiro. Salvador: JusPodivm, 2018.

ALMEIDA, José Luiz Gavião de; SILVA, Marcelo Rodrigues da; OLIVEIRA FILHO, Roberto Alves de Oliveira. Estatuto da Pessoa com Deficiência e a nova teoria das incapacidades: a operabilidade em risco. In: SILVA, Marcelo Rodrigues da; OLIVEIRA FILHO, Roberto Alves de (Coord.); FIUZA, César (Org.). *Temas relevantes sobre o Estatuto da Pessoa com deficiência*: reflexos no ordenamento jurídico brasileiro. Salvador: Juspodivm, 2018.

ALMEIDA, José Luiz Gavião de. *Direito Civil*. Família. Rio de Janeiro: Elsevier, 2008.

ANDRADE DO BONFIM, Silvano. O regime da participação final nos aquestos no Código Civil de 2002. *Revista Brasileira de Direito de Família e Sucessões*. ano XI. n. 9. Porto Alegre: LexMagister, , abr-maio 2009.

ANDREUCCI, Álvaro Gonçalves Antunes; LOUBACK, Cristian Lima dos Santos. A desjudicialização pelos cartórios extrajudiciais e o acesso à justiça na modernidade líquida. *Interesse Público-IP.* ano 20. n. 112. p. 55-71. Belo Horizonte, nov./dez. 2018.

ARRUDA ALVIM NETO, José Manuel de; CLÁPIS, Alexandre Laizo; CAMBLER, Everaldo Augusto. *Lei de Registros Públicos comentada*. Lei 6015/1973. Rio de Janeiro: Forense, 2014.

BARBOSA, Célia Abreu. *Primeiras linhas sobre a interdição após o novo Código de Processo Civil*. Curitiba: editora Crv, 2015.

BARBOZA, Heloisa Helena. MENDONÇA, Bruna de Lima. ALMEIDA JUNIOR, Vitor de Azevedo (Coord.). *O Código Civil e o Estatuto da Pessoa com Deficiência*.

BARBOZA, Heloisa Helena; PEREIRA, Paula Moura Francesconi de Lemos; ALMEIDA, Vitor. Proteção dos dados pessoais da pessoa com deficiência. In: TEPEDINO, Gustavo; FRAZÃO, Ana; OLIVA, Milena Donato (Coord.). *Lei Geral de Proteção de dados pessoais e suas repercussões no Direito Brasileiro*. São Paulo: Thomson Reuters Brasil, 2019.

BEDAQUE, José Roberto dos Santos. *Direito e processo*: influência do direito material sobre o processo. 6. ed. São Paulo: Malheiros, 2011.

COELHO, CAMILA AGUILEIRA. *O impacto do Estatuto da Pessoa com Deficiência no Direito das Sucessões*. Rio de Janeiro: Renovar, 2017.

BAUMAN, Zygmunt. *Modernidade líquida*. Rio de Janeiro: Zahar, 2001.

CAMARGO NETO, Mario de Carvalho; OLIVEIRA, Marcelo Salaroli de. Registro Civil das Pessoas Naturais: habilitação e registro de casamento, registro de óbito e livro "E". São Paulo: Saraiva, 2014. v. 2, (Coleção Cartórios / Coord. Christiano Cassettari).

BRANDÃO, Thiago Henrique. O aspecto da moral e da liberdade dos direitos da pessoa com deficiência: análise segundo a filosofia prática em Immanuel Kant. *Revista de Direito Constitucional e Internacional*. RDCI, ano 27. v. 111. p. 151-159. São Paulo: Ed. RT, jan./fev. 2019. 2019.

CARMONA, Carlos Alberto. *Arbitragem e processo*: um comentário à Lei n. 9.307/96. 3. ed. São Paulo: Atlas, 2009.

CARVALHO, Afrânio de. *Registro de imóveis*. Comentários ao sistema de registro em face da Lei 6.015, de 1973, com as alterações da Lei n. 6.216, de 1975. 4. ed. Rio de Janeiro: Forense.

CASSETTARI, Christiano. *Elementos do direito civil*. 4. ed. São Paulo: Saraiva, 2016.

COELHO, CAMILA AGUILEIRA. *O impacto do Estatuto da Pessoa com Deficiência no Direito das Sucessões*. Rio de Janeiro: Renovar, 2017.

BEDAQUE, José Roberto dos Santos. *Direito e processo*: influência do direito material sobre o processo. 6. ed. São Paulo: Malheiros, 2011.

BERENICE DIAS, Maria. *Manual de Direito das Famílias*. 11. ed. rev., atual. e ampl. São Paulo: Ed. RT, 2016.

CARBONAR, Dante O. Frazon. A representação legal no Código Civil brasileiro. *Revista de Direito Privado*. v. 99. ano 20. p. 19-48. São Paulo: Ed. RT, maio.-jun. 2019.

CARMONA, Carlos Alberto. *Arbitragem e processo*: um comentário à Lei n. 9.307/96. 3. ed. São Paulo: Atlas, 2009.

CARVALHO FILHO, Milton Paulo de. In: PELUSO, Cezar (Coord.). *Código civil comentado*. Doutrina e jurisprudência. 11. ed. Barueri: Manole, 2017.

CASTILHO, Ricardo. *Justiça social e distributiva*: desafios para concretizar direitos sociais. São Paulo: Saraiva, 2009.

CASTILHO, Ricardo dos Santos. *As faces do poder*. Teoria do poder e abusos do poder. In: STRASSER, Francislaine de Almeida Coimbra; RIBEIRO, Graziele Lopes; RAVAGNANI, Milton Roberto da Silva Sá (Org.). Rio de Janeiro: Lumen Juris, 2019.

CASTILHO, Ricardo. *Filosofia geral e jurídica*. 7. ed. São Paulo: Saraiva Educação, 2021.

CHAVES, Carlos Fernando Brasil. *Direito sucessório testamentário*. Teoria e prática do testamento. São Paulo: Saraiva, 2016.

CURY, Jorge Augusto. Revista dos Tribunais. Capacidade civil das pessoas com deficiência e ação de interdição: uma proposta de sistematização. *Revista dos Tribunais*. ano 108. v. 999, São Paulo: Ed. RT, jan. 2019.

CRUZ, Elisa Costa; AZEVEDO, Lilibeth de. Planejamento sucessório. In: TEPEDINO, Gustavo; FACHIN, Luiz Edson (Org.). *Diálogos sobre Direito Civil.* Rio de Janeiro: Renovar, 2012. v. III.

DANELUZZI, Maria Helena Marques Braceiro; MATHIAS, Maria Ligia Coelho. Repercussão do estatuto da pessoa com deficiência (Lei 13.146/2015) nas legislações civil e processual civil. *Revista de Direito Privado.* v. 66. ano 17. p. 57-82. São Paulo: Ed. RT, abr.-jun. 2016.

DELGADO, Mário Luiz, *Codificação, descodificação, recodificação do direito civil brasileiro.* São Paulo: Saraiva, 2011.

DELGADO, Mário Luiz; MARINHO JÚNIOR, Jânio Urbano. Posso renunciar à herança em pacto antenupcial? *Revista IBDFAM*: Famílias e sucessões. v. 31 Belo Horizonte: IBDFAM, jan./fev. 2019, Bimestral.

DELGADO, Mário Luiz; ALVES, Jones Figueirêdo. *Novo Código Civil. Questões controvertidas.* Série Grandes Temas de Direito Privado – v. 2. GIORGIS, José Carlos Teixeira. *A justa causa no novo testamento.* São Paulo: Método, 2006.

DELGADO, Mário Luiz. *Novo direito intertemporal brasileiro.* Da retroatividade das leis civis. Problemas de direito intertemporal no Código Civil – Doutrina e Jurisprudência. 2 ed. rev. e ampl. São Paulo: Saraiva, 2014.

DE LUCCA, Newton; MACIEL, Renata Mota. A Lei 13.709, de 14 de agosto de 2018: a disciplina normativa que faltava. DE LUCCA, Newton; SIMÃO FILHO, Adalberto; LIMA, Cíntia Rosa Pereira de; MACIEL, Renata Mota (Coord.). *Direito & Internet IV Sistema de proteção dos dados pessoais* – De acordo com a Lei 13.709, de 14 de agosto de 2018, e a Lei 13.853, de 08 de julho de 2019. In: São Paulo: Quartier Latin, 2019.

DE MUNNO, Kareen Zanotti. Andrea Elias da Costa et al. In: PEDROSO, Alberto Gentil de Almeida (Coord.). *Direito Civil III*: os principais instrumentos do planejamento patrimonial familiar e sucessório. São Paulo: Thomson Reuters Brasil, 2021. v. 8.

DIAS, Jean Carlos. *Análise econômica do processo civil brasileiro.* Rio de Janeiro: Forense; São Paulo: Método, 2009.

FACHIN, Luiz Edson. *Direito civil*: sentidos, transformações e fim. Rio de Janeiro: Renovar, 2015.

FARIAS, Cristiano; CUNHA, Rogério Sanches; PINTO, Ronaldo Batista. *Estatuto da Pessoa com Deficiência comentado artigo por artigo.* 2. rev., ampl. e atual. Salvador: JusPodivm, 2016.

FERREIRA, Paulo Roberto Gaiger; RODRIGUES, Felipe Leonardo. *Tabelionato de notas.* São Paulo: Saraiva, 2013. Coleção Cartórios. (Coord.) Christiano Cassettari.

FERREIRA, Paulo Roberto Gaiger; RODRIGUES, Felipe Leonardo. *Ata notarial*: doutrina, prática e meio de prova. São Paulo. Quartier Latin do Brasil, 2010.

FLORES, Paulo R. M. Thompson. *Direito civil parte geral*: das pessoas, dos bens e dos fatos jurídicos. 2. ed. Brasília, DF: Gazeta Jurídica, 2017.

FERNANDES, Micaela Barros Barcelos; GONÇALVES, Marcos Alberto Rocha. In: TEPEDINO, Gustavo; OLIVA, Milena Donato (Coord.). *Teoria Geral do Direito Civil*: questões controvertidas. Da estrutura formal binária à construção funcional da autonomia e da dignidade. Belo Horizonte: Fórum, 2019.

FIORANELLI, Ademar. *Direito Registral Imobiliário*. Instituto de Registro Imobiliário do Brasil. Sergio Antonio Fabris Editor, 2001.

FIUZA, César. *O direito civil e o novo CPC*. Belo Horizonte: D'Plácido editora, 2016.

FRAZÃO, Ana. Fundamentos da proteção dos dados pessoais – Noções introdutórias para a compreensão da importância da Lei Geral de Proteção de Dados. In: TEPEDINO, Gustavo; FRAZÃO, Ana; OLIVA, Milena Donato (Coord.). *Lei Geral de Proteção de dados pessoais e suas repercussões no Direito Brasileiro*. São Paulo: Thomson Reuters Brasil, 2019.

GENTIL, Alberto. Registros Públicos. In: BOSELLI, Karine; RIBEIRO, Izolda Andrea; MRÓZ, Daniela. *Registro Civil das Pessoas Naturais*. Rio de Janeiro: Forense; São Paulo: Método, 2020.

GODOY, Claudio Luiz Bueno de. *Função social do contrato*. 4. ed. São Paulo: Saraiva, 2012. Coleção Prof. Agostinho Alvim.

GODOY, Claudio Luiz Bueno de. *Responsabilidade civil pelo risco da atividade*. 42. ed. São Paulo: Saraiva, 2010. Coleção Prof. Agostinho Alvim.

GOGLIANO, Daisy. *Direitos privados da personalidade*. São Paulo: Quartier Latin, 2013.

GOMES, Camila Gibba; PIEDADE, Mariana Vida. *O registro civil das pessoas naturais*: reflexões sobre temas atuais. Salvador: JusPodivm, 2017.

GONTIJO, Letícia Fabel; MAFRA, Tereza Cristina Monteiro. O estatuto da pessoa com deficiência: aspectos gerais sobre casamento e os regimes de bens. In: PEREIRA, Fabio Queiroz. MORAIS, Luísa Cristina de Carvalho. LARA, Mariana Alves. (Org.). *A teoria das incapacidades e o estatuto da pessoa com deficiência*. 2. ed. Belo Horizonte: D'Plácido, 2018.

GUILHERME, Luiz Fernando do Vale de Almeida. *Código Civil comentado e anotado*. 2. ed. São Paulo: Manole, 2017.

HABER NETO, Jorge Rachid. *A cognoscibilidade do registro da união estável no registro civil*. O registro civil das pessoas naturais: reflexões sobre temas atuais. Conforme novo CPC, Lei 13.484/2017 e Provimento CNJ 83/2019. 2. ed. rev. e atual. Salvador: JusPodivm, 2020.

HABER NETO, Jorge Rachid. Inventário Extrajudicial com Deficiente: Legalização da Transmissão Instantânea da Sucessão Legítima e Interpretação Sistemática da Aceitação da Doação. *Revista Nacional de Direito de Família e Sucessões*. ano VI. n. 31, jul./ago. Porto Alegre: LexMagister, 2019.

HIRATA, Alessandro; LIMA, Matheus Carvalho Assumpção de. *Teoria das incapacidades e o Estatuto da Pessoa com Deficiência (Lei 13.146/15)*. In: SILVA, Marcelo Rodrigues da; OLIVEIRA FILHO, Roberto Alves de (Coord.); FIUZA, César (Org.). *Temas relevantes sobre o Estatuto da Pessoa com deficiência*: reflexos no ordenamento jurídico brasileiro. Salvador: JusPodivm, 2018.

HIRONAKA, Giselda Maria Fernandes. *Direito Civil*: estudos. Belo Horizonte: Del Rey, 2000.

HIRONAKA, Giselda Maria Fernandes. *Responsabilidade pressuposta*. Belo Horizonte: Del Rey, 2005.

HIRONAKA, Giselda Maria Fernandes, TARTUCE, Flávio; SIMÃO, José Fernando; TARTUCE, Fernanda. *Direito de família e das sucessões*. temas atuais: a parentalidade socioafetiva e suas repercussões processuais. São Paulo: Método, 2009.

JACOMINO, Sérgio. In: OLIVEIRA, Marcelo Salaroli de. (Coord.) *Publicidade registral imobiliária*. São Paulo: Saraiva, 2010.

JUCÁ, Francisco Pedro; ISHIKAWA, Lauro. A Constitucionalização do direito seus reflexos e acesso à justiça: A *constitucionalização do direito*: uma função social do direito. Birigui: Boreal, 2015.

LAMANAUSKAS, Milton Fernando. A conciliação e mediação no sistema notarial e de registro como forma de ampliação do acesso à justiça. *Revista de Direito Notarial*. v.6. São Paulo, set. 2015.

LAMANA PAIVA, João Pedro. Gratuidade emolumentar no novo CPC. In: DIP, Ricardo (Coord.). *Direito registral e o Novo Código de Processo Civil*. Rio de Janeiro: Forense, 2016.

LIMA, Cíntia Rosa Pereira de; PEROLI, Kelvin. Desafios para a atuação independente da autoridade nacional de proteção de dados pessoais brasileira à luz das exigências internacionais para a adequada proteção dos dados pessoais. In: DE LUCCA, Newton; SIMÃO FILHO, Adalberto; LIMA, Cíntia Rosa Pereira de; MACIEL, Renata Mota (Coord.). *Direito & Internet IV Sistema de proteção dos dados pessoais* – De acordo com a Lei 13.709, de 14 de agosto de 2018, e a Lei 13.853, de 08 de julho de 2019. 1. ed., São Paulo: Quartier Latin, 2019.

LOUREIRO, Luiz Guilherme. *Curso completo de direito civil*. 2. ed. Rio de Janeiro: Forense; São Paulo: Método, 2009.

KERN, Marinho Dembinski; COSTA JÚNIOR, Francisco José de Almeida Prado Ferraz. *Princípios do registro de imóveis brasileiro*. São Paulo: Thomson Reuters Brasil, 2020 (Coleção Direito Imobiliário, v. II. Coord.: Alberto Gentil de Almeida Pedroso).

KÜMPEL, Vitor Frederico; FERRARI, Carla Modina. *Tratado Notarial e registral: Tabelionato de Notas*. São Paulo: YK editora, 2017.

MADALENO, Rolf. Renúncia de herança no pacto antenupcial. *Revista IBDFAM*: famílias e sucessões. v. 27. p. 38. Belo Horizonte: IBDFAM, maio./jun. 2018, bimestral.

MADALENO, Rolf. *Direito de Família*. 8. ed. rev., atual. e ampl. Rio de Janeiro: Forense, 2018.

MALUF, Carlos Alberto Dabus; MALUF, Adriana Caldas do Rego Freitas Dabus. *Curso de Direito de Família*. 3. ed., rev. e atual São Paulo: Saraiva, 2018.

MONTEIRO FILHO, Carlos Edison do Rêgo; SILVA, Rafael Cândido da. A proibição dos pactos sucessórios: Releitura funcional de uma antiga regra. *Revista de Direito Privado* – RDPriv. v. 72. São Paulo: Ed. RT, 2016.

NADER, Paulo. *Curso de direito civil*: direito de família. Rio de Janeiro: Gen/Forense, 2010. v. 5.

OLIVEIRA, Marcelo Salaroli de. *Publicidade registral imobiliária*. São Paulo: Saraiva, 2010.

OLIVEIRA, Pedro González M. de. In: BARBOZA, Heloiza Helena; ALMEIDA, Vitor (Coord.). *Comentários ao Estatuto da pessoa com Deficiência à Luz da Constituição da República*. Belo Horizonte: Fórum, 2018.

PELUSO, Cezar. *Código civil comentado*. Doutrina e jurisprudência. 11. ed. Barueri: Manole, 2017.

PEREIRA, Fabio Queiroz. MORAIS, Luísa Cristina de Carvalho. LARA, Mariana Alves. (Org.). *A teoria das incapacidades e o estatuto da pessoa com deficiência*. 2. ed. Belo Horizonte: D'Plácido, 2018.

PERLINGIERI, Pietro. *Perfis do Direito Civil*. Introdução ao Direito Civil Constitucional. Rio de Janeiro: Renovar, 1997.

POMIM, Andryelle Vanessa Camilo; COSTA, Camile Bandeira herequim. Da prevalência do indivíduo sobre a coletividade: uma análise sob a perspectiva dos direitos da personalidade. In: MORAES, Carlos Alexandre; POMIM, Andryelle Vanessa Camilo. (Coord.). *Estudos interdisciplinares sobre direitos fundamentais e da personalidade*. Maringá: Clichetec, 2014. v. 1.

RÊGO, Carolina Noura de Moraes. *O estado de coisas inconstitucional*: entre o constitucionalismo e o estado de exceção. Rio de Janeiro: Lumen Juris, 2020.

RIBEIRO, Moacyr Petrocelli de Ávila. *Artigo por artigo*: Breves comentários à Lei 14.382/2022. Conversão da medida provisória no 1.085/2021. São Paulo: YK editora, 2022.

RODRIGUES JÚNIOR, Otavio Luiz. *Direito civil contemporâneo*: estatuto epistemológico, constituição e direitos fundamentais. Rio de Janeiro: Forense Universitária, 2019.

RODRIGUES, Elza de Faria. *Testamentos*. Teoria e prática. Belo Horizonte: Del Rey, 2011.

RODRIGUES, Rafael Garcia. A pessoa e o ser humano no Código Civil. In: TEPEDINO, Gustavo (Coord.). *O Código Civil na perspectiva civil-constitucional*. Rio de Janeiro: Renovar, 2013.

SALOMÃO, Luis Felipe; TARTUCE, Flávio. Direito Civil: *Diálogos entre doutrina e jurisprudência*. Alteração de gênero no assento de registro civil de transexual independentemente da realização de cirurgia de transgenitalização, São Paulo: Atlas, 2018.

SARDINHA, Cristiano de Lima Vaz. *Cartórios e Acesso à Justiça*. A contribuição das serventias extrajudiciais para a sociedade contemporânea como alternativa ao Poder Judiciário – rev., atual. e ampl. Salvador: JusPodivm, 2018.

SCHREIBER, Anderson. *Direitos da personalidade*. São Paulo: Atlas, 2011.

SCHREIBER, Anderson; TARTUCE, Flávio; SIMÃO, José Fernando; MELO, Marco Aurélio Bezerra de; DELGADO, Mário Luiz. *Código Civil comentado*: Doutrina e jurisprudência. Rio de Janeiro: Forense, 2019.

SCHREIBER, Anderson; NEVARES, Ana Luiza Maia. Do sujeito à pessoa: uma análise da incapacidade civil. In: TEPEDINO, Gustavo; TEIXEIRA, Ana Carolina brochado; ALMEIDA, Vitor. (Coord.). *O direito civil entre o sujeito e a pessoa*: Estudos em homenagem ao professor Stefano Rodotá. Belo Horizonte: Fórum, 2016.

SCHREIBER, Anderson. *Novos paradigmas da responsabilidade civil*. Da erosão dos filtros da reparação à diluição dos danos. 6. ed. Atlas. São Paulo. 2015.

SILVA, Adonias Osias da. *Arbitragem como meio extrajudicial de resolução de conflitos nas sociedades empresárias familiares*. Dissertação de Mestrado pela Escola Paulista de Direito, 2016.

SIMÃO, José Fernando. *Prescrição e decadência*: início de prazos. São Paulo: Atlas, 2013.

SIMÃO, José Fernando. *Responsabilidade civil do incapaz*. São Paulo: Atlas, 2008.

TARTUCE, Flávio. *O novo CPC e o Direito Civil*: impactos, diálogos e interações. Tutela e curatela e o tratamento da interdição no novo CPC. Rio de Janeiro: Forense. São Paulo: Método, 2015.

TARTUCE, Flávio. *Direito Civil*: Lei de Introdução e parte geral. 15. ed. Rio de Janeiro: Forense, 2019.

TARTUCE, Flávio. *Manual de direito civil*: volume único. 8. ed. rev., atual. e ampl. Rio de Janeiro: Forense; São Paulo: Método, 2018.

TARTUCE, Flávio. *Manual de responsabilidade civil*. Volume único. Rio de Janeiro: Forense; São Paulo: Método, 2018.

TEPEDINO, Gustavo; FACHIN, Luiz Edson; MEIRELES, Rose Melo Vencelau. *Pensamento crítico do direito civil brasileiro*. Em busca da nova família: uma família sem modelo. Curitiba: Juruá, 2011.

TEPEDINO, Gustavo; OLIVA, Milena Donato. Teoria Geral do Direito Civil: questões controvertidas. Da estrutura formal binária à construção funcional da autonomia e da dignidade. Belo Horizonte: Fórum, 2019.

TEPEDINO, Gustavo. *Soluções Práticas de Direito* – Pareceres. Novas Fronteiras do Direito Civil. Desnecessidade de prévia autorização judicial para a assinatura de acordo de acionistas por curador. São Paulo: Ed. RT, 2012. v. 1.

TESHEINER, José Maria Rosa; THAMAY, Rennan Faria Krüger. *Teoria geral do Processo*. 6. ed. São Paulo: Saraiva Educação, 2021.

TOMMASIELLO, Flávia Carneiro. A jurisprudência relativa à pessoa com deficiência: quais são as demandas? In: SILVA, Marcelo Rodrigues da; OLIVEIRA FILHO, Roberto Alves de (Coord.); FIUZA, César (Org.). *Temas relevantes sobre o Estatuto da Pessoa com deficiência*: reflexos no ordenamento jurídico brasileiro. Salvador: JusPdodivm, 2018.

VELOSO, Zeno. Do testamento particular. In: SIMÃO, José Fernando;. BELTRÃO, Silvio Romero. (Coord.). *Direito Civil*: estudos em homenagem a José de Oliveira Ascensão. São Paulo: Atlas, 2015.

VILLELA, João Baptista. Incapacidade transitória de expressão. In: AZEVEDO, Antonio Junqueira de; TÔRRES, Heleno Taveira; CARBONE, Paolo (Coord.). *Princípios do novo Código Civil Brasileiro e outros temas Homenagem a Tullio Ascarelli*. São Paulo: Quartier Latin, 2010.

ZANINI, Leonardo Estevam de Assis. *Direitos da personalidade*: aspectos essenciais. São Paulo: Saraiva, 2011 (Coleção professor Agostinho Alvim / coordenação Renan Lotufo).

INTERNET

Associação dos notários e registradores do Brasil – ANOREG/BR. Disponível em: https://www.anoreg.org.br/site/2019/11/14/registro-de-imoveis-debate-lgpd-e-georreferenciamento--no-xlvi-encontro-do-irib-em-sao-paulo/. Acesso em: 24 jan. 2020.

Associação dos Notários e Registradores do Brasil – ANOREG/BR. Disponível em: http://www.anoreg.org.br. Acesso em: 23. mar. 2018.

BRASIL. Disponível em: https://ibdfam.org.br/noticias/6905/%c3%89+poss%c3%advel+renunciar+%c3%a0+heran%c3%a7a+em+pacto+antenupcial%3f+Confira+em+artigo+-da+Revista+Cient%c3%adfica+do+IBDFAM. Acesso em: 26 jun. 2021.

CONSELHO NACIONAL DE JUSTIÇA. Disponível em: http://www.cnj.jus.br/noticias/cnj/79579-justica-em-numeros-permite-gestao-estrategica-da-justica-ha-10-anos. Acesso em: 26. jun. 2021.

GUEVARA DE ROSALES, Josefina Chinea. *La actividad del notario y los diversos tipos de actas*. Disponível em: https://josefinachineaguevara.weebly.com/acerca-del-derecho/la-actividad-del-notario-y-los-diversos-tipos-de-actas. Acesso em: 26 mar. 2019.

OLIVA, Milena Donato. A proteção dos incapazes e a utilidade da incorporação do trust pelo direito brasileiro. *Revista dos Tribunais*. v. 938. p. 59-76. dez. 2013. DTR\2013\10486. Disponível em: http://www.tepedino.adv.br/wpp/wp-content/uploads/2017/07/Protecao_incapazes_utilidade_incorporacao.pdf. Acesso em: 14 jan. 2020.

SILVA, Érica Barbosa e; RIBEIRO, Izolda Andréa de Sylos; ASSUMPÇÃO, Letícia Franco Maculan. Disponível em: https://www.migalhas.com.br/dePeso/16,MI315759,71043-A+lei+-geral+de+protecao+de+dados+e+o+registro+civil+das+pessoas. Acesso em: 25 jan. 2020.

SIMÃO, José Fernando. *A teoria dualista do vínculo obrigacional e sua aplicação ao Direito Civil Brasileiro*. Disponível em: http://www.esmp.sp.gov.br/revista_esmp/index.php/RJESMPSP/article/view/80/44. Acesso em: 26 mar. 2019.

SIMÃO, José Fernando. *Estatuto da Pessoa com Deficiência causa perplexidade (Parte I)*. Disponível em: https://www.conjur.com.br/2015-ago-06/jose-simao-estatuto-pessoa-deficiencia-causa-perplexidade#:~:text=causa%20perplexidade%20(Parte%20I)&text=Em%206%20de%20julho%20de,Estatuto%20da%20Pessoa%20com%20Defici%C3%AAncia%E2%80%9D.&text=Assim%2C%20o%20deficiente%20tem%20igualdade,aos%20n%C3%A3o%20deficientes%5B2%5D. Acesso em: 20 set. 2020.

VELOSO, Zeno. Disponível em: https://flaviotartuce.jusbrasil.com.br/artigos/338456458/estatuto-da-pessoa-com-deficiencia-uma-nota-critica. Acesso em: 20 abr. 2020.

VELOSO, Zeno. Disponível em: https://ibdfam.org.br/artigos/1111/Estatuto+da+Pessoa+Com+Defici%C3%AAncia-+uma+nota+cr%C3%ADtica. *Estatuto da Pessoa com Deficiência*. Uma nota crítica. Publicado em 12.05.2016. Acesso em: 21 mar. 2021.

REFERÊNCIAS NORMATIVAS

(Associação Brasileira de Normas Técnicas – ABNT)

ABNT NBR 6027: 2012 – Informação e documentação – Informação e documentação – Sumário – Apresentação

ABNT NBR 14724: 2011 – Informação e documentação – Trabalhos acadêmicos – Apresentação

ABNT NBR 15287: 2011 – Informação e documentação – Projetos de pesquisa – Apresentação

ABNT NBR 6034: 2005 – Informação e documentação – Índice – Apresentação

ABNT NBR 12225: 2004 – Informação e documentação – Lombada – Apresentação

ABNT NBR 6024: 2003 – Informação e documentação – Numeração progressiva das seções de um documento escrito – Apresentação

ABNT NBR 6028: 2003 – Informação e documentação – Resumo – Apresentação

ABNT NBR 10520: 2002 – Informação e documentação – Citações em documentos – Apresentação

ABNT NBR 6023: 2002 – Informação e documentação – Referências – Elaboração

MODELOS

MODELO 1 – ALTERAÇÃO DE PACTO ANTES DO CASAMENTO

LIVRO XXX - PÁGINA XXX - 1º TRASLADO

ESCRITURA PÚBLICA DE PACTO ANTENUPCIAL QUE ENTRE SI FAZEM, XXXXXXXX e XXXXXXXX, NA FORMA ABAIXO:

<u>SAIBAM</u> quantos esta pública escritura pública de pacto antenupcial virem que, aos xxxxxxxx dias do mês de xxxxxx do ano xxx - (xx.xx.xxxx), neste distrito, município e comarca de Panorama, Estado de São Paulo, em Cartório, perante mim tabelião, compareceram, partes entre si justas e contratadas, a saber: como outorgantes e reciprocamente outorgados, o Senhor **NOME DA PARTE**, solteiro, maior, entregador, portador da cédula de identidade RG n.º XXXXXXXXX(SSP/SP), inscrito no CPF/MF sob n.º XXXXXXXX, e a Senhora **NOME DA PARTE**, divorciada, pescadora, portadora da cédula de identidade RG n.º XXXXXXXXX(SSP/SP), inscrita no CPF/MF sob n.º XXXXXXXXX, ambos brasileiros, residentes e domiciliados na Rua XXXXXX, n.º XXXX, nesta cidade; reconhecidos por mim tabelião, por meio de seus documentos de identidade, do que dou fé. E, assim, pelos outorgantes e reciprocamente outorgados me foi uniforme e sucessivamente dito o seguinte: que usando da faculdade que a lei lhes confere de estipularem, antes do casamento que vão contrair o que lhes aprouver, em relação a seus bens *(artigo 1.639, do Código Civil Brasileiro)*, pelo presente instrumento e nos melhores termos de direito, convencionam entre si que o regime a ser adotado para o casamento será o da **comunhão universal de bens**, quer dos que eles contratantes possuem presentemente, quer dos que venham a adquirir na constância do matrimônio, seja a que título ou natureza for, oneroso ou gratuito. Alteram expressamente o regime escolhido anteriormente no pacto antenupcial lavrado nestas notas no Livro xxxx, páginas xxxx, cientes da necessidade de apresentação deste instrumento público no processo de habilitação de casamento. As partes autorizam as averbações e demais atos necessários para o registro desta escritura. Assim o disseram e dou fé. A pedido das partes lavrei esta escritura que lida e achada conforme, aceitaram, outorgaram e assinam dispensando a presença e assinatura das testemunhas instrumentárias neste ato. **EMOLUMENTOS (cobrança de uma escritura sem valor declarado conforme item 6.2, da tabela anexa à lei 11.331/2002):** Tabelião: R$ -; Estado: R$ -; IPESP: R$ -; ISS: R$ -; Ministério Público: R$ -; Registro Civil: R$ -; T.Justiça: R$ -; Santa Casa: R$ -; - **TOTAL: R$ - (valor total por extenso).** Expedido recibo às partes, conforme artigo 30, inciso IX, da Lei 8.935/94. Eu, _____, (JORGE RACHID HABER NETO) tabelião, a digitei, subscrevo e assino. - - - - - - - - - - -

MODELO 2 – COMUNHÃO UNIVERSAL DE BENS

LIVRO xxx – PÁGINA xxxxx – 1º TRASLADO

ESCRITURA PÚBLICA DE PACTO ANTENUPCIAL QUE ENTRE SI FAZEM, NOME DA PARTE E NOME DA PARTE, NA FORMA ABAIXO:

Saibam quantos esta pública escritura pública de pacto antenupcial virem que, aos xxxxx dias do mês de xxxxxx do ano de dois mil e vinte e um – xx.xx.2021, neste município e Comarca de Panorama, Estado de São Paulo, em Cartório, sito na Rua Oscar Torquato da Silva, nº 1901, centro, perante mim tabelião, compareceram, partes entre si justas e contratadas, a saber: como outorgantes e reciprocamente outorgados, o Senhor **NOME DA PARTE**, portador da cédula de identidade RG. XXXXXXXXX(SSP/SP), e inscrito no CPF/MF. sob nº XXXXXXXXXXXX, brasileiro, solteiro, publicitário, residente e domiciliado na Avenida XXXXX, nº XXXXX, Bairro Jardim São Francisco, nesta cidade; e a Senhora **NOME DA PARTE**, portadora da carteira nacional de habilitação sob número XXXXXXX, emitida em 10.03.2020, da qual consta a cédula de identidade RG. XXXXXXXX(SSP/SP), e inscrita no CPF/MF. sob nº XXXXXXXX, brasileira, solteira, maior, Design, residente e domiciliada à Rua XXXXXXXX, nº 1224, Bairro XXXXXXXXX, nesta cidade; reconhecidos por mim tabelião, através de seus documentos de identidade, do que dou fé. E, assim, pelos outorgantes e reciprocamente outorgados me foi uniforme e sucessivamente dito o seguinte: que usando da faculdade que a lei lhes confere de estipularem, antes do casamento que vão contrair, o que lhes aprouver, em relação a seus bens *(artigo 1.639 do Código Civil Brasileiro)*, pelo presente instrumento e nos melhores termos de direito, convencionam entre si que o regime a ser adotado para o casamento será o da **comunhão universal de bens**, quer dos que eles contratantes possuem presentemente, quer dos que venham a adquirir na constância do matrimônio, seja a que título ou natureza for, oneroso ou gratuito. As partes autorizam as averbações e demais atos necessários para o registro desta escritura. Assim o disseram e dou fé. À pedido das partes lavrei esta escritura que lida e achada conforme, aceitaram, outorgaram e assinam dispensando a presença e assinatura das testemunhas instrumentárias neste ato. **EMOLUMENTOS (cobrança de uma escritura sem valor declarado conforme item 6.2, da tabela anexa à lei 11.331/2002):** Tabelião: R$ -; Estado: R$ -; IPESP: R$ -; ISS: R$ -; Ministério Público: R$ -; Registro Civil: R$ -; T.Justiça: R$ -; Santa Casa: R$ -; - **TOTAL: R$ - (valor total por extenso).** Eu,_____, (JORGE RACHID HABER NETO) tabelião, a digitei, subscrevo e assino. SELO DIGITAL: xxxxxxxxxxxxxx. -

Os emolumentos serão recolhidos dentro do prazo legal (aa) NOME DA PARTE // NOME DA PARTE. Nada mais contém em referida escritura, cujo traslado é cópia fiel do original, do que dou fé. Eu, JORGE RACHID HABER NETO, tabelião, a digitei, conferi, dou fé, subscrevo e assino em público e raso. -

EM TEST°_____DA VERDADE

JORGE RACHID HABER NETO

TABELIÃO

MODELO 3 – SEPARAÇÃO CONVENCIONAL DE BENS
LIVRO XXX – PÁGINAS XXX – 1º TRASLADO

ESCRITURA PÚBLICA DE PACTO ANTENUPCIAL QUE ENTRE SI FAZEM, NOME DA PARTE e NOME DA PARTE, NA FORMA ABAIXO:

SAIBAM quantos esta pública escritura pública de pacto antenupcial virem que, **aos xxx dias do mês de xxxxx do ano de xxx - (xx.xx.xxxx)**, neste distrito, município e comarca de Panorama, Estado de São Paulo, em Cartório, perante mim tabelião titular, compareceram, partes entre si justas e contratadas, a saber: como outorgantes e reciprocamente outorgados, **NOME DA PARTE**, comerciante, portador da cédula de identidade RG. XXXXXXXXX(SSP/SP), e inscrito no CPF/MF. sob nº XXXXXXXXX, e **NOME DA PARTE**, funcionária pública, portadora da cédula de identidade RG. XXXXXXXX(SSP/SP), e inscrita no CPF/MF. sob nº XXXXXXXXX, ambos brasileiros, solteiros, maiores, residentes e domiciliados nesta cidade, na Avenida XXXXXXXXX, nº XXX, Bairro Centro; reconhecidos por mim tabelião titular, por meio de seus documentos de identidade, do que dou fé. E, assim, pelos outorgantes e reciprocamente outorgados me foi uniforme e sucessivamente dito o seguinte: que usando da faculdade que a lei lhes confere de estipularem, antes do casamento que vão contrair, o que lhes aprouver, em relação a seus bens *(artigo 1.639, do Código Civil Brasileiro)*, pelo presente instrumento e nos melhores termos de direito, convencionam entre si que o regime a ser adotado para o casamento será o da **completa e absoluta separação de bens**, quer dos que eles contratantes possuem presentemente, quer dos que venham a adquirir na constância do matrimônio, seja a que título ou natureza for, oneroso ou gratuito, razão pela qual: **a)** cada cônjuge terá livre administração de seus bens, inclusive no tocante a disponibilidade dos mesmos *(artigo 1.687 do Código Civil Brasileiro)* e não se confundindo em hipótese alguma o de cada um, sob qualquer pretexto ou presumido direito, não respondendo pelas divisas de um do outro, contraídas antes e depois do matrimônio. As partes autorizam as averbações e demais atos necessários para o registro desta escritura. Assim o disseram e dou fé. À pedido das partes lavrei esta escritura que lida e achada conforme, aceitaram, outorgaram e assinam dispensando a presença e assinatura das testemunhas instrumentárias neste ato. EMOLUMENTOS: Tabelião: R$ -; Estado: R$ -; IPESP: R$ -; ISS: R$ -; Ministério Público: R$ -; Registro Civil: R$ -; T.Justiça: R$ -; Santa Casa: R$ -; - **TOTAL: R$ - (valor total por extenso).** Eu,_____, tabelião titular, a digitei, subscrevo e assino. Os emolumentos serão recolhidos dentro do prazo legal. (aa) NOME DA PARTE // NOME DA PARTE. Nada mais contém em referida escritura, cujo traslado é cópia fiel do original, do que dou fé. Eu, JORGE RACHID HABER NETO, tabelião titular, a digitei, conferi, dou fé, subscrevo e assino em público e raso. - - - - - - - - - - - - - - -

EM TESTº_____DA VERDADE
JORGE RACHID HABER NETO – Tabelião Titular

MODELO 4 – REGIME DA SEPARAÇÃO CONVENCIONAL DE BENS COM COMUNICABILIDADE DE PRÊMIO DE LOTERIA, JOGO E APOSTAS

LIVRO XXX – PÁGINAS XXX – 1º TRASLADO

ESCRITURA PÚBLICA DE PACTO ANTENUPCIAL, QUE ENTRE SI FAZEM, NOME DA PARTE E NOME DA PARTE, NA FORMA ABAIXO:

SAIBAM - quantos esta pública escritura de pacto antenupcial bastante virem, que aos xxxxxx dias do mês de xxxxxx do ano de dois mil e vinte e um (xx/xx/2021), nesta cidade de xxxxxxx, Estado de São Paulo, neste Serviço Notarial, perante mim escrevente substituto, compareceram partes entre si, justas e contratadas, a saber: como outorgantes e reciprocamente outorgados: de um lado como primeiro contratante **NOME DA PARTE**, brasileiro, solteiro, dentista, como declarou, portador do RG de n.º XXXXXXXXX (SSP/SP), e do CPF de nº XXXXXXXXXX, residente e domiciliado na Avenida XXXXXXXX, nº XXX, bairro: centro, na cidade de XXXXX, Estado de São Paulo; e, de outro lado como segunda contratante **NOME DA PARTE**, brasileira, solteira, maior, arquiteta, como declarou, portadora da cédula de identidade RG. número XXXXXXXX-SSP/SP, inscrita no CPF. sob número XXXXXXXXXXX, residente e domiciliada na Avenida XXXXXXXXX, número XXXX, Centro, na cidade de XXXXXXX, Estado de São Paulo; As partes foram identificadas como as próprias por mim escrevente substituto, à vista dos documentos acima mencionados, ora me exibidos, e tiveram a capacidade civil reconhecida, do que dou fé; E, pelos outorgantes e reciprocamente outorgados me foi dito uniforme e sucessivamente, o seguinte: **I)** que se pretendem se habilitar para casamento a ser realizado oportunamente e usando da faculdade que a lei lhes confere, convencionam entre si que, o **REGIME DE BENS** a ser adotado para o casamento será o da completa e absoluta **SEPARAÇÃO CONVENCIONAL DE BENS, INCLUSIVE DOS AQUESTOS**, nos termos dos artigos 1.687 e 1.688 do Código Civil Brasileiro, que vigorará de acordo com a presente CONVENÇÃO, para todos os efeitos de direito; **II)** que o regime ora escolhido está previsto no Livro IV, Título II, Capítulo VI do Código Civil Brasileiro, devendo ser entendido como separação absoluta e total de bens, esforços e rendas, inclusive e incluindo os aquestos, excetuando-se prêmios de loteria, jogo e apostas; **III)** cada cônjuge terá direito a sua propriedade, domínio e posse dos respectivos bens herdados ou adquiridos antes e depois do casamento, inclusive das edificações e melhoramentos nos respectivos imóveis; **IV)** todos os bens que cada cônjuge possui ou venha a possuir permanecerão sob sua administração particular e exclusiva, que os poderá livremente alienar ou gravar de ônus reais conforme previsto no artigo 1.687 do Código Civil; **V)** que declaram que o primeiro outorgante contratante possui aplicações financeiras e ações em bolsa de valores na presente data que são recursos particulares e que a segunda outorgante contratante possui aplicações financeiras e parte da sociedade empresária limitada de nome fantasia xxxxxxx, (nome empresarial) localizada na cidade de xxxxxxxx – Estado de xxxxxxxx, também adquirida de forma particular pela segunda outorgante contratante. Estes bens foram construídos com esforços e recursos financeiros próprios de cada um, mesmo antes do contrato de união estável formalizado em (DIA) do (MÊS) do (ANO), com firma reconhecida em (DIA) de (MÊS) de (ANO), também realizado, à época, sob o regime da separação convencional absoluta de bens; **VI)** que fica convencionado, em virtude do regime adotado, a incomunicabilidade absoluta e total dos bens; **VII)** que os respectivos ganhos de cada cônjuge serão considerados reservados, podendo cada um deles dispor como melhor lhe aprouver, ressalvando o disposto no artigo 1.688 do Código Civil, obrigando-se as partes a contribuir para as despesas do casal na proporção dos rendimentos de seu trabalho e de seus bens; **VIII)** na constância do casamento, nos bens adquiridos por cada cônjuge, constará o respectivo nome no título aquisitivo; aquele onde houver concorrência de ambos para a sua aquisição, serão escriturados em nome de ambos e na proporção que estabelecerem no título aquisitivo; Ficam as partes cientificadas, nos termos do artigo 1.657 do Código Civil Brasileiro, que a presente convenção antenupcial não produzirá efeitos perante terceiros enquanto não levada a registro, em livro próprio, no Oficial de Registro de Imóveis competente, do primeiro domicílio do casal. **IX)** Que autorizam todos os registros, averbações e cancelamentos que se fizerem necessários na circunscrição imobiliária competente; **X)** As partes se responsabilizaram pela descrição detalhada dos bens indicados, isentando esta escrevente substituto de responsabilidade. Assim o disseram e dou fé. A pedido das partes, lavrei esta escritura, a qual digitada e lhes sendo lida em voz alta, acharam-na conforme, outorgaram, aceitaram e assinam. Dou fé. **EMOLUMENTOS (cobrança de uma escritura sem valor declarado conforme item 6.2, da tabela anexa à lei 11.331/2002):** Tabelião: R$ -; Estado: R$ -; IPESP: R$ -; ISS: R$ -; Ministério Público: R$ -; Registro Civil: R$ -; T.Justiça: R$ -; Santa Casa: R$ -; - **TOTAL: R$ - (valor total por extenso).** Os repasses obrigatórios serão recolhidos no prazo legal. Selo digital número; XXXXXXXXXX; Eu, _____ NOME DO ESCREVENTE, Escrevente Substituto, a digitei, conferi, subscrevo e assino.

_____

NOME DA PARTE

_____

NOME DA PARTE

(aa).- NOME DA PARTE – NOME DA PARTE -. Nada mais contém em referida escritura, cujo 1º traslado, é cópia fiel do original, segue impresso em papel de segurança, numeradas e rubricadas, do que dou fé. Eu, NOME DO ESCREVENTE, escrevente substituto, digitei, conferi, dou fé, subscrevo e assino em público e raso.

EM TESTº_____ DA VERDADE.

NOME DO ESCREVENTE

ESCREVENTE SUBSTITUTO

MODELO 5 – ESCRITURA PÚBLICA DE DECLARAÇÃO DE UNIÃO ESTÁVEL SOB O REGIME DA SEPARAÇÃO CONVENCIONAL DE BENS E CLÁUSULA DE CONVERSÃO SUBSTANCIAL EM PACTO ANTENUPCIAL EM CASO DE CONVERSÃO DE UNIÃO ESTÁVEL EM CASAMENTO

LIVRO ---- PÁGINAS ---- 1º TRASLADO

ESCRITURA PÚBLICA DE DECLARAÇÃO DE UNIÃO ESTÁVEL

SAIBAM quantos esta pública escritura de declaração de união estável virem que, **aos XXX dias do mês de XXX do ano de XXXXX - (XX.XX.XXXX)**, nesta cidade e comarca de Panorama, Estado de São Paulo, em Cartório, sito na Rua Oscar Torquato da Silva, nº 1901, Bairro Centro, perante mim tabelião, compareceram partes entre si, justas e contratadas a saber, de um lado como **outorgantes e reciprocamente outorgados**, **NOME COMPLETO**, brasileiro, solteiro, maior, profissão, portador da carteira nacional de habilitação com nº de registro xxxxxx, expedida aos xx.xx.xxxx, pelo Departamento Nacional de Trânsito (DETRAN SP), da qual consta que o mesmo é portador da cédula de identidade RG. nº xxxxxxx(SSP/SP), inscrito no CPF/MF. sob nº xxx.xxx.xxx--xx, residente e domiciliado na Rua xxxxxxxxxx, nº xxx, Bairro xxx, na cidade de xxxxxx, Estado de São Paulo; e **NOME COMPLETO**, portadora da carteira nacional de habilitação com nº de registro xxxxxx, expedida aos xx.xx.xxxx, pelo Departamento Nacional de Trânsito (DETRAN SP), da qual consta que a mesma é portadora da cédula de identidade RG. nº xxxxxxxxx(SSP/SP), inscrita no CPF/MF. sob nº xxx.xxx.xxx-xx, brasileira, solteira, maior, profissão, residente e domiciliada na Rua xxxxxxxxx, nº xxx, Bairro xxxxx, na cidade de xxxxxxxxxx, Estado de São Paulo; todos capazes, reconhecidos por mim tabelião titular, por meio de seus documentos de identidade, do que dou fé. E, pelos outorgantes e reciprocamente outorgados foi declarado, para todos os efeitos legais e sob pena de responsabilidade civil e penal, o que segue: que eles contratantes declaram que mantém a aproximadamente XXXX (XXXX) anos vida em comum, como se casados fossem; que eles contratantes declaram, ainda, que viverão maritalmente, em conformidade com o artigo 1.723, do Código Civil Brasileiro; que foram orientados da possibilidade de registro desta escritura pública no registro civil das pessoas naturais da Sede do último domicílio para fins de efeito desta união estável perante terceiros, bem como que após o registro desta união no registro civil das pessoas naturais é possível a averbação desta união estável no registro de imóveis, que dispõem que desejam pactuar, às relações patrimoniais o **REGIME DA SEPARAÇÃO CONVENCIONAL DE BENS**; nos termos dos artigos

1.687 e 1.688 do Código Civil Brasileiro, que vigorará de acordo com a presente CONVENÇÃO, para todos os efeitos de direito; que o regime ora escolhido está previsto no Livro IV, Título II, Capítulo VI do Código Civil Brasileiro, devendo ser entendido como separação absoluta e total de bens, esforços e rendas, inclusive e incluindo os aquestos; que cada cônjuge terá direito a sua propriedade, domínio e posse dos respectivos bens herdados ou adquiridos antes e depois da união estável, inclusive das edificações e melhoramentos nos respectivos imóveis; que todos os bens que cada cônjuge possui ou venha a possuir permanecerão sob sua administração particular e exclusiva, que os poderá livremente alienar ou gravar de ônus reais conforme previsto no artigo 1.687 do Código Civil; que fica convencionado, em virtude do regime adotado, a incomunicabilidade absoluta e total dos bens; que os respectivos ganhos de cada cônjuge serão considerados reservados, podendo cada um deles dispor como melhor lhe aprouver, ressalvando o disposto no artigo 1.688 do Código Civil, obrigando-se as partes a contribuir para as despesas do casal na proporção dos rendimentos de seu trabalho e de seus bens; que na constância da união estável, os bens adquiridos por cada cônjuge, constará o respectivo nome no título aquisitivo; aquele onde houver concorrência de ambos para a sua aquisição, serão escriturados em nome de ambos e na proporção que estabelecerem no título aquisitivo; Ficam as partes cientificadas, nos termos do artigo 1.657 do Código Civil Brasileiro, que a presente convenção antenupcial não produzirá efeitos perante terceiros enquanto não levada a registro no oficial de registro civil das pessoas naturais com atribuição legal, em livro próprio, e averbação no Oficial de Registro de Imóveis com atribuição legal. Que autorizam todos os registros, averbações e cancelamentos que se fizerem necessários na circunscrição imobiliária competente; que orientados da possibilidade de alteração de sobrenome decidiram manter os mesmos, que em decorrência de eventual dissolução os companheiros poderão pedir alimentos uns aos outros de que necessitem para viver de modo compatível com a condição social e que será possível a conversão da presente união estável em casamento, conforme dispõe o artigo 1.726, do Código Civil, mediante pedido dos companheiros, formulado ao Oficial de Registro Civil das Pessoas Naturais do domicílio dos companheiros; **QUE REQUEREM A APLICABILIDADE DO REGIME DE BENS DA SEPARAÇÃO CONVENCIONAL DE BENS NO CASO DE OPTAREM PELA CONVERSÃO DA PRESENTE UNIÃO ESTÁVEL EM CASAMENTO E QUE NESSE CASO HAJA A CONVERSÃO SUBSTANCIAL DESTA ESCRITURA PÚBLICA DE UNIÃO ESTÁVEL EM PACTO ANTENUPCIAL UMA VEZ QUE ESTÁ OBEDECIDA A FORMA PÚBLICA** e que eles declarantes firmam a presente espontaneamente para que tenha os devidos e legais efeitos, declarando a presente sempre boa, firme e valiosa a todo tempo. Pelas partes foi dito, ainda, que firmam a presente espontaneamente para que tenha os devidos e legais efeitos, declarando a presente sempre boa, firme e valiosa a todo tempo. Assim o disseram e dou fé. A pedido das partes lavrei esta escritura, a qual feita e lhes sendo lida acharam-na conforme, outorgam, aceitam e assinam, dispensando a presença de testemunhas. **EMOLUMENTOS:** Ao Tabelião: R$ 277,41; Ao Estado: R$ 78,85; A Secretaria da Fazenda: R$ 53,96; Imposto ao município: R$ 11,09; Ao Ministério Público: R$ 13,32; Ao Registro Civil: R$ 14,60; Ao Tribunal de Justiça: R$ 19,04; À Santa Casa: R$ 2,77; - **TOTAL: R$ 471,04 (quatrocentos e setenta e um reais e quatro centavos).** Eu,_____, (JORGE RACHID HABER NETO) tabelião titular, a digitei, subscrevo e assino. SELOS DIGITAIS: XXX e XXXXX. - - - -

NOME COMPLETO

NOME COMPLETO

MODELO 6 – TESTAMENTO PÚBLICO COM RENÚNCIA DE HERANÇA DO COMPANHEIRO

LIVRO XXX – PÁGINAS XXXX/XXXX – 1º TRASLADO

TESTAMENTO PÚBLICO QUE FAZ: XXXXXXXXXXXXXX, NA FORMA ABAIXO:

SAIBAM quantos este público instrumento de testamento virem que, **aos XXXX dias do mês de XXXX do ano de XXXX - (XX.XX.XXXX)**, neste município e comarca de Panorama, Estado de São Paulo, em Cartório, sito na Rua Oscar Torquato da Silva, nº 1901, centro, perante mim, tabelião titular, e das duas testemunhas idôneas e abaixo nomeadas e no fim assinadas, especialmente convocadas para este ato, compareceu como **outorgante testadora, a Sra. XXXXXXXXXXXX**, portadora da cédula de identidade RG n.º XXXXXXXXX (SSP/SP), inscrita no CPF/MF sob o n.º XXXXXXXXXXX, que declarou ser brasileira, solteira, maior, profissão, residente e domiciliada na Rua XXXXXX, número XX, apartamento número XX, Bairro XXXXXX, em São Paulo(SP). A presente juridicamente capaz, reconhecida como a própria, por mim, à vista dos documentos de identificação exibidos do que dou fé. Então, pela outorgante testadora que se encontra em seu perfeito juízo e entendimento, e no pleno gozo de suas faculdades intelectuais, segundo o meu parecer e o das testemunhas, e livre de qualquer induzimento ou coação, apresentado ainda como documento complementar e facultativo laudo médico, assinado pelo médico Dr. XXXXXXXXXX, CRM XXXX – Psiquiatra, com endereço na Avenida XXXXXXXXX, nº XXX, na cidade de XXXXX, Estado de São Paulo, datado de XX.XX.XXXX, que fica arquivado nestas notas **sob o n.º XX, do classificador XX**, e me foi dito, usando em todas as suas declarações o idioma nacional que, de sua livre e espontânea vontade, resolveu fazer o seu testamento e disposição de última vontade, revogatório de qualquer outro anterior, como de fato, pelo presente instrumento e na melhor forma de direito, ora o faz, declarando o seguinte: **PRIMEIRO:** Que confirma e ratifica a sua qualificação constante da parte introdutória deste testamento, acrescentando, ainda, que é natural da cidade de XXXXXXXX, Estado de São Paulo, onde nasceu aos XX do mês de XXXXX do ano de XXXXXXX - (XX.XX.XXXX), que tem XXXX (XX) anos de idade, que é filha de XXXXXXXXX e de XXXXXXXXXXXXX, que seus pais já são falecidos; **SEGUNDO:** Que possui o estado civil de solteira, registrada sob o n.º XXXXX, às fls. XXX, do livro A-XXX, do Oficial do Registro Civil das Pessoas Naturais da cidade de XXXXXX, Estado de São Paulo, mas convivente em união estável desde XX.XX.XXXX (XXX de XXXXX de XXXXXX) com seu companheiro de nome XXXXXXXXXXX, brasileiro, profissão, divorciado, portador da cédula de identidade RG número XXXXXXXXXX-X-SSP/

SP, inscrito no CPF/MF sob número XXX.XXX.XXX-XX, residente e domiciliado no mesmo endereço da testadora, qual seja, na Rua XXXXXXX, número XXX, apartamento número XX, Bairro XXXX, no município de XXXXXXX, Estado de São Paulo, união estável essa sob O REGIME DA COMUNHÃO PARCIAL DE BENS, constituída em XX.XX.XXXX (XXXXXX de XXXXX de XXXXXXXX) por meio de escritura pública de união estável lavrada no Livro XXXX, páginas XXX, no X Tabelião de Notas da cidade de XXXXXXXXXX de São Paulo, Estado de São Paulo; **TERCEIRO:** Que a outorgante testadora não possui filhos, todavia, é convivente em união estável com o companheiro acima qualificado, razão pela qual de acordo com o entendimento do Supremo Tribunal Federal – STF no RE 878.694/MG e 646.721/RS, que disciplinou que é inconstitucional, portanto, qualquer tipo de distinção de regimes sucessórios entre cônjuges e companheiros, devendo ser aplicado em ambos os casos (casamento e união estável) o regime do artigo 1.829 do Código Civil, possui o companheiro a qualidade de herdeiro necessário, podendo livremente dispor em testamento da metade de todos os seus bens e haveres pertencentes a sua parte disponível que existirem por ocasião de sua morte, nos termos do artigo 1.857, do Código Civil, dispensada a colação, nos termos do artigo 2.006, do Código Civil. **QUARTO**: 1) **Que se transmita exclusivamente** para **XXXXXXXXXXXXX**, brasileiro, estado civil, profissão, portador da cédula de identidade RG. XXXXXXXXXXX(SSP/SP), inscrito no CPF/MF. sob nº XXX.XXX.XXX-XXX, residente e domiciliado na Rua XXXXXX, nº XXXX, Edifício XXXX, apartamento XXXXX, CEP: XXXXXXX, bairro xxxxxxxxx, na cidade de XXXXXXXX, Estado de São Paulo e **XXXXXXXXXXXXXXX**, brasileiro, estado civil, profissão, portador da cédula de identidade RG. XXXXXXX (SSP/SP), inscrito no CPF/MF. sob nº XXX.XXX.XXX-XX, residente e domiciliado na Rua XXXXXXXXX, nº XXX, Apartamento XXX, Chácara XXXXXX, na cidade de XXXXXX, Estado de Minas Gerais, na proporção de 1/2 (metade) para cada um, a propriedade do lote de terreno urbano, sob número XX (XXXXXX), da quadra número XX (XXXXXXX), situado no perímetro urbano da cidade de XXXXX, Estado de São Paulo, medindo X,00 metros de frente para a Avenida XXX (XX) de XXXXXX, contados a partir do XX metro da esquina da Avenida XXXXXX, tendo nos fundos a mesma metragem da frente; e, da frente aos fundos em ambos os lados mede X,00 metros, perfazendo uma área total de X,00 (X metros quadrados), estando localizada do lado ímpar da mencionada via pública, Avenida X (X) de X, número X, com suas demais medidas, confrontações e benfeitorias melhor descritas na matrícula número XXXXX, do Livro 02 (dois), do Oficial de Registro de Imóveis e Anexos da Comarca de XXXXXXX, Estado de São Paulo, cadastrado na prefeitura de XXXXXX (SP), sob número XXXXX. Imóvel este que a testadora declara ter adquirido com valores oriundos de seguro de vida recebido em razão do falecimento de seu pai XXXXXXX, tendo a escritura pública de venda e compra sido lavrada nas notas do Tabelião de Notas de XXXXXXX, Estado de São Paulo, aos XX.XX.XXXX, Livro número XX, folhas XXXXXX, tratando de aquisição anterior ao início da união estável e ainda com valores recebidos a título gratuito por sucessão, bem particular sub-rogado, nos termos dos artigos 1.668, inciso I, e 1.829, inciso I, do Código Civil, que possui atualmente a totalidade (100% - cem por cento) da propriedade imobiliária; **2)** Que se transmita para XXXXXXXX a metade (1/2) e a outra metade (1/2) para XXXXXXXX em proporções iguais para cada, de sua propriedade do **APARTAMENTO Nº XX (XXXXXX)**, localizado no Xº Andar ou Xº pavimento do Bloco XX, do empreendimento imobiliário denominado "XXXXXXXX", situado à Rua XXXXXXXX, número XX, do Xº Subdistrito –XXX, na cidade de São Paulo, Estado de São Paulo, contendo a área privativa de X,X M², área comum de X,X M², área total de X,X M², fração ideal X,XXXX% e fração ideal de terreno de X,XXXX M², objeto da matrícula número XXXXXX, do Livro número 02, do X Oficial de Registro de Imóveis de São Paulo, Estado de São Paulo; no qual tem atualmente a fração ideal de 50% (cinquenta por cento) e XXXXXXXXX (R.X/M.XXXX) possui a fração ideal de X% (XXXX por cento), cuja certidão da matrícula foi emitida aos XX.XX.XXX, cadastro municipal perante a prefeitura de São Paulo sob número XXXXXX, imóvel esse bem particular da testadora nos termos do artigo 1.659, inciso III, do Código Civil, por ter sido contraída a obrigação anterior a união estável, conforme instrumento particular constante da Av.X e no R.X, ambos da matrícula XXXXX, do X Oficial de registro de imóveis da cidade de XXXXXX, Estado de São Paulo, em XX.XX.XXXX; **QUINTO:** Fica ciente a testadora da possibilidade de revogação ou alteração do presente testamento a qualquer tempo se assim desejar; **SEXTO:** Em caso de prévio falecimento de XXXXXXXXXX à testadora, que seja substituído, na parte que lhe couber, pelo único filho XXXXXXXXX denominado XXXXXXXX, portador do registro geral – RG número XXXXXX-X-SSP/SP e CPF/MF número XXX.XXX.XXX-XX; Em caso de prévio falecimento de XXXXXXXX à testadora, que seja substituído e dividido em partes iguais, na parte que lhe couber, para transmitir metade para XXXXXXXXX e metade para XXXXXXX; **SÉTIMO:** A testadora nomeia como testamenteiro e inventariante XXXXXXXXXXX; **OITAVO:** Em caso de eventual redução testamentária sobre o excesso de parte disponível que venha a ser apurada futuramente, que seja primeiro incluído no cálculo da legítima do companheiro os bens acima especificados e sub-rogados em seu lugar e que do excesso seja descontado em dinheiro e aplicações financeiras; **NONO: QUE RENÚNCIA DE FORMA ABDICATIVA, NA TOTALIDADE, DOS BENS PRESENTES E FUTUROS, A HERANÇA DE SEU COMPANHEIRO XXXXXXXXXX, ACIMA QUALIFICADO, CASO O MESMO VENHA A FALECER ANTES DA TESTADORA, PERMANECENDO INTANGÍVEL A MEAÇÃO DA TESTADORA QUE LHE É DE DIREITO; DÉCIMO:** Que, na forma acima, tem por feito o seu testamento e disposição de última vontade, revogatório de qualquer outro anterior e roga à Justiça do País lhe dê inteiro cumprimento, tanto quanto em direito se lhe possa dar. E para firmeza, validade e prova do que acima ficou dito, lavrei este testamento, o qual foi lido em voz alta, tudo na presença da testadora e das testemunhas: **XXXXXXXXXXX**, brasileira, casada, profissão, portadora da cédula de identidade RG n.º XXXXXXXXXX(SSP/SP), inscrita no CPF/MF sob o n.º XXX.XXX.XXX-XX, nascida em XX.XX.XXXX, natural da cidade de XXXXXX, Estado de São Paulo, filha de XXXXXXX e de XXXXXXXX, residente e domiciliada na Avenida XXXX (XXXX) de XXXXX, n.º XXX, bairro: XXXXXX, na cidade de XXXXX, Estado de São Paulo, e **XXXXXXXXX**, brasileiro, solteiro, maior, profissão, portador da cédula de identidade RG n.º XXXXXXXXXXX(SSP/SP), inscrito no CPF/MF sob o n.º XXX.XXX.XXX-XX, nascido aos XX.XX.XXXX, natural da cidade de XXXXXXX, Estado de São Paulo, filho de XXXXXXX e de XXXXXXXXXXX, residente e domiciliado na Rua XXXXXXX, n.º XXXXX, bairro: XXXXXXX, na cidade de XXXXXXXX, Estado de São Paulo, a tudo presentes, do início ao fim, a testadora o aceitou por achá-lo em tudo conforme ao que me foi ditado, vai assinado pelas testemunhas, e por mim, Jorge Rachid Haber Neto, tabelião titular, que lavrei o presente. Ficam arquivados nestas notas **sob o n.º XXX, do classificador XXX,** cópia dos documentos da testadora, das testemunhas e do imóvel nesta mencionado. Certifico e dou fé, como requisito da lei, que foram observadas todas as formalidades dos artigos 1.864 do Código Civil Brasileiro, bem como, que deste testamento enviarei nota à Central de Testamentos - Colégio Notarial do Brasil - Conselho Federal, no prazo da lei, conforme determinação contida nas Normas de Serviço da Corregedoria Geral da Justiça, Capítulo XIV - item 157 e seguintes. **EMOLUMENTOS:** Ao Tabelião: R$ 1.109,76; Ao Estado: R$ 315,40; A Secretaria da Fazenda: R$ 215,87; Imposto ao município: R$ 44,39; Ao Ministério Público: R$ 53,27; Ao Registro Civil: R$ 58,41; Ao Tribunal de Justiça: R$ 76,16; À Santa Casa: R$ 11,10; - **TOTAL: R$ 1.884,36 (um mil, oitocentos e oitenta e quatro reais e trinta e seis centavos).** Assim o disseram e dou fé. Eu,_____, (JORGE RACHID HABER NETO) tabelião titular, o digitei, subscrevo e assino. SELOS DIGITAIS: XXXXXXXXXX e XXXXXXXXXXX. - - - - -

XXXXXXXXXXXXXXXX - TESTADORA

XXXXXXXXXXXXXXXX - TESTEMUNHA

XXXXXXXXXXXXXXXX – TESTEMUNHA

MODELO 7 – TESTAMENTO PÚBLICO DE ATO EXTRAPATRIMONIAL DE PESSOA COM DEFICIÊNCIA (RECONHECIMENTO DE FILHO) E DISPOSIÇÃO DO CORPO EM CASO DE MORTE COM A CAUSA COVID-19

LIVRO XXX – PÁGINAS XXXXXXX – 1º TRASLADO

TESTAMENTO PÚBLICO QUE FAZ: O SENHOR XXXXXXXXXXXXX, NA FORMA ABAIXO:

<u>SAIBAM</u> quantos este público instrumento de testamento virem que **aos XXXXX dias do mês de XXXXXXXXX do ano de XXXXXXXXXXX - (XX.XX.XXXX)**, neste município e comarca de Panorama, Estado de São Paulo, em Cartório, sito na Rua Oscar Torquato da Silva, nº 1901, centro, perante mim, tabelião, compareceu como **testador, o Sr. XXXXXXXXXXXXX**, brasileiro, divorciado, profissão, portador da cédula de identidade RG n.º XXXXXXXXXXX(SSP/SP), inscrito no CPF/MF sob o n.º XXX.XXX.XXX-XX, residente e domiciliado na Avenida XXXXXXX, nº XXX, Bairro XXX, na cidade de XXXXX, Estado de São Paulo; RELATIVAMENTE CAPAZ, NOS TERMOS DO ARTIGO 4º, INCISO XXX, DO CÓDIGO CIVIL E LEI BRASILEIRA DE INCLUSÃO DA PESSOA COM DEFICIÊNCIA (ESTATUTO DA PESSOA COM DEFICIÊNCIA) que permitiu a prática de atos extrapatrimoniais pela pessoa com deficiência quando existe a autodeterminação e exteriorização plena e adequada de vontade, conforme atesto por minha fé pública notarial e conforme as duas testemunhas, testador que também é pessoa reconhecida como a própria pelas duas testemunhas idôneas e capazes, especialmente convocadas para este ato, no final nomeadas, qualificadas e assinadas e por mim tabelião, que verifiquei a capacidade de todos e a capacidade relativa do testador, conforme mandado judicial expedido aos XX.XX.XXXX, nos autos do processo digital número XXXXXXXXX, da Comarca de XXXXXXXX, Estado de São Paulo, registrado no Livro E, número XXXXX, folha XXXXXXX, termo XXXXXXXXX, pelos documentos pessoais que me apresentaram. E, pelo mencionado testador, **XXXXXXXXXXXXXXXXX**, que se acha em seu perfeito juízo e no pleno gozo de suas faculdades intelectuais, segundo o meu parecer e o das testemunhas, e livre de qualquer induzimento ou coação, me foi dito, usando em todas as suas declarações do idioma nacional que, de sua livre e espontânea vontade, resolveu fazer o seu testamento e disposição de última von-

tade, revogatório de qualquer outro anterior, como de fato, pelo presente instrumento e na melhor forma de direito, ora o faz, declarando o seguinte: **PRIMEIRO:** Que é natural de XXXXXXXX, Estado de São Paulo, onde nasceu aos XXX dias do mês de XXXX do ano de XXXXXXXXXXX - (XX.XX.XXXX), tem XXXXX (XX) anos de idade, e é filho de XXXXXXXXX e de XXXXXXXXX; **SEGUNDO:** Que é divorciado, nos termos da sentença proferida aos XX.XX.XXXX, pelo MM. Juiz de Direito da X^a Vara Cível da Comarca de XXXXX, Estado de São Paulo, que transitou em julgado, conforme averbação de divórcio constante da certidão de casamento registrada sob nº XXXXXXXXX, no livro B-XXX, às folhas XXX, do Oficial do Registro Civil das Pessoas Naturais do X Subdistrito de XXXXXX, Estado de São Paulo, assinada eletronicamente aos XX.XX.XXXX, e materializada aos XX.XX.XXXX, pelo Oficial do Registro Civil das Pessoas Naturais da cidade de XXXXXXX, Estado de São Paulo; **TERCEIRO:** Que possui XXX filhos de nomes: XXXXXXXXXXXXXXXXXXX, XXXXXXXXXXXXXXXXXXX, XXXXXXXXXXXXXXXXXXX, XXXXXXXXXXXXXXXXXXX, XXXXXXXXXXXXXXXXXXX, XXXXXXXXXXXXXXXXXXX, XXXXXXXXXXXXXXXXXXX, XXXXXXXXXXXXXXXXXXX, XXXXXXXXXXXXXXXXXXX, XXXXXXXXXXXXXXXXXXX, XXXXXXXXXXXXXXXXXXX (este já falecido) e XXXXXXXXXXXXXXXXXXX (esta já falecida), declarando neste ato serem seus únicos herdeiros; **QUARTO:** Que o outorgante testador, portanto, têm herdeiros necessários, podendo dispor em testamento somente de parte dos bens e haveres que existirem por ocasião de sua morte, nos termos do artigo 1.846, do Código Civil Brasileiro; **QUINTO:** Que, de conformidade com o que dispõe a lei brasileira de inclusão da pessoa com deficiência (estatuto da pessoa com deficiência), no que se lhe aplica, ele testador, <u>não podendo livremente dispor da parte disponível de seu patrimônio para quem quer que seja, que o deixa de fazer por conta da proibição legal da prática de atos patrimoniais sem representação e por conta da natureza jurídica personalíssima do presente testamento que o impossibilita de representação pelo curador;</u> **SEXTO:** Que nos termos do artigo 1.609, do Código Civil, <u>reconhece, para que produza efeitos jurídicos, para após a sua morte, como filha havida fora do seu primeiro e único casamento</u> com XXXXXXXXXX de LIVRO B-XXX, folha XXXXXXX, termo XXXXXXXX, COMO SUA FILHA QUE FICA RECONHECIDA: <u>XXXXXXXXXXXX, BRASILEIRA, ESTADO CIVIL, PROFISSÃO, PORTADORA DA CÉDULA DE IDENTIDADE RG N.º XXXXXXXXX(SSP/SP), INSCRITA NO CPF/MF SOB O N.º XXX.XXX.XXX-XX, RESIDENTE E DOMICILIADA NA AVENIDA XXXXX, N.º XXX, BAIRRO XXXX, NA CIDADE DE XXXXX, ESTADO DE SÃO PAULO, CIENTE DE QUE ESTE ATO É IRREVOGÁVEL E É FEITO PELO PRESENTE TESTAMENTO, DE</u>

FORMA EXPRESSA, CIENTE AINDA DE QUE NOS TERMOS DO ARTIGO 1.610, DO CÓDIGO CIVIL ESTE RECONHECIMENTO DE FILIAÇÃO NÃO PODE SER REVOGADO, NEM MESMO SE O TESTADOR OPTAR POR REVOGAR ESTE TESTAMENTO. FOI CIENTIFICADO O TESTADOR QUE COMO SUA FILHA É MAIOR DE 18 (DEZOITO) ANOS DEPENDE DE SEU CONSENTIMENTO ESTE RECONHECIMENTO, NOS TERMOS DO ARTIGO 1.614, DO CÓDIGO CIVIL. SÉTIMO: EM CASO DE MORTE COM A CAUSA EXCLUSIVA DA COVID-19, DISPÕE PARA DEPOIS DA MORTE, NOS TERMOS DO ARTIGO 14, DO CÓDIGO CIVIL, DE FORMA GRATUITA, DO PRÓPRIO CORPO, NO TODO OU EM PARTE, COM O OBJETIVO CIENTÍFICO, AUTORIZANDO AS AUTORIDADES COMPETENTES DE ESTUDO E PESQUISA. **OITAVO:** Dispõe que quanto a educação da filha ora reconhecida, deseja que ela conheça a religião XXXXXXXXX, e dela possa, se assim entender e concordar, que passe a aderir a mesma; **NONO:** Que, na forma acima, tem por feito o seu testamento e disposição de última vontade, revogatório de qualquer outro anterior e roga à Justiça do País lhe dê inteiro cumprimento, tanto quanto em direito se lhe possa dar. Fica cientificado de que é possível revogar o presente testamento a qualquer tempo, mas não a disposição de filiação. E para firmeza, validade e prova do que acima ficou dito, lavrei este testamento, o qual foi lido em voz alta, tudo na presença do testador e das testemunhas, **XXXXXXXXX**, brasileiro, solteiro, maior, profissão, portador da cédula de identidade RG n.º XXXXXXXXXXX(SSP/SP), inscrito no CPF/MF sob o n.º XXX.XXX.XXX-XX, nascido aos XX.XX.XXXX, natural da cidade de XXXXXXX, Estado de São Paulo, filho de XXXXXXX e de XXXXXXXXXXX, residente e domiciliado na Rua XXXXXXX, n.º XXXXX, bairro: XXXXXXX, na cidade de XXXXXXXX, Estado de São Paulo, e **XXXXXXXXX**, brasileiro, solteiro, maior, profissão, portador da cédula de identidade RG n.º XXXXXXXXXXX(SSP/SP), inscrito no CPF/MF sob o n.º XXX.XXX.XXX-XX, nascido aos XX.XX.XXXX, natural da cidade de XXXXXXX, Estado de São Paulo, filho de XXXXXXX e de XXXXXXXXXXX, residente e domiciliado na Rua XXXXXXX, n.º XXXXX, bairro: XXXXXXX, na cidade de XXXXXXXX, Estado de São Paulo, a tudo presentes, do início ao fim, o testador o aceitou por achá-lo em tudo conforme ao que me foi ditado, vai assinado pelas testemunhas, e por mim, Jorge Rachid Haber Neto, tabelião titular, que lavrei o presente. Ficam arquivados nestas notas **sob o n.º XXX, do classificador XXXX,** cópia dos documentos do testador, das testemunhas, da reconhecida e do atestado de sanidade mental datado de XX.XX.XXXX, assinado por Dr. XXXXXXXX, CRM/SP XXX.XXX. Certifico e dou fé, como requisito da lei, que foram observadas todas as formalidades dos artigos 1.864 do Código Civil Brasileiro, bem como, que deste testamento enviarei nota à Central de Testamentos (Colégio Notarial do

Brasil-Conselho Federal), no prazo da lei, conforme determinação contida nas Normas de Serviço da Corregedoria Geral da Justiça, Capítulo XVI - item 157 e seguintes. **EMOLUMENTOS (TESTAMENTO SEM CONTEÚDO PATRIMONIAL, CONFORME ITEM 8, SUBITEM 8.1, DA TABELA DE NOTAS ANEXA À LEI 11.331/2.002):** Ao Tabelião: R$ 61,04; Ao Estado: R$ 17,35; A Secretaria da Fazenda: R$ 11,86; Imposto ao município: R$ 1,30; Ao Ministério Público: R$ 2,93; Ao Registro Civil: R$ 3,21; Ao Tribunal de Justiça: R$ 4,19; À Santa Casa: R$ 0,61; - **TOTAL: R$ 102,49 (cento e dois reais e quarenta e nove centavos).** Assim o disseram e dou fé. Eu,_____, (XXXXXXXXXXXX) tabelião, a digitei, subscrevo e assino. SELO DIGITAL: XXXXXXXXXXXX. -

XXXXXXXXXXXXXXX - TESTADOR

XXXXXXXXXXXXXXX - TESTEMUNHA

XXXXXXXXXXXXXXX – TESTEMUNHA

MODELO 8 – ESCRITURA PÚBLICA DE NAMORO COM CLÁUSULA DE CONVERSÃO SUBSTANCIAL NO REGIME DA SEPARAÇÃO CONVENCIONAL DE BENS EM CASO DE RECONHECIMENTO JUDICIAL DE UNIÃO ESTÁVEL

LIVRO XXX – PÁGINAS XXXXXX – 1º TRASLADO

ESCRITURA PÚBLICA DE NAMORO

SAIBAM quantos esta pública escritura de namoro virem que, **aos XXXX dias do mês de XXXXXX do ano de XXXXXXX - (XX.XX.XXXX)**, nesta cidade e comarca de Panorama, Estado de São Paulo, em Cartório, sito na Rua Oscar Torquato da Silva, nº 1901, Bairro Centro, perante mim tabelião, compareceram partes entre si, justas e contratadas a saber, de um lado como **outorgantes e reciprocamente outorgados**, **XXXXXXXXXX**, brasileiro, viúvo, aposentado, portador da cédula de identidade RG. XXXXXXXXX(SSP/SP), inscrito no CPF/MF. sob nº XXX.XXX.XXX-XX, residente e domiciliado na Rua XXXXX, nº XXX, Residencial XXXXXX, na cidade de XXXXXXX, Estado de São Paulo; e **XXXXXXXXXX**, brasileira, viúva, aposentada, portadora da cédula de identidade RG. XXXXXXXX(SSP/SP), e inscrita no CPF/MF. sob n.º XXX.XXX.XXX-XX, residente e domiciliada na Rua XXXXXX, nº XXXX, Bairro XXXXX, na cidade de XXXXXXX, Estado de São Paulo; todos capazes, reconhecidos por mim tabelião, por meio de seus documentos de identidade, do que dou fé. E, pelos outorgantes e reciprocamente outorgados foi declarado, para todos os efeitos legais, e sob pena de responsabilidade civil e penal, o que segue: **1)** Os outorgantes e reciprocamente outorgados mantêm entre si um relacionamento afetivo que caracterizam como namoro, ou seja, uma relação fundada no amor, em progressão de conhecimento mútuo, desde XXXXXX do mês de XXXXX do ano de XXXXXXXXXX (XX.XX.XXXX), mantendo vida social ativa com passeios, viagens, jantares, festas e outros eventos; **2)** Os outorgantes e reciprocamente outorgados não têm, no momento, o objetivo de constituir família ou união estável, tendo o interesse exclusivo de manter o relacionamento amoroso sem nenhum vínculo familiar ou sucessório; **3)** Os outorgantes reciprocamente outorgados entendem e concordam que este relacionamento afetivo de namoro pode se prolongar por anos, sem que se altere a relação de namoro. Assim, acordam que somente a habilitação para o casamento ou uma nova escritura pública assinada por ambos será modificadora da relação; **4)** Se, apesar da vontade dos namorados, em decorrência do decurso do tempo, ou qualquer outro motivo, for proclamada por juízo ou tribunal a união estável, ficam cientificados de que o juízo poderá reconhecer o regime da **SEPARAÇÃO LEGAL OBRIGATÓRIA DE BENS**, caso venha a equiparar a restrição do artigo 1.641, II, do Código Civil do casamento à união estável uma vez que **o namorado XXXXXX** é maior de setenta (70) anos e **a namorada XXXXXX** também é maior de setenta (70) anos, e em sendo aplicável esse regime legal obrigatório pactuam que seja afastado os efeitos da Súmula 377 do Supremo Tribunal Federal por não ter conteúdo de ordem pública de modo a prestigiar a autonomia e liberdade privada das partes como eficaz mecanismo de planejamento familiar para que não se comuniquem os bens adquiridos a título oneroso na constância da união eventualmente reconhecida, mesmo que provenientes de esforço comum. Convencionam ainda que caso não haja essa interpretação judicial de equiparação o regime de bens principal a vigorar entre eles será o da **SEPARAÇÃO CONVENCIONAL DE BENS,** inclusive quanto aos rendimentos e dividendos oriundos das rendas pessoais de trabalho ou investimentos advindos após o início do namoro; 5) As disposições desta escritura refletem fielmente a vontade dos namorados, pelo que, eventual nulidade, anulabilidade ou ineficácia de qualquer cláusula ou previsão deverá ser interpretada da forma mais restrita possível, de modo que não afete as demais; 6) Qualquer tolerância dos namorados na exigência dos seus direitos ou com relação aos atos do outro não será interpretada como renúncia, novação, retratação ou perdão do que aqui se pactua; 7) A escritura pública foi lida e compreendida, sem que restassem dúvidas sobre o ato e seus efeitos, e os outorgantes e reciprocamente outorgados concordam integralmente com o teor deste ato, autorizando a sua redação, outorgando e assinando-a. Assim, estando justos e contratados os outorgantes e reciprocamente outorgados firmam a presente espontaneamente para que tenha os devidos e legais efeitos, declarando a presente sempre boa, firme e valiosa a todo tempo. As partes foram esclarecidas sobre as normas legais e os efeitos atinentes a este negócio, bem como, foram cientificados que, apesar da vontade mútua aqui declarada, um Juízo poderá interpretar a relação de modo diverso, isentando este tabelião de quaisquer responsabilidades. Nada mais. Assim o disseram e dou fé. À pedido das partes lavrei esta escritura, a qual feita e lhes sendo lida acharam-na conforme, outorgam, aceitam e assinam dispensando a presença e assinatura das testemunhas instrumentárias neste ato. **EMOLUMENTOS:** Ao Tabelião: R$ 277,41; Ao Estado: R$ 78,85; A Secretaria da Fazenda: R$ 53,96; Imposto ao município: R$ 11,09; Ao Ministério Público: R$ 13,32; Ao Registro Civil: R$ 14,60; Ao Tribunal de Justiça: R$ 19,04; À Santa Casa: R$ 2,77; - **TOTAL: R$ 471,04 (quatrocentos e setenta e um reais e quatro centavos).**

Eu,_____, (JORGE RACHID HABER NETO) tabelião a digitei, subscrevo e assino. SELO DIGITAL:. - - - - - - - - -

OS EMOLUMENTOS SERÃO RECOLHIDOS DENTRO DO PRAZO LEGAL. (aa) XXXXXXXXXXXXXXXXXX // XXXXXXXXXXXXXXXXXXXX. Nada mais contém em referida escritura, cujo traslado é cópia fiel do original, do que dou fé. Eu, JORGE RACHID HABER NETO, tabelião a digitei, conferi, dou fé, subscrevo e assino em público e raso.- -

EM TEST°_____DA VERDADE

JORGE RACHID HABER NETO
TABELIÃO

Qr code

MODELO 9 – PROCURAÇÃO PÚBLICA PARA RECEBIMENTO DE HERANÇA JUDICIAL OU EXTRAJUDICIALMENTE COM CLÁUSULA DE INDEPENDÊNCIA JURÍDICA DO NOTÁRIO EM CONJUNTO COM AS PARTES NO QUE SE REFERE AO REGIME DA COMUNHÃO UNIVERSAL DE BENS APÓS A LEI 6515/77 (RETIFICAÇÃO DE ASSENTO PARA COMUNHÃO PARCIAL DE BENS COM INCOMUNICABILIDADE DE HERANÇA POR NÃO HAVER PACTO ANTENUPCIAL OU MANUTENÇÃO DO REGIME DA COMUNHÃO UNIVERSAL DE BENS MESMO SEM PACTO ANTENUPCIAL TENDO EM VISTA A SEGURANÇA JURÍDICA, HIGIDEZ DOS REGISTROS PÚBLICOS E BOA-FÉ DO CASAL COM COMUNICABILIDADE DE HERANÇA)

LIVRO XXX – PÁGINA XXX/XXX – 1º TRASLADO

PROCURAÇÃO BASTANTE QUE FAZ: NOME DO OUTORGANTE E OUTROS

S A I B A M quantos este público instrumento de procuração bastante virem que **aos xxxx dias do mês de xxxxx do ano de dois mil e vinte e um - (XX.XX.2021)**, neste município e comarca de Panorama, Estado de São Paulo, em Cartório, sito à Rua Oscar Torquato da Silva, nº 1.901, centro, perante mim, Tabelião Titular, compareceram como **outorgantes**, **XXXXXXXXXXXXXXXXXXXX**, profissão, portador da cédula de identidade RG. nº XX.XXX.XXX-X(SSP/SP), e inscrito no CPF/MF. sob nº XXX.XXX.XXX-XX, e sua cônjuge, **XXXXXXXXXXXXXXXXXXXX**, profissão, portadora da cédula de identidade RG. XX.XXX.XXX(SSP/SP), inscrita no CPF/MF. sob n.º XXX.XXX.XXX-XX, ambos brasileiros, casados sob o regime de comunhão universal de bens, na vigência da Lei 6.515/77, aos 09.12.1983, conforme certidão de casamento registrada no livro B-XXX, às folhas XXX, sob n.º X.XXX, do Oficial do Registro Civil das Pessoas Naturais de XXXXXXXX, Estado do XXXXXXXXXX, sem pacto antenupcial, residentes e domiciliados na Rua XXXXXXXXXXXXXX, nº XXXX, Bairro XXXXXX, na cidade de XXXXXXXXXXX; e **XXXXXXXXXXXXXXXXXX**, portador da cédula de identidade RG. nº X.XXX.XXX-X(SSP/SP), e inscrito no CPF/MF. sob nº XXX.XXX.XXX-XX, brasileiro, solteiro, maior, profissão, residente e domiciliado na Avenida XXXXXXXXXXXXXX, nº XXXX, Bairro XXXXXXXX, na cidade de XXXXXXXX, Estado de XXXXXXXXXXX; todos capazes, reconhecidos por mim, Tabelião Titular, por meio de seus documentos de identidade, do que dou fé. E, pelos outorgantes me foi dito, que por este público instrumento e nos melhores termos de direito nomeiam e constituem seu bastante **procurador, XXXXXXXXXXXXXXXXXX**, portador da cédula de identidade RG. n° X.XXX.XXX(SSP/SP), e inscrito no CPF/MF. sob n° XXX.XXX.XXX-XX, brasileiro, solteiro, maior, profissão, residente e domiciliado na cidade de XXXXXXXX, Estado de XXXXXXXXXX, na Rua XXXXXXXXX, n° XXX, bairro: XXXXXXXX; a quem confere os mais amplos, gerais e ilimitados poderes para o fim especial de receber herança judicial ou extrajudicialmente por escritura pública de inventário e partilha de quaisquer bens deixados em virtude do falecimento de **XXXXXXXXXXXXXXXXXX**, que veio a falecer no dia XX.XX.XXXX, na cidade de XXXXXXXX(SP), conforme certidão de óbito registrado no livro C-XX, às folhas XXX, sob n° X.XXX, do Oficial do Registro Civil das Pessoas Naturais de XXXXXXXXXX, Estado de São Paulo; com fulcro no Código de processo Civil e legislação pertinente, bem como, na lei federal 11.401/07, a fim de inventariar os bens que ao de cujus pertencia, podendo para tanto prestar as declarações de estilo, proceder a partilha amigável, declarar a inexistência de testamento ou de qualquer declaração de última vontade, nomear inventariante para que este represente o espólio ativa e passivamente, em juízo ou fora dele, prestar declarações de bens e de herdeiros, e as demais de praxe inerentes ao ato notarial, assinar a competente escritura pública de inventário para receber a parte da herança que couber aos outorgantes, melhor descrever e confrontar os bens, retificar e ratificar caso necessário for, concordar com a estipulação dos quinhões e cláusulas, recebendo e dando quitação, transigir, acordar, desistir, concordar com os termos, cláusulas, estimar valores dos bens e/ou concordar com a estimativa dos mesmos, entranhar e desentranhar papéis e documentos, atender exigências e formalidades, representa-los perante Tabeliães de Notas, Oficial de Registro de Imóveis, Secretaria da Fazenda Estadual, Posto Fiscal Estadual, Delegacia da Receita Federal, Prefeitura Municipal e demais repartições públicas da União do Estado, Munícios e Autarquias, e ali tudo promover, assinar declarações de ITCMD, indicar ou nomear advogados para assistir e acompanhar o inventário extrajudicial, com poderes da cláusula "*ad judicia*" a fim de defender os seus interesses e direitos perante quaisquer Juízo, Instância ou Tribunal, podendo propor as ações competentes, reclamar, conciliar, desistir, transigir, fazer acordos, recorrer, confessar, firmar compromissos, produzir provas, enfim, praticar todos os demais atos necessários e indispensáveis ao fiel cumprimento do presente mandato, inclusive substabelecer no todo ou em parte se lhe convier. **OBSERVAÇÕES: A) Considerando que consta na certidão de casamento que XXXXXXXXXXXXXXXXXX e XXXXXXXXXXXXXXXXXXXXX são casados na comunhão universal de bens após a Lei 6.515/77, sem pacto antenupcial, as partes se responsabilizam por essa situação e esta questão será avaliada de** acordo com a independência jurídica no notário responsável pela lavratura da escritura pública de inventário e partilha/sobrepartilha, advogado ou juízo do inventário quanto à comunicabilidade ou não dos bens a serem recebidos na herança; B) em cumprimento ao Provimento 13/2012 CGJ, foi verificado o relatório de consulta de indisponibilidade de bens da outorgante, com resultado negativo, por meio do endereço eletrônico www.indisponibilidade.org.br, a saber: **CPF. XXX.XXX.XXX-XX**, de **XXXXXXXXXXXXXXXXX**, na data XX/XX/2021, às XX:XX:XX horas; Relatório de Indisponibilidade: Nenhum resultado encontrado para o filtro selecionado; HASH **XXXX.XXXX. XXXX.XXXX.XXXX.XXXX.XXXX.XXX.XXXX.XXXX;CPF. XXX. XXX.XXX-XX**, de **XXXXXXXXXXXXXXXXX**, na data XX/XX/2021, às XX:XX:XX horas; Relatório de Indisponibilidade: Nenhum resultado encontrado para o filtro selecionado; HASH **XXXX.XXXX.XXXX.XXXX. XXXX.XXXX.XXXX.XXXX.XXXX.XXXX;CPF. XXX.XXX.XXX--XX**, de **XXXXXXXXXXXXXXXXX**, na data XX/XX/2021, às XX:XX:XX horas; Relatório de Indisponibilidade: Nenhum resultado encontrado para o filtro selecionado; HASH **XXXX.XXXX.XXXX.XXXX.XXXX.XXXX. XXXX.XXXX.XXXX.XXXX**. Assim o disseram e dou fé. A pedido dos outorgantes lavrei este instrumento, o qual feito e lhes sendo lido, acharam-o conforme outorgam, aceitam e assinam, dispensando a presença e assinatura das testemunhas instrumentárias. **EMOLUMENTOS:** Ao Tabelião: R$ 140,44; Ao Estado: R$ 39,91; A Secretaria da Fazenda: R$ 27,32; Imposto ao município: R$ 5,61; Ao Ministério Público: R$ 6,74; Ao Registro Civil: R$ 7,39; Ao Tribunal de Justiça: R$ 9,64; À Santa Casa: R$ 1,40; - **TOTAL: R$ 238,45 (duzentos e trinta e oito reais e quarenta e cinco centavos)** Eu,_____, (JORGE RACHID HABER NETO) Tabelião Titular, a digitei, subscrevo e assino. **SELOS DIGITAIS ATO: XXXXXXXXXXXXXXXXXXXXXXXX** e **XXXXXXXXXXXXXXXXXXXXXXXX**. Os emolumentos serão recolhidos dentro do prazo legal. -

XXXXXXXXXXXXXXXXXXX e XXXXXXXXXXXXXXXXXXXX